MÁS ALLÁ DEL MAPA

AMARNA MILLER
MÁS ALLÁ DEL MAPA
Un relato sobre el arte de viajar

temas de hoy

temas de hoy, un sello editorial de Editorial Planeta, S. A.
Avda. Diagonal, 662-664, 08034 Barcelona (España)
www.planetadelibros.com

Primera edición: marzo de 2026
ISBN: 979-13-87869-70-0
Depósito legal: B. 461-2026
Composición: Realización Planeta
Printed in Spain - Impreso en España

PEFC Certificado
Este libro procede de bosques gestionados de forma sostenible
PEFC
PEFC/14-38-00305
www.pefc.es

A Luis, el amor de mi vida

ÍNDICE

1
DENTRO DE LA CAVERNA

Creo profundamente que estoy enamorada de los viajes porque estoy enamorada de la vida, y el moverme de un sitio para otro es mi forma de honrar ese deseo de conocer, aprender y ver con mis propios ojos aquellos lugares que durante tantos años fueron inalcanzables. Un juego constante que, al ser experimentado con el volumen subido al máximo, he aprendido a gozar en toda su grandeza.

Mi historia comienza con una niña introvertida que no sabe cómo relacionarse con su entorno, una casa laberíntica, inmensa en su mente infantil, y una habitación con estanterías altísimas y llenas de libros. La niña se pasa las tardes jugando en ese cuarto, sacando ejemplares al azar y leyendo fragmentos, la mayor parte del tiempo sin comprender realmente lo que dicen. Le gustan los libros con ilustraciones, pero de esos hay pocos.

Cuando abre los otros, se dedica a jugar con las palabras. Se imagina a sí misma como una hormiga que salta a la comba con las letras, brincando de sílaba en sílaba, mientras recita en voz alta poesías cuyo significado se le escapa. La niña lleva un parche en el ojo e intenta convencer a todo el mundo de que realmente es un pirata. Está enferma a menudo, así que sus padres la meten en una cajita. Una burbuja de libros y expectativas. Se siente de cristal. El mundo de su cabeza es más sencillo, así que construye ahí una madriguera cómoda y calentita. Un refugio frente al caos.

La niña crece y, con ella, crecen sus lecturas. Ahora ya comprende, más o menos, lo que tiene entre las manos. En ocasiones, es capaz de verse a sí misma en los escenarios de sus novelas favoritas, buscando un escarabajo dorado en la isla de Sullivan, oculta dentro de un barril de manzanas o compartiendo una torta de pasas, azúcar y ciruelas con un parsi a orillas del mar Rojo. Le valen todos los lugares. Cualquier sitio menos el aquí y el ahora. Tampoco es que sepa mucho sobre su ciudad. Madrid es un lugar hostil, casi distante. Apenas conoce a nadie de su edad y nunca sale del barrio. Su vida es su casa, sus muñecas, sus libros y, sobre todo, su imaginación. A veces cierra los ojos y se ve en un barco de vapor, con en el aire cálido del sur acariciándole la espalda, borracha del aroma a sándalo quemado. Sonríe tan fuerte que las comisuras de la boca le dan la vuelta a la cara.

Sueña despierta con un mundo inalcanzable. Está enamorada de olores que nunca ha olido, de cosas que nunca ha visto. Anhela el sabor del té dulce en la India y se pregunta cómo será el tacto de la montura de los camellos en el Sáhara. Así hace su vida, fingiendo que le interesa ir al colegio, aprender matemáticas o pintar con ceras en cartulinas de colores, cuando lo único que hace es pensar en irse de allí. Le valen todos los lugares. Cualquier otra parte, menos el aquí y el ahora.

Tiene claro que quiere irse, pero ¿a dónde? Tampoco sabe cómo. Sus fantasías solo escenifican las ideas, pero no los medios para llegar a ellas. Le cuesta mucho hacer amigos. Hablar con otras personas. Salir a la calle. Lleva tanto tiempo construyendo un nido en su cabeza que se le ha olvidado cómo es vivir fuera. La cajita se ha convertido en una cárcel; no le gusta, pero tampoco sabe cómo romperla.

Admiro a aquellas personas que han tenido alma de explorador desde pequeños; no es mi caso. Yo tenía un miedo terrible al cambio. Me sentía paralizada, atrapada en una forma de ser que sabía que no me llevaría a ningún lugar en el que quisiese estar. Me puse como reto el ir, poco a poco, enfrentándome a aquellas cosas que me producían rechazo pero que quería alcanzar. Mi primer viaje sola. Aprender a bucear. Vivir en una furgoneta. Viajar por el mundo en busca de esas aventuras que tantas veces había recreado en mi cabeza.

Yo quería empaparme de mis ilusiones, ensuciarme con el barro de la vida, llegar a la tumba derrapando, asumiendo las consecuencias de mis actos, pero nunca arrepintiéndome de no haberlo intentado. Porque sostenía —y sostengo— que es mejor probar y que salga mal a pasarte la vida pensando en todo lo que pudiste haber llevado a cabo.

Fue gracias a los libros que en mi celda se abrió una ventana y, a través de ella, pude verme haciendo cosas que jamás habría sospechado. Por eso, este texto es una historia de amor. Que no os confunda el título; no os dejéis engañar por el juego de palabras que utilizo cuando hablo del viaje. Este libro es una historia de amor porque estoy tan embriagada de todo lo que me rodea, tan agradecida de lo que he sido capaz de experimentar, que solo puedo tratar de explicar lo que estoy aprendiendo, con la esperanza de que, tal vez, haya una niña ahí fuera que escoja este título de una estantería y sueñe, como yo lo hice, con otros mundos distintos al suyo.

Ya lo enunciaba Platón en su célebre alegoría de la caverna: eres capaz de concebir solo aquello que eres capaz de comprender. Si lo único que has observado durante toda tu vida son sombras, ni siquiera se te ocurre cuestionar que lo que ves sea un reflejo o que exista algo distinto al otro lado de la cueva. Tu única realidad es la interpretación de aquello que has vivido en primera persona. Pensar que existe algo más allá exige un desplazamiento fuera de los límites de lo conocido, el mismo que creo que se requiere en la Iglesia para asumir la presencia de un ente omnipresente y todopoderoso. Mi Dios personal tiene forma de paisaje y una voz que suena como el ruido de todos los mercados del mundo.

Al fin y al cabo, cuando has pasado toda tu vida encerrada en una casa, la idea de poder materializar frente a tus ojos una jirafa o un baobab es prácticamente imposible. Mis lecturas eran la sombra arrojada por la hoguera que estaba en la entrada de la cueva. Los conceptos eran reales, pero no dejaban de ser una ilusión, un delirio fruto de mis lecturas. Para poder creérmelos tenía que hacerlos míos, romper con el sedentarismo que te adjudican por defecto cuando naces en esta parte del planeta e intentar comprobar con mis propios ojos que el mundo era tan grande como yo intuía. Necesitaba salir de la caverna y ver si las sombras tenían cuerpo.

Supongo que entre mis principales incentivos estaba el tratar de impugnar mi escepticismo; el deseo de comprobar que todo aquello sobre lo que había leído era cierto.

Cuando empecé a moverme, descubrí que no estaba sola en este impulso. Antes de mí ya hubo miles de personas obsesionadas con nombrar, medir y comprender el mundo. Ahí empieza otra historia: la de los mapas y la de nuestra obsesión por saber exactamente dónde estamos.

Ah, las certezas. En Occidente —y, cada vez más, en otras sociedades del Norte global, como Japón, China y Australia—, vivimos saturados de certezas. Queremos saber qué día es, dónde estamos y qué es lo que está sucediendo en cada momento. Tenemos tan asimilado el poder de los datos que ni se nos pasa por la cabeza plantearnos que todas estas cuestiones a las que tanta importancia le damos hoy en día fueron irrelevantes durante una gran parte de la historia de la humanidad (y aún siguen siéndolo, a día de hoy, en muchas partes del planeta).

Nuestros antepasados estaban constantemente perdidos, al menos en el sentido que se le da en estos momentos a esa palabra. Desarraigados, indiferentes a las coordenadas y a la idea de las fronteras. Sin mapas ni brújulas que fijaran su posición en el mundo, vagaban trashumantes siguiendo las rutas que habían abierto sus predecesores en busca de comida o de climas más permisivos. Es el máximo exponente del aquí y el ahora: hoy existo, mañana ya veremos. Fue gracias a esos conceptos abstractos, que creamos para organizar la realidad —la economía, el comercio, la política— que la idea de saber el lugar geográfico en el cual nos encontrábamos empezó a cobrar protagonismo.

Esto tiene sentido: la posibilidad de clasificar y medir los recursos te da una ventaja estratégica frente al enemigo. Tal vez por ese motivo la expansión colonial europea se llevó a cabo en la dirección que todos conocemos y no en sentido contrario. Los lugares con menos territorio y mayor población buscaban desesperadamente medios materiales que les permitiesen mantener y mejorar su situación, mientras que aquellas zonas del planeta donde la cantidad de comida y el espacio habitable no suponían un problema no se esforzaron especialmente en extender sus dominios. El ansia por descifrar nuestro entorno es directamente proporcional al deseo de conquistarlo y, por tanto, controlarlo. De nuevo, se trata de una cuestión de competencia. En un mundo basado en la ley del más fuerte, abrir rutas de mercado y encontrar el camino más corto para abastecerte de recursos antes que el oponente te brinda una ventaja difícilmente alcanzable de otras maneras. Quien gestiona el territorio tiene el poder y por eso cuando aprendimos a dibujar fronteras, comenzamos también a reclamarlas como propias.

La cartografía —que nació como una forma de comprender y orientarse en el terreno— acabó convirtiéndose en un instrumento de dominio; un mecanismo que nos permitió convertir la vastedad del mundo en algo limitado, legible y manejable. Por eso, a lo largo de la historia, los mapas se han entendido como una metáfora del saber, un emblema de la racionalidad moderna y un recordatorio de que, al menos en la teoría, ya no existen rincones inexplorados. Aunque la cartografía antecede por siglos al pensamiento ilustrado, fue entre la expansión marítima de la Edad Moderna y el Siglo de las Luces cuando adquirió su plena dimensión simbólica. El mapa pasó a representar la aspiración humana de abarcarlo todo, el sueño de supeditar la realidad a la razón. Al igual que la famosa primera enciclopedia de Diderot y D'Alembert, los mapas materializan el impulso ilustrado por clasificar el horizonte, situando al ser humano en el centro del conocimiento. La incertidumbre se transformó en ignorancia y el deseo de ordenar y abarcar la totalidad de lo existente se erigió como promesa de invulnerabilidad. Una ilusión de poder absoluto frente a los misterios del mundo.

Mucho antes de ese impulso clasificador —durante la Edad Moderna temprana, entre los siglos XV y XVI —, los cartógrafos ya representaban lo que quedaba fuera del mapa como una potencial amenaza para nuestra especie. Aquello que no podía nombrarse ni medirse resultaba inquietante porque escapaba del control humano. De hecho, en los planos renacentistas, cuando gran parte de los océanos permanecían todavía sin explorar, era habitual adornar los márgenes con criaturas marinas, dragones, sirenas y otros seres mitológicos. En uno de ellos, fechado hacia 1504, aparece la célebre inscripción *Hic sunt dracones* —«Aquí hay dragones»—, usada para señalar las orillas del conocimiento y, por tanto, los límites del mundo conocido.

Si retrocedemos hasta la plena Edad Media —siglo XIII—, encontramos que la relación entre alteridad y amenaza ya estaba profundamente arraigada en el imaginario europeo. En 1253, el fraile franciscano Willem van Ruysbroeck,[1] enviado por el rey Luis IX de Francia para evangelizar a los mongoles, relató en sus crónicas que esperaba encontrar allí «hombres con cabeza de perro». Para su sorpresa, al preguntar por tales monstruos, descubrió que los asiáticos, a su vez, pensaban que los seres de los que hablaba el religioso vivían en Occidente.[2] Otro claro ejemplo de que, independientemente del lugar y la fecha, lo ajeno siempre ha sido imaginado como una potencial amenaza.

(1) También citado como Guillermo de Rubruk.

(2) Tal y como explica Juliana González-Rivera en *La invención del viaje. La historia de los relatos que cuentan el mundo*, Alianza Editorial, Madrid, 2019, p. 127).

Los mapas no solo han delimitado territorios, sino también imaginarios mentales. Al trazar el contorno del mundo, definían al mismo tiempo los límites de lo posible. El espacio donde la razón se disolvía y comenzaba el territorio del mito. En el fondo, los dragones no habitaban los océanos, sino la mente de quienes los dibujaban. Con el tiempo, esas criaturas fantásticas fueron sustituidas por pasos fronterizos, banderas y nombres propios. Pero la lógica siguió siendo la misma: lo que no se entiende se controla a través del relato. Hoy ya no escribimos *Hic sunt dracones*, pero seguimos creando nuevas fronteras —económicas, culturales, ideológicas— para marcar dónde termina nuestra zona de confort y dónde empieza la alteridad. Cambian los mapas, no el impulso que los origina.

Sin embargo, en ese conocimiento aparentemente total de la extensión del mundo contemporáneo, se esconde un nuevo espejismo. Pensamos que todo está ya descubierto, que el mundo es transparente y completamente accesible; que no quedan espacios vacíos, ni secretos, ni misterios. Basta con ampliar una imagen por satélite o consultar una base de datos para descifrar la realidad.

Al fin y al cabo, los continentes, los países, las carreteras, los ríos y las montañas están indicados, señalados, digitalizados y pasados por el filtro de un GPS. Con un solo clic podemos calcular el camino más corto para volver a casa después de una noche de fiesta o recorrer, a vista de pájaro, el parque donde jugábamos de adolescentes. Hemos aprendido a crear la ilusión de estar en cualquier parte sin haber pisado nunca el lugar, a creer que mirar el mundo equivale a habitarlo. Como aquel chico que, en 2017, mientras navegaba por Google Earth,[3] detectó una forma geométrica sospechosa en medio de un campo de cultivo en Burgos. Aquel rectángulo perfectamente delimitado resultó ser una villa romana del siglo I, enterrada durante siglos bajo tierra. O como el caso de David Kennedy, el arqueólogo que identificó, gracias a imágenes por satélite, más de cuatrocientas estructuras de piedra dispersas por el desierto de Arabia Saudí.[4] Desde su oficina en Perth, la capital de Australia Occidental, pudo encontrar lo que miles de años de viento y arena habían mantenido oculto. Lo asombroso no fue solo el hallazgo, sino el hecho de que se produjera sin contacto directo con el terreno. Estos episodios, fuertemente mediatizados, nos hacen creer que podemos explorar el mundo sin movernos del sofá; apropiarnos del territorio desde el conocimiento abstracto.

Al fin y al cabo, al dominar el mundo a través de su representación, nuestra cultura también aprendió a confundir el control con la comprensión. Así, con todos nuestros datos y coordenadas, se nos olvida que hay todavía muchos lugares en el mundo en los que saber dón-

(3) laSexta.com (18 de diciembre de 2017): *Un grafitero descubre una villa romana en Burgos a través de Google Maps*, laSexta, <https://www.lasexta.com/noticias/sociedad/grafitero-descubre-villa-romana-burgos-traves-google-maps_201712185a38072f0cf2b234904e990f.html>.

(4) Reid, J. (23 de octubre de 2017), *Google Earth reveals ancient stone gates in Saudi Arabia*, Phys.org, <https://phys.org/news/2017-10-google-earth-reveals-ancient-stone.html>.

de te encuentras, cuándo naciste o qué edad tienes carece por completo de importancia. La experiencia directa sigue revelando otras formas de saber que no consisten únicamente en situarse en un punto determinado del tiempo o del espacio, sino en relacionar tu identidad con tu entorno y con la cultura a la que perteneces. Si creemos conocer todos los límites del mundo es porque hemos olvidado que hay paisajes que solo se comprenden cuando se caminan: a través del cuerpo, la experiencia y la mirada.

Pienso en Ousman Umar, el escritor y activista ghanés que sobrevivió a una travesía por el desierto y a dos viajes en patera antes de llegar a las costas españolas como migrante en situación irregular. Tenía solo trece años cuando abandonó su aldea en busca de una vida mejor y tardó cuatro en alcanzar su destino. Atravesó el Sáhara caminando, vio morir a compañeros de sed y de cansancio y pasó por Libia, donde fue esclavizado antes de conseguir subir a una barca rumbo a Europa. Cuando por fin alcanzó tierra firme, lo primero que le preguntaron fue cuántos años tenía. Necesitaban saberlo para decidir si iba o no a ser deportado, pero él no tenía claro qué contestar o qué debía responder. En la comunidad de Ghana donde había sido criado, esos datos no tenían importancia; lo único que recordaba era que había nacido un martes.

Al fin y al cabo, ¿qué implica la celebración de un cumpleaños? ¿Por qué debería ser importante? Entre los masáis de Kenia y Tanzania, la identidad no se define por la edad, sino por la pertenencia a grupos generacionales formados durante los ritos de iniciación. Los individuos que atraviesan juntos una misma ceremonia —ya sea la circuncisión, el paso a la edad adulta o la incorporación al grupo de guerreros— adquieren una posición social y simbólica que conservarán durante toda su vida. El tiempo no se concibe como una sucesión de años individuales, sino como un tránsito colectivo marcado por los acontecimientos comunitarios.

Finalmente, Ousman fue sometido a una serie de pruebas médicas que determinaron que tenía diecisiete años. Gracias a eso, pudo quedarse en el país. A veces pienso que, si hubiese llegado a la comunidad masái en vez de a España, tal vez le habría bastado con decir todo lo que había caminado para ser considerado adulto.

Esa misma concepción relativa del tiempo y del espacio aparece también en otros lugares del mundo. Entre los aimaras del altiplano andino, el pasado se sitúa delante y el futuro detrás. Lo que ya ha sucedido puede verse —porque se conoce—, mientras que lo que vendrá permanece oculto. Esta inversión espacial del tiempo, reflejada tanto en su lenguaje como en su gestualidad, rompe con nuestra idea de progreso y de futuro como horizonte de posibilidades.

Si los aimaras colocan el pasado delante porque solo lo visible puede conocerse, los guugu yimithirr sitúan el cuerpo dentro del paisaje porque solo lo habitable puede comprenderse. Este pueblo aborigen del norte de Australia concibe la orientación de manera relacional. En su lengua no existen las categorías izquierda o derecha. En su lugar, todo se expresa mediante coordenadas cardinales absolutas, incluso en los lugares cerrados. Un guugu yimithirr no dirá «Tienes una hormiga en la pierna derecha», sino «Tienes una hormiga en la pierna del sur».[5] Esta forma de orientación exige una atención constante al paisaje, ya que es el territorio —y no la posición del individuo— el que sirve como punto de referencia. No se me ocurre una concepción menos antropocéntrica del universo.

Al fin y al cabo, las categorías con las que medimos lo que nos rodea son meros acuerdos culturales, formas de ordenar la realidad que en ocasiones confundimos con verdades universales, pero, fuera de nuestro marco de referencia, esas certezas a las que tanto nos aferramos se disuelven.

Todavía recuerdo cuando Gabriel, uno de los jefes de la tribu mundari, con la que estaba conviviendo en Sudán del Sur, me preguntó en su inglés destartalado de dónde venía. Creí que se refería a mi país, así que saqué el móvil y le mostré en el mapa la forma de la península ibérica. La respuesta no pareció satisfacerle, pero con una sonrisa de oreja a oreja, me contestó: «*Oh, right*».

—Aquí— decía yo, indicando Madrid.

Él miraba la pantalla con extrañeza, asentía y sonreía. Pensé que no nos estábamos entendiendo, así que

(5) Las ideas sobre lenguas que se orientan mediante coordenadas absolutas se exponen en Guy Deutscher, *Through the Language Glass: Why the World Looks Different in Other Languages*, Metropolitan Books, Nueva York, 2010, cap. 7, «Where the Sun Doesn't Rise in the East», pp. 157-193.

saqué un mapa físico que tenía en la mochila, de esos que una vez desplegados se resisten a volver a su forma original. Lo extendí en el suelo y, en menos de un segundo, teníamos a un grupo de unos diez hombres a nuestro alrededor. Sus caras permanecían inescrutables mientras señalaba mi país. Abrí un poco más el mapa, hasta dejar al descubierto la zona que representaba Sudán del Sur. Lo señalé, diciendo *South Sudan*. Las palabras surtieron un efecto mágico. Sus caras cambiaron y, asintiendo con la cabeza, me decían «*Yes, yes. Al-januubi. South Sudan*». Bien. Ya tenemos un punto de referencia. «Yo vengo de aquí. España. Y ahora estamos aquí. Sudán del Sur.» De nuevo, caras de indiferencia. Pensando que me estaba enfrentando a una diferencia idiomática insalvable llamé a Patrick, el traductor que me acompañaba durante la expedición, y le pedí que les indicara que, efectivamente, llevábamos ya unos cuantos días con nuestra tienda de campaña plantada en el punto indicado.

—Te están entendiendo —me contestó él—, pero piensan que les estás tomando el pelo.

—¿Cómo?

—Me dicen que saben que eres europea. Pero que es imposible que ahora mismo estemos ahí, en el sitio que señalas.

Desconcertada, chequeé el GPS de mi móvil y volví a mirar el lugar al que estaba apuntando. No cabía ninguna duda. Estábamos a unos dos kilómetros al oeste de Terekeka, exactamente el área donde mi dedo se encontraba descansando.

—No, no lo entiendes —me dijo de nuevo Patrick —.

Lo que pasa es que ellos están *aquí*. Y si están *aquí*, es imposible que estén *allí*.

—Allí, ¿dónde? —El misterio empezaba a desvelarse.

—En el mapa.

Efectivamente, tenían razón. El mapa no era sino una representación de un concepto abstracto que no tenía ninguna implicación real en su vida. Cuando tu día a día consiste en moverte con las estaciones en busca de pasto para el ganado, el único paisaje que te resulta relevante son las orillas del Nilo y aquellas áreas donde puedes establecer tu campamento durante un par de meses sin tener problemas con las tribus vecinas. No es que los mundaris vivan aislados del mundo. Saben perfectamente lo que es una frontera, un país o un pasaporte, pero les da igual, porque no hay nada en su estilo de vida que vaya a verse alterado por conocer la geografía de lugares que, como bien intuyen, jamás visitarán. Existe un nosotros muy claro, que contiene un orgullo infinito por su cultura, su modo de vida y sus costumbres, y un vosotros abstracto, que engloba a cualquier persona que no forme parte de su comunidad. En esa alteridad, les es indiferente que seas española, chilena o francesa; que tengas veinte años o cuarenta. Estos datos solo cobran relevancia cuando vives en un contexto cultural donde este tipo de información tiene algún valor.

Lo que Gabriel me estaba preguntando era, literalmente, de dónde venía ese mismo día. No de qué país, sino desde dónde había llegado a su aldea. Mientras yo desplegaba mapas y señalaba continentes, él solo trataba de situar mi recorrido más inmediato; de entender desde qué dirección había entrado en su territorio. Para alguien acostumbrado a medir el tiempo en amaneceres y a orientarse siguiendo los árboles conocidos, mi explicación geográfica carecía por completo de sentido. El mapa convertía el desplazamiento en abstracción, trazando sobre el papel una separación que, en su mundo, era irrelevante.

De hecho, cuando finalmente les explique qué era lo que representaba aquel papel, se rieron y me dijeron amablemente que les parecía una herramienta bastante inútil. Patrick tenía razón. Sí, las carreteras estaban marcadas, pero no aparecían los tótems que delimitan los territorios vecinos, ni el árbol de mangos del que tantas veces comían, ni los lugares donde el pasto crece más tierno después de la lluvia. Tampoco estaban los caminos de tierra que separan las aldeas, las zonas que hay que evitar cuando hay inundaciones, ni los puestos donde las mujeres venden la leche de sus vacas al mediodía. El mapa —mi mapa— representaba un mundo vacío, un territorio aséptico que podía recorrerse con la vista, pero no con el cuerpo.

Su forma de entender el espacio revelaba algo fundamental: la experiencia vivida en primera persona se convierte en una forma irremplazable de conocimiento. Una geografía que, por mucho que se piense y analice, solo se puede comprender al recorrerla.

Los mundaris, como Ousman, entendían que no todo lo real puede representarse y que las cosas que no encajan en nuestras categorías existen igualmente. Lo que su historia nos recuerda es que las certezas a las que tanto nos aferramos en Occidente son solo una forma de consuelo, la manera que hemos encontrado de enfrentarnos a los grandes misterios de la vida. Pero no son absolutas ni permanentes, sino una estructura frágil que se desmorona en cuanto salimos de lo conocido.

Entender el mundo desde la experiencia está en la raíz misma de la historia de la humanidad. Dice Juliana González-Rivera en su libro *La invención del viaje* que:

> Tuvo que haber un primer hombre que fue más lejos que el resto de su tribu. Ese explorador, al alejarse de los límites conocidos, encontró un paisaje que nadie había visto. Descubrió plantas, animales y quizá otro grupo de hombres iguales a él, lo que supuso el primer contacto con la alteridad. Luego regresó con los suyos. Les contó lo que había visto y dio noticia de la lejanía.[6]

Ahí comenzó la historia de los viajes o eso es lo que, al menos, pensamos. Porque ¿qué es realmente viajar? Al fin y al cabo, estar en constante movimiento era lo normal hasta hace muy poco y se convirtió en algo excepcional únicamente cuando el ser humano se asentó en un solo lugar. Si miramos a gran escala la historia de la humanidad, la realidad es que llevamos mucho más

(6) Juliana González-Rivera, *La invención del viaje. La historia de los relatos que cuentan el mundo*, Alianza Editorial, Madrid, 2019, p. 85.

tiempo desplazándonos que siendo sedentarios. Por mucho que el mundo contemporáneo nos haya forzado a pausar esa inercia natural, fue gracias a los viajes que la civilización, tal y como la conocemos, fue posible. Desde el comercio hasta la política y la creación de los estados —y, con ellos, los pasaportes, la inmigración y las líneas divisorias— hasta la difusión de conocimientos, culturas y religiones, es innegable que los viajes han sido un factor clave en el desarrollo y la evolución de la sociedad. Absolutamente todo lo que compone nuestro mundo está relacionado con el movimiento y el control del mismo.

Gracias a los trayectos de Fernando de Magallanes y Juan Sebastián Elcano pudimos constatar que la tierra era redonda y Charles Darwin comprendió cómo evolucionan las especies mientras navegaba a bordo de un bergantín. Los primeros sistemas de escritura fueron desarrollados en Egipto y Mesopotamia y fue por los fenicios que los griegos pudieron desarrollar una versión arcaica del alfabeto que utilizamos hoy en día. La festividad de Todos los Santos es heredera del *Samhain* celta y las hogueras de San Juan coinciden con el solsticio de verano, que era llamado *Litha* o *Midsummer* en diversas culturas paganas. Incluso la elección de celebrar la Navidad el 25 de diciembre está influenciada por las Saturnales, festividades que se celebraban en la antigua Roma en honor al dios de la agricultura y la cosecha. Les debemos las matemáticas a los babilonios y a los antiguos egipcios, cuyos sistemas de cálculo y medición sentaron las bases para desarrollos posteriores en Grecia y la India. La brújula llegó a nosotros gracias a la China del siglo XI, donde los navegantes de la dinastía Song ya utilizaban imanes flotantes para orientarse en mar abierto. Las peregrinaciones religiosas, las cruzadas, las expediciones científicas e incluso la carrera espacial son otros de los grandes viajes que han hecho posible el mundo que conocemos.

Si vamos un paso más allá, las conexiones que podemos establecer entre los desplazamientos y el desarrollo del mundo son casi oníricas. Sin los comerciantes que trajeron el pigmento azul de las minas de lapislázuli afganas a través de la Ruta de la Seda, jamas habríamos tenido el color azul ultramar que se utilizó durante los siglos XIV y XV en la pintura veneciana como símbolo de pureza y divinidad[7] al emplearse en la representación de las túnicas del Niño Jesús y la Virgen María. Están en deuda con ellos miles de artistas, entre ellos Durero, Giotto, Tiziano, Vermeer y, siglos más tarde, Yves Klein, que en 1960 —inspirándose en la intensidad de aquel mismo pigmento— registró su propia tonalidad, llamada International Klein Blue (IKB, por sus siglas), una paleta cromática que le alzaría al estrellato, transformando este tono en una de sus señas de identidad. Cu-

(7) La idea sobre el comercio de lapislázuli y la llegada del azul ultramar a Europa está tomada de Juliana González-Rivera, *La invención del viaje. La historia de los relatos que cuentan el mundo*, Alianza Editorial, Madrid, 2019), p. 23. En el mismo capítulo, «El viaje como universo» (17-78), la autora ofrece otros ejemplos igualmente evocadores sobre cómo los desplazamientos han contribuido a la historia de la civilización.

riosamente, el nombre del pigmento proviene del latín medieval *ultramarinus* y también hace referencia a los viajes, ya que significa, literalmente «de más allá del mar».

De hecho, algunas de las expresiones culturales que hoy en día se interpretan como símbolos de orgullo patrio son el resultado de siglos de movimiento, diálogo e intercambio. Si la expansión colonial europea no hubiese existido, jamás se habría importado a España el tubérculo que daría forma a uno de nuestros grandes emblemas nacionales, la tortilla de patatas. Lo mismo ocurre con el cacao, el café, la seda, el tabaco, los tomates, el maíz, el ajo, la pimienta, el azafrán y la canela, productos que deben su presencia, más allá de sus lugares de origen, a las redes comerciales tejidas a lo largo de miles de viajes.

Fue también a través de los circuitos coloniales y la trata transatlántica que el banjo, un instrumento cuyas raíces se remontan a la música tradicional de África Occidental, llegó a Estados Unidos. Su genealogía puede rastrearse en el *akonting* de Gambia y Senegal, el *ngoni* de Mali y el *xalam*, utilizado por griots y narradores orales en la región del Sahel. Los esclavos africanos llevaron consigo sus conocimientos a las plantaciones del Caribe y del sur de Estados Unidos, donde fue adaptado con los materiales disponibles y poco a poco transformado hasta adquirir la forma del instrumento que conocemos hoy en día. Paradójicamente, los estilos de música más asociados con la identidad rural estadounidense —el *folk* y el *bluegrass*— están estrechamente vinculados a la diáspora africana, la trata de esclavos y las migraciones forzadas.

La obra del pintor francés Paul Gauguin tampoco habría existido tal y como la conocemos sin sus viajes a la Polinesia Francesa y, sin este trayecto, el escritor peruano Mario Vargas Llosa jamás habría escrito *El paraíso en la otra esquina* (2003) narrando las historias del pintor en Tahití. Puede entonces que incluso este escritor mundialmente reconocido jamás se habría alzado como ganador del premio Nobel de Literatura. Picasso no habría desarrollado el cubismo sin inspirarse en las esculturas y máscaras de algunas culturas africanas, como la fang de Gabón y Camerún y el arte bambara y dogon de Mali. Y sin *Les Demoiselles d'Avignon* (1907), Robert Colescott nunca habría pintado su versión particular, titulada *Les Demoiselles d'Alabama* (1985), donde reemplazó las figuras de prostitutas que usó Picasso por sujetos racializados, sometiendo así el imaginario primitivista de la vanguardia europea a una lectura crítica desde la historia estadounidense y las relaciones raciales.

Los colonos, los piratas, los juglares que divulgaban las noticias y los exploradores, antropólogos y etnógrafos que cartografiaron y clasificaron el mundo estaban de viaje. Pero también vivimos rodeados de desplazamientos interiores: los sueños, la hipnosis, el tantra, la psicoterapia y las experiencias místicas, los viajes espirituales y de autodescubrimiento y aquellos inducidos por sustancias psicotrópicas. La naturaleza está llena de migraciones, desde las mariposas monarca, que vuelan más de cuatro mil kilómetros huyendo del invierno, hasta las ballenas jorobadas, que se desplazan del Polo Norte a las zonas tropicales del Caribe para reproducirse y dar a luz a sus crías; los salmones remontan ríos enteros para desovar en el mismo punto donde nacieron; las anguilas europeas viajan desde los ríos del continente hasta el mar de los Sargazos y miles de aves migratorias, como las cigüeñas, los vencejos y el charrán ártico trazan rutas invisibles que conectan todos los continentes en un ciclo constante de ida y vuelta. Por viajar, viaja hasta la luz. Y no olvidemos que fue un viaje el que quizá inició la vida en la Tierra a través de un meteorito. La lista es infinita.

Buscar tipologías al viaje —ocioso, espiritual, comercial o científico— implica revestir de significados particulares un acto universal. El viaje moldea y ha sido moldeado por su contexto y los millones de historias y espacios que lo han acompañado. El movimiento ha creado senderos, rutas, deportes, medios de transporte, invasiones territoriales e ideológicas, peregrinajes religiosos e incluso sociedades enteras. Ha generado rechazo y deseo, ha configurado costumbres y atracciones turísticas. También ha dado forma, literalmente, a los paisajes que conocemos hoy en día, donde las carreteras fueron construidas sobre calzadas romanas y estas, a su vez, sobre aquellos caminos que estaban grabados en la tierra después de que miles de pies pasasen sobre ellos. Terrenos yermos, erosionados por los pasos de todos aquellos viajeros que nos precedieron.

Hablar del viaje supone abarcar las disciplinas más diversas, desde el urbanismo y la arquitectura, hasta la antropología, la geopolítica, la historia, la literatura y la religión, sin detenernos, no obstante, en ninguna de ellas. Viajar es una metáfora y también una acción.

Mientras viajamos, el cuerpo y la mente trabajan juntos, sincronizados en un ritmo primitivo que nos ayuda a salir de esa vida estática en la que nos hemos visto sumidos desde que algunos de nuestros antecesores neolíticos descubrieron cómo domesticar a los animales y a las plantas, mientras que otros continuaron con una vida vinculada a los desplazamientos. Pero ¿podemos llamar quietud a lo que experimentamos cuando nos hicimos sedentarios? El filósofo árabe Ibn ʿArabī sostenía ya en el siglo XII que «El origen de la existencia es el movimiento. En ella no puede haber inmovilidad, pues regresaría a su origen, que es la ausencia. Jamás cesa el viaje».[8] Lo inmutable se encuentra únicamente en el vacío y la carencia. Es el letargo inmóvil de la muerte, el silencio absoluto después del último aliento. Mientras tanto, la ilusión de estancamiento no es sino la consecuencia de una pausa momentánea, un intervalo dentro del constante flujo que caracteriza a la existencia.

Siempre ha habido personas que han querido salir de la caverna con la intención de descubrir las figuras que arrojaban esas sombras. Sin esos pioneros, jamás habríamos bajado a los océanos, volado un avión ni cla-

(8) Ibn ʿArabī, *El esplendor de los frutos del viaje*, Siruela, Madrid, 2008, p. 60.

vado una bandera en la Luna y, aunque pensamos que hoy en día no queda ya nada por explorar, la realidad es que, si lo juzgamos con la escala adecuada y dejamos atrás la obsesión por la medición y la certeza, el mundo es una sorpresa constante.

Cada año se descubren quince mil nuevas especies, sigue habiendo regiones del planeta donde el ser humano apenas ha llegado y donde la selva, el hielo o el desierto imponen sus propias leyes. Incluso en los territorios explorados, lo desconocido persiste bajo nuevas formas: ecosistemas ignorados, cuevas vírgenes, selvas impenetrables o fondos oceánicos que permanecen prácticamente intactos. Hasta en los terrenos familiares, las dimensiones de lo cotidiano cambian tan rápidamente que es imposible que nos encontremos dos veces con un mismo paisaje.

Sí, lo que quiero decir es que la vida es, en sí misma, un viaje. Desde la fecundación del óvulo hasta la muerte, nuestra existencia no sería posible sin el flujo de los espermatozoides, la división constante de las células ni el intercambio perpetuo de los átomos que componen nuestro cuerpo. Aunque la frase también puede configurarse en sentido contrario, hablar del viaje es hablar de la vida y por este motivo se trata de un campo inabarcable: una ausencia de límites que vibra en todos nosotros porque, de una manera u otra, conforma el relato de la humanidad y la historia del conocimiento.

Tal vez la tarea que nos aguarda en esta época de la historia donde la globalización tiende a homogeneizarlo todo sea aprender a reencontrarnos con la belleza de lo conocido. Interiorizar que no puedes bañarte dos veces en un mismo río y, mientras tanto, aprender a poner en valor la riqueza de la cultura propia y la ajena. Apreciar sus matices y luchar para que estos no se pierdan en ese mar cosmopolita que aspira a poner una franquicia en cada esquina.

Estamos ante una verdad indiscutible: debemos nuestro mundo al movimiento y, lo queramos o no, el alma del *Homo sapiens* está ligada a la historia de los viajes.

Tras entender los desplazamientos como una tendencia universal, la pregunta que queda por resolver es cómo convertir ese impulso en una forma de estar en el mundo. En qué términos podemos engrasar sus mecanismos para convertir la incertidumbre de la vida en un motor que nos ayude a desprendernos de la necesidad de control, abrazando los cambios desde el precioso abandono de la aceptación.

Hemos recorrido el planeta durante siglos buscando comprenderlo y acotarlo. Pero, en la era de la globalización, ese impulso ya no se dirige solo hacia fuera, sino que ha invertido su dirección. Si antes queríamos conocer y clasificar el territorio para poder dominarlo, hoy aspiramos a medir y optimizar cada aspecto de nuestras vidas con la misma intención: contamos los pasos que damos, calculamos las calorías que ingerimos, monitorizamos la calidad de nuestro sueño, el ritmo cardíaco y los niveles de productividad. La necesidad de estructurar el espacio físico se ha desplazado al interior de la propia experiencia humana.

En este contexto, el deseo de control se manifiesta como una tensión entre lo que somos y lo que deberíamos ser, entre el impulso natural de presencia y la exigencia productiva de la sociedad moderna. A este respecto, resulta revelador observar las formas en que intentamos conciliar nuestras obligaciones con el deseo de vivir libremente. Nos movemos entre normas, leyes y límites concebidos para garantizar la convivencia y proteger a la civilización del caos, mientras buscamos, a través de la meditación o el yoga, aliviar la tensión que produce vivir con la mente anclada en el futuro. Así, surge una de las paradojas de la modernidad: cuanto más control ejercemos sobre el entorno, más desconectados estamos de la experiencia de habitarlo.

El filósofo Byung-Chul Han denomina «sociedad del cansancio» a esta condición de hiperactividad permanente, en la que la saturación de estímulos disuelve la vivencia en su propio registro informativo. Para él, la comunicación incesante nos despoja de la capacidad de contemplar sin producir, y la atención —fragmentada y exigida desde múltiples frentes— termina agotando a los individuos, que viven en un estado de autovigilancia constante. En este escenario hiperconectado, la paz solo aparece en los breves instantes en que logramos parar, respirar y silenciar el pensamiento. Cuanto más intentamos abarcar, más nos fragmentamos. El resultado es un estado de agotamiento permanente, donde la lucidez se confunde con la eficiencia y la pausa se percibe como una forma de fracaso.

Ni la información ni las certezas son inherentemente dañinas, pero en el mundo occidental hemos llegado al punto de sacralizarlas, olvidando que su exceso también tiene un reverso oscuro, capaz de generar confusión, agotamiento y, en última instancia, infelicidad. Los índices de estrés y ansiedad con los que convivimos son el reflejo de una sociedad que ha convertido el bienestar en otro objetivo más que alcanzar. Vivimos divididos, atrapados en una comparación constante entre nuestra existencia y la de los demás, midiendo nuestros logros en relación con los de otros y sopesando sin descanso nuestras alternativas. Nos preguntamos si nuestras acciones están alineadas con nuestros valores, si hemos tomado la decisión correcta para tener la vida a la que aspiramos; si estamos, al fin y al cabo, viviendo como se supone que deberíamos.

Este conflicto entre libertad y agotamiento ha sido ampliamente explorado por la psicología contemporánea, que advierte cómo el exceso de opciones, lejos de ampliar nuestra autonomía, termina por socavarla. Elegir un trabajo, una pareja o incluso un lugar donde vivir deja de ser una decisión concreta para convertirse en una evaluación permanente de alternativas descartadas. O, dicho de otro modo, cuantas más posibilidades tenemos, mayor es la probabilidad de sentirnos insatisfechos con la que escogemos. En una cultura saturada de promesas de autorrealización, resulta casi imposible no construir expectativas irreales sobre quiénes somos y cómo deberíamos vivir.

Este mismo mecanismo explica también por qué nos cuesta tanto conectar con esa existencia en tiempo presente que antes era la norma. Tal vez, si cerramos los ojos y nos acordamos de aquellos primeros viajes en coche que hicimos en nuestra infancia, podamos recordar lo que significaba no saber dónde estabas ni hacia dónde ibas. Montarte en el coche familiar y cerrar la puerta con una confianza inquebrantable, con la predisposición y la apertura de llegar a lugares desconocidos. Un viaje al supermercado o una excursión a la montaña podían convertirse en la mayor de las aventuras.

A medida que crecemos, el anhelo por el conocimiento aumenta. Intentamos paliar con certezas el vértigo que nos produce no saber por qué ni para qué estamos vivos. Ya no le rezamos a un pantocrátor que nos castiga con plagas aleccionadoras; la presencia externa que condiciona nuestra conducta tiene forma de periódico, programa de televisión o red social. Queremos conocer qué pasa ahí fuera, qué hace el otro y, sobre todo, dónde nos situamos nosotros dentro de la ecuación. Así, vivimos en una constante dicotomía entre el presente y el futuro: nuestras acciones requieren de presencia, mientras que hemos creado un mundo lleno de conceptos abstractos —los índices bursátiles, las hipotecas, el *big data*, los visados— que nos fuerzan a tener la mente en una construcción intangible de la realidad.

Tal vez por eso, en una sociedad obsesionada con el control, la eficiencia y la elección constante, la idea de perderse adquiere un sentido profundamente subversivo. Frente a la dictadura de la eficacia, perderse implica aceptar la deriva, el error y la pausa. Es, en última instancia, un gesto de libertad frente a un sistema que mide nuestro valor en función de nuestra capacidad de producción.

Analicemos su etimología. La palabra «perder» proviene del latín *perdere*, donde *per-* significa «a través de» o «por completo», y el verbo *dare* implica «dar». En su origen, aludía a la idea de «dar por completo», «entregar del todo» o, en un sentido más figurado, «dejar ir». A lo largo del tiempo, el significado de «perder» ha evolucionado para referirse a la acción de no poder encontrar algo. Pero es tal vez ahí, en esa posibilidad de dejarse ir, donde se esconda la semilla de otra forma de estar en el mundo, una en la que estar perdido se convierta en una estrategia para reconciliarnos con la incertidumbre.

Cuando era pequeña, me gustaba escuchar en bucle la canción «Me And Bobby McGee», de Janis Joplin. En ella, la cantante estadounidense narra una historia de amor veraniego, con tintes de *roadtrip* y aroma a Nueva Orleans. Cuando me preguntan por alguna cita que me haya marcado, siempre menciono la misma estrofa «*Freedom is just another word for nothin' left to lose*». Ser libre significa no tener nada que perder. O tal vez, signifique estar perdida. No en esa acepción contemporánea que sugiere fracaso o extravío, sino más cercana al significado original de «entregarse del todo».

Hay algo liberador en reconocer que no controlamos el curso del viaje, en aceptar el presente sin la necesidad constante de anticipar lo que viene, ni traducir cada experiencia en función de su propósito o utilidad. Como en esa frase manida —y, sin embargo, muy certera— que afirma que no todos los que deambulan están perdidos. Cuando nos permitimos divagar, lo que nos encontramos deja de ser obstáculo o destino y vuelve a ser lo que siempre fue, la materia viva e imprevisible que compone la existencia. Para Joplin la verdadera libertad no tiene tanto que ver con moverse sin límites, sino con soltar la ilusión de tenerlos todos claros. Perderse, en ese sentido, no es no saber dónde estás, sino dejar de necesitar saberlo. Es un gesto de confianza, una rendición pequeña ante lo que no podemos controlar. A mí me gusta fantasear con aquella época en la que todavía no me importaban las coordenadas, cuando no sabía adónde iba, qué día era, ni dónde estaba.

Cuando hablo de la importancia de aprender a perderse, lo que quiero decir es que hay que trascender el mapa; no limitarnos a tratar de descubrir qué hay en los lugares que no conocemos, sino aprender a superar la idea de que es importante saber dónde nos encontramos. Transformarnos en equilibristas, capaces de mantenernos a flote entre los compromisos y responsabilidades que están vinculados al mundo de hoy en día, mientras habitamos en el presente. Es indiscutible que la obsesión por querer saberlo todo nos hace tener la mente en un mañana sin fin, un anhelo que jamás llegará a buen puerto. La frustración de querer controlar lo incontrolable. Sí, podemos volvernos expertos en transitar el mundo puliendo los retos a los que irremediablemente vamos a enfrentamos, pero nunca vamos a ser capaces de discernir todas las variables que lo atraviesan. Vivir es un arte, no una ciencia. Y los viajes son su manifestación más pura. «Para viajar, basta existir» dijo Pessoa.[9]

Pocas veces me he sentido tan plena como cuando he tenido que montar mi tienda de campaña deprisa y corriendo en mitad de una tormenta, escuchando el suave gruñido del mar mientras paseaba por la playa, dejando que el jugo de una fruta de nombre impronunciable se escurriese por mi barbilla, o vagando por las calles de una ciudad extraña mientras me dejo guiar por señales en los grafitis que solo yo soy capaz de descifrar en mi mente. También volviendo a esos lugares donde tanto disfrutaba en mi infancia y que, pasados los años, se han transformado: el parque donde me di mi primer beso y la parada de autobús donde quedaba con mi vecina para ir juntas al colegio; llevando a mis amigos a comer mi plato favorito en el restaurante del barrio, pintando con tizas en las aceras de El Retiro o sentándome en el balcón de mi casa para disfrutar de la silueta de Madrid, recortada contra las copas enredadas de los árboles. Las mariposas en el estómago al pasar, una vez más, el control de un aeropuerto con la única compañía de mi mochila y las ganas de descubrir qué me depara lo desconocido.

En su libro *El arte de amar* (1956), Erich Fromm postuló que, para disfrutar más plenamente de nosotros

(9) Fernando Pessoa, *El libro del desasosiego*, Baile del Sol, Santa Cruz de Tenerife, 2010, p. 186.

mismos y de nuestra realidad, tenemos que trabajar activamente en nuestros vínculos. Según su hipótesis, el amor no es un sentimiento que surge de forma natural, sino que se trata de un arte que requiere de esfuerzo, conocimiento y habilidad. Si entendemos la relación con la vida como nuestro vínculo más preciado y nuestro amante más valioso, las comparaciones que se me ocurren son infinitas. Según el filósofo, si nos volvemos expertos en el arte de amar, descubriremos que no se trata de una emoción transitoria, sino de un pilar fundamental en nuestra relación con el mundo. «En el acto mismo de dar, experimento mi fuerza, mi riqueza, mi poder. Tal experiencia de vitalidad y potencia exaltadas me llena de dicha. Me experimento a mí mismo como desbordante, pródigo, vivo, y, por tanto, dichoso.»[10]

Al igual que pasa con el amor, la sociedad piensa que viajar es algo pasajero. Así fue como surgió el concepto de las vacaciones: un instante de calma en medio de la vorágine de un trabajo agotador, una actividad de la que solo puedes disfrutar en las pausas de tus responsabilidades. Pero, para muchos de nosotros, viajar es prácticamente una filosofía. Una forma de entender el mundo, una excusa para aprender, para cuestionarte y conectar contigo mismo y con los otros. Es, ante todo, una herramienta que puede servir para crecer y, como cualquier herramienta, esta puede perfeccionarse hasta convertirse, como Fromm afirmaba, en un arte.

(10) Erich Fromm, *El arte de amar*, trad. de Noemí Rosenblatt, Paidós, Ciudad de México, 2020 (orig. 1959), p. 32.

El viaje ha inspirado miles de relatos que han regresado a nosotros convertidos en mitos, libros, canciones y películas con la intención de llevarnos de vuelta a otros lugares del mundo y de la historia. Y, si bien la crónica del viaje y de los viajeros es infinita, esta historia del movimiento solo puede ser parcial, un intento de captar la esencia de aquello que nos impulsa a abandonar lo conocido para adentrarnos en lo incierto, narrada por una viajera —o, más bien, una turista— que habla desde su historia personal.

Yo vengo de la quietud. Era la niña que se sentaba en primera fila, la que sacaba buenas notas y odiaba los deportes. No tengo alma de exploradora y sigo clavando las uñas en el asiento cada vez que cojo un avión. Cuando me he ido en busca de aventuras, lo he hecho conquistando el terror que me producía lo desconocido. Pero, a lo largo de los años, he conseguido encontrar un espacio de confort en esa delgada línea entre el vértigo y la curiosidad por abarcar horizontes desconocidos.

Hay muchas anécdotas que me gustaría contar, pero quiero comenzar por aquella que me hizo entender que, si era capaz de vencer mis miedos, podía encontrar algo increíble más allá del mapa. Todo empezó con una foto.

2
EL MONSTRUO
QUE SE COMIÓ EL ATARDECER

George Lepsen tenía setenta y nueve años cuando nos conocimos. Él no sabe quién soy, ni cómo me llamo. Nunca se lo dije. Cuando salí de mi tienda de campaña, le encontré sentado a apenas un par de metros de mi coche, haciendo crucigramas en una mesa de cemento pensada para resistir las temperaturas estratosféricas del *outback*.

Los australianos llaman *outback* o *back of beyond* al patio trasero del país, un terreno casi deshabitado donde es necesario calcular de forma precisa los kilómetros que quedan hasta la siguiente parada para no quedarse sin combustible a mitad de trayecto. Allí no hay pueblos ni gasolineras, solo un desierto cuyo límite se extiende hasta el infinito. Las carreteras atraviesan en línea recta un terreno llano y estéril en el que la única compañía son serpientes tremendamente venenosas, alguna que otra eventual planta rodante y, por supuesto, los trenes de carretera: camiones de más de treinta ruedas que transportan combustible y minerales. Esas gigantescas orugas automovilísticas arrastran hasta doce remolques de carga y son tan inmensas que cuando te las encuentras en sentido contrario solo puedes salirte de la calzada y esperar, rezando para que la gravilla que disparan al pasar no te haga un agujero en el parabrisas.

El calor insoportable, el paisaje monótono y las moscas que se esmeran en explorar cada uno de los orificios de tu cuerpo hacen de este lugar uno de los mejores sitios del planeta para poner a prueba los límites de la cordura. En semejante escenario, no sueles encontrarte a alguien de forma casual. Mucho menos a un anciano de pelo largo y ojos lechosos resolviendo una sopa de letras a las ocho de la mañana.

Nuestra conversación duró lo que dura un café. Mientras calentaba el agua en el hornillo de mi furgoneta, le pregunté qué hacía allí.

—Viajar me contestó—. Ver mi país. ¿De dónde vienes tú?

—De España.

—Eso está lejos —respondió con una sonrisa.

Charlamos durante unos minutos: de nuestro itinerario, de los coches, del tiempo. Me dijo que antes había sido fotógrafo y le contesté que a mí también me gustaba hacer fotos.

—Y, ahora, ¿qué haces? —le pregunté.

—Disfrutar de estos paisajes. Voy a echarlos de menos.

—¿Y eso?

Su barba, completamente blanca, le llegaba hasta el pecho y llevaba una coleta que le recogía el cabello lacio con delicadeza detrás de la espalda. Parecía un poeta romántico, misterioso y asalvajado; su porte tenía el carisma de quien ha vivido mucho. Llevaba unas gafas pequeñas sin montura, con los cristales tan gruesos que le deformaban la mirada. Se las quitó para meterse en su jeep destartalado y empezó a rebuscar en algún lugar que quedaba fuera de mi vista. A través de la ventanilla podía ver un colchón tirado en la parte de atrás del coche, donde los asientos habían sido arrancados de cuajo. Aquel vehículo tenía la misma mezcla de fragilidad y obstinación que su dueño, todo lleno de cajas, ropa y bultos imposibles de identificar.

—Ya que te gusta la fotografía —me dijo—, tengo algo para ti. Hace años le tomé una foto a un monstruo. Un ser increíble, tan gigantesco que me dio miedo cuando lo miré a través de la lente.

—¿Te vio? —le pregunté, pensando que aquello se trataba de un juego.

—Creo que no —contestó sonriendo—, pero yo no le quito ojo desde entonces.

Se acercó a mí y extendió las manos para ofrecerme una foto analógica, de esas que mi madre ordenaba con esmero en los álbumes familiares. Casi una reliquia.

No sé qué me esperaba. Un casuario o un emú, ¿tal vez un cocodrilo? Qué sé yo. Entre mis manos tenía la foto de un paisaje. Las nubes dibujaban la silueta distante de un ser extraño que, con la boca abierta, trataba de abarcar un sol inmenso y anaranjado, escondido a medio camino tras la línea del horizonte. Un dragón chino hecho de jirones, un punto de luz tan inconmensurable que otras civilizaciones, en otros tiempos, lo habrían confundido con un dios. Los contraluces habían transformado el contorno del astro en una cara, una mueca de fuego que se burlaba de mí desde lo alto. La portada de *Crises*, firmada por Mike Oldfield, el «Eye in the sky» de The Alan Parsons Project. Ahí estaba. El monstruo que se comió el atardecer. En aquella media hora, George me hizo un regalo que me marcaría profundamente; tanto, que trece años después de nuestro encuentro aún conservo el recuerdo de aquel despertar en el *outback* australiano.

Le pedí que firmara la foto y, con manos temblorosas, escribió su nombre en el reverso. Se disculpó por la letra, casi ilegible. Me explicó la otra cara de la historia, el motivo por el cual viajaba a través de su amado país: se estaba quedando ciego. No podía operarse y sus hijos insistían en ingresarle en un asilo. En contra de todas las recomendaciones, había cogido el coche y se había puesto a conducir. Con el pecho tan abierto como la boca del monstruo de la foto, que ahora era mía. Lejos, intentando abarcar tanto terreno como fuese posible, alejándose de su familia para tratar de ver por última vez aquellos paisajes que le habían acompañado toda la vida.

Tal vez todos empezamos a movernos porque, como George, tenemos miedo de que algo se apague si nos quedamos quietos. Que la vida pierda su pulso si dejamos de buscarle un sentido.

La llamada a la aventura aparece un día, sin previo aviso. Como un pájaro que después de mucho aletear consigue posarse sobre una rama. A veces, sucede de repente. En otras ocasiones, ocurre como consecuencia de una larga reflexión. Necesitas moverte. Las ganas de conocer los límites del mundo —o de conocerte a ti misma en otros escenarios— comienzan a tener más peso que el miedo a lo desconocido. Surge entonces el impulso de echarse la mochila a la espalda, salir de la rutina y preguntarse qué hay más allá. Pero, sobre todo, de comprender quién eres tú en ese *más allá*.

Por supuesto, viajar es una posibilidad a la que no todas las personas tienen acceso y también una forma de evasión que hemos aprendido a normalizar. Saturados de obligaciones, con la mente ocupada por los compromisos y las responsabilidades, deseamos detener el ruido y desaparecer, aunque sea por un momento, del mundo. El viaje, sinónimo de desconexión y vacaciones, se convierte así en una pausa dentro de nuestra vida *de verdad:* el único momento en el que nos permitirnos, por fin, estar presentes. Alejados del estrés de las entregas, la presión de los pagos de la hipoteca o la constante tiranía de los correos pendientes. «Lo siento, estoy de viaje», decimos, casi como una plegaria de absolución.

«No importa dónde viva, el caso es que siempre tengo mi maleta preparada debajo de la cama, estoy preparado para largarme o para que me echen. He decidido desentenderme de todo»[1] confiesa uno de los protagonistas del libro *En el camino* (*On the road*), del escritor y poeta estadounidense Jack Kerouac. Publicada en 1957, la novela sigue las aventuras que el autor realizó junto a sus amigos Allen Ginsberg, William Burroughs y, sobre todo, Neal Cassady, el hombre que inspiró al carismático Dean Moriarty. Escrita a partir de una serie de vivencias reales, *En el camino* refleja el desasosiego de una juventud que había crecido en la abundancia pero que se sentía asfixiada por la monotonía del sueño americano. En un país que glorificaba el consumo, la estabilidad familiar y el trabajo como sinónimos de éxito, aquellos jóvenes buscaban todo lo contrario: intensidad, descontrol y una falta absoluta de normas. Los personajes de Kerouac transforman el movimiento en una forma de resistencia, a veces hasta las últimas consecuencias.

Este fue el punto de partida de la llamada Generación Beat, que rechazó el conformismo moral y político de su tiempo y trató de encontrar, en la escritura y en la experiencia, una verdad más afín al mundo que querían habitar. La novela inspiró a toda una generación a romper con una vida pautada, convirtiendo la carretera en un símbolo de todo lo que todavía podía escapar al control y la rutina de la Norteamérica de la posguerra. Por otros motivos, y de otras maneras, era lo mismo que George estaba intentando conseguir.

(1) Jack Kerouac, *En el camino*, trad. Martín Lendínez, Editorial Bruguera, Barcelona, 1981 (orig. 1957), p. 169.

Treinta y cinco años más tarde, Christopher McCandless retomaría, a su manera, el mismo impulso de los *beatniks*. En 1992, con apenas veinticuatro años, abandonó a su familia y emprendió un viaje en solitario por Estados Unidos que culminó con su llegada a las tierras nevadas de Alaska. Buscaba vivir de acuerdo a sus propios principios, lejos de las estructuras alienantes propias del capitalismo —la eficiencia, la competitividad, la dependencia del dinero— que habían marcado su vida como hijo de una familia acomodada. Su historia, contada después en el libro, de Jon Krakauer, y la película homónima *Hacia rutas salvajes*, dirigida por Sean Penn, encarnó la versión contemporánea del mito que Kerouac había escrito algunos años antes: la de un joven que decide romper con el mundo conocido para buscar una forma de vida más auténtica: esta vez, en la naturaleza y en la soledad.

Allí donde Kerouac y sus compañeros encontraban una forma de redención en el vértigo y la comunidad, McCandless aspiraba a detenerlo todo, a vaciarse por completo. De expectativas heredadas, de la presión del éxito, del dinero como medida de valor y de las obligaciones sociales que habían dado forma a una identidad que sentía ajena. Su trágico final —murió en un autobús abandonado tras ingerir por error una planta venenosa— no impidió que miles de jóvenes tomaran su historia como ejemplo en su búsqueda por romper con lo establecido. Cuando encontraron su cuerpo sin vida, sus únicas posesiones eran una cámara, un rifle, unos sacos de arroz y un ejemplar subrayado de *El doctor Zhivago*.

En una de sus últimas notas había escrito: «La felicidad solo es real cuando se comparte». Esa frase, escrita a mano en una libreta ajada, se convirtió en el epitafio simbólico de toda una generación atravesada por el desencanto. Tal vez por eso su figura, como la de Kerouac, sigue fascinando. Ambas nacen del mismo malestar y encarnan perfectamente la necesidad de creer que existe un lugar, físico o mental, donde la vida pueda ser vivida de otra manera. Un deseo que sigue siendo un reflejo fiel de nuestra época.

En las últimas décadas, ese deseo de huida ya no pasa necesariamente por la carretera ni los bosques. Pienso en el libro —y su posterior adaptación cinematográfica— *Prozac Nation,* donde su autora Elizabeth Wurtzel personifica la frustración de una sociedad anestesiada por los antidepresivos y las expectativas de éxito. Profundamente deprimida, la mente de Elizabeth se mueve sin descanso entre la autodestrucción y la búsqueda de sentido. La enfermedad se convierte en metáfora de un mal colectivo, el vacío emocional de un mundo que se ha visto arrollado por la lógica de la productividad. Algo similar ocurre en *El club de la lucha*, de Chuck Palahniuk, donde el protagonista, atrapado en una vida perfectamente ordenada, fabrica una identidad alternativa, encarnada en el personaje de Tyler Durden, para rebelarse contra un mundo que no le satisface, pero del que no es capaz de escapar. «Las cosas se distancian, todo parece una copia, de una copia, de otra copia», nos dice el protagonista.

La violencia y el caos que Durden desata no persiguen un objetivo, sino que representan un intento desesperado por sentir algo. En ambos casos —la depresión de Wurtzel, la disociación de Durden—, el viaje es interior, una forma de huida ante la imposibilidad de encontrar un lugar propio en el mundo. Si Kerouac y McCandless buscaban la verdad a través del movimiento, los protagonistas de esta nueva era se enfrentan a la parálisis. No hay lugar al que volver cuando la prisión está dentro. La huida ya no consiste en abandonar el sistema, sino en sobrevivir a él desde el agotamiento, la apatía o la fragmentación. El viaje interior se convierte, en este caso, en un intento de reconstruirse desde los escombros de una realidad que es incapaz de sublimar sus promesas de felicidad.

El viaje tiene la extraña virtud de canalizar, bajo una forma socialmente aceptada, este deseo de huida. Tanto quienes naufragan en los márgenes del sistema como aquellos que no se conforman con lo que les ha sido dado tienen en común el anhelo por romper con la norma, abandonar el cauce y comenzar de nuevo. Jugar a ser otra persona: a veces durante un rato, otras para toda la vida. El mito de la isla desierta ejemplifica a la perfección esta posibilidad de regresar al origen y levantar con las propias manos un destino que lleve nuestro nombre. Una segunda oportunidad, alejada de todo lo que nunca elegimos: la familia, la lengua, la ciudad de nacimiento, la fe que nos inculcaron, las costumbres que repetimos sin dudar, hasta que un día empiezan a pesarnos.

No todos los viajes son una huida y muchas personas nunca llegan a sentir lo que el escritor y periodista británico Lawrence Osborne definió como «el deseo de detenerlo todo [...] desarraigarme y partir».[2] Hay quienes encuentran sosiego en la conformidad de la rutina; también escritores que dedicaron toda su vida a la literatura de viajes sin haber salido jamás de su ciudad natal. Pero todos, alguna vez, nos hemos preguntado cómo sería nuestra realidad si hubiésemos nacido en otro país, en otra familia, bajo otras circunstancias. Todos hemos rozado, aunque sea con la punta de la imaginación, la fantasía, remota e imposible, de beber de las aguas del río Leteo y comenzar otra vida, en otro lugar.

Sin embargo, aquellos que deciden emprender la ardua tarea de escapar acaban descubriendo, tarde o temprano, que desprenderse por completo de su contexto es imposible y que construir algo potencialmente mejor que lo que tenían, partiendo de la nada, es un trabajo que les llevará toda la vida. Tal vez se encuentren repitiendo, bajo otras formas y otros cielos, aquellos mismos patrones que estaban intentando dejar atrás. El paisaje poco importa cuando no hay una intención que sostenga el movimiento, y la evasión tiene las patas muy cortas. Así, como en el clásico *El señor de las moscas*, de William Golding, volverán a reproducir la misma condena, los mismos actos de poder, los mismos errores, la

(2) Lawrence Osborne, *El turista desnudo*, trad. de Magdalena Palmer, Gatopardo Ediciones, Barcelona, 2017 (orig. 2006), p. 13.

misma copia de una copia, de otra copia. Soñando, una vez más, con empezar de cero.

Quizá por eso el viaje no nace siempre de un acto heroico, sino de una tensión más antigua, una mezcla entre el miedo y la curiosidad. El escritor ruso-estadounidense Vladimir Nabokov en su libro *Curso de literatura rusa* (1981) dice que «En mayor o menor medida, dos fuerzas libran una batalla dentro de cada persona: el anhelo de intimidad y el impulso de ir a otros lugares. Por un lado, la introversión, esto es, un interés dirigido hacia el interior de uno, hacia la vida introspectiva, con pensamientos y fantasías de gran arraigo y, por otro, la extroversión, un interés enfocado hacia fuera, hacia el mundo exterior, de gente y valores tangibles».[3] Islas desiertas aparte, el sueño de conocer y entender otros mundos existe desde que existe el hombre; chocando, todo sea dicho, con las ansias, igualmente naturales, de seguridad. La necesidad de control y la comodidad de lo conocido se oponen al anhelo de desvelar los misterios del universo.

Comenzar a viajar exige casi siempre un salto de fe. No es lo mismo visitar la Torre Eiffel durante un fin de semana que lanzarse a recorrer Pakistán haciendo autoes-

(3) Cita sacada de Paul Theroux, *El tao del viajero: enseñanzas de vidas en la carretera*, trad. Ezequiel Martínez Llorente, Alfaguara, Madrid, 2016 (orig. 2011), pp. 17-18.

top. Cuanto más alejado está el destino de nuestra normalidad, mayores serán las preocupaciones asociadas al desplazamiento. Pero, por muchos sellos que acumulen nuestros pasaportes, nunca tendremos la certeza de que la decisión que estamos tomando será fructífera. Tal vez el lugar no esté a la altura de nuestras expectativas, quizá la experiencia no sea placentera. Es posible, incluso, que sintamos miedo. Es *muy* posible que sintamos miedo.

Pero para quien ha aprendido a mirar con atención, toda experiencia puede ser un potencial aprendizaje. Como el alquimista que ha conseguido averiguar la naturaleza de la materia, el viajero descubre que cualquier vivencia puede convertirse en oro. Si no lo hace a través de lo tangible, lo será por la enseñanza que deja en la memoria. Una lección sobre el lugar, pero también —inevitablemente— sobre uno mismo.

Yo me encontraba atrapada entre esas dos fuerzas que Nabokov describe: el deseo de movimiento y la imposibilidad de llevarlo a cabo. No siempre estuve preparada para la aventura; rechacé su llamada muchas veces antes de sentirme dispuesta a conquistar mis miedos. Era una caja de desidia, una máquina sin engranajes, una cáscara vacía. Pasé la adolescencia remando con todas mis fuerzas para alcanzar algo que, en mi mente deprimida, mereciese la pena ser vivido. Luchando por encontrarme a mí misma en las expectativas ajenas, tratando de sentir que este mundo inabarcable tenía algún sentido.

Comprendí la lección años más tarde, al volante de una furgoneta con la que viajé por Estados Unidos. Combinaba mi trabajo remoto con estancias breves en parques nacionales, granjas, pueblos aislados y, sobre todo, las calles de muchas, muchísimas ciudades. Hubo días de una belleza difícil de explicar —amaneceres entre montañas, sopas en un fuego improvisado, caballos salvajes, cielos que parecían no terminar— y otros más hostiles, con duchas en *campings* abandonados, noches en galerías de tiro o discusiones con policías que no estaban de acuerdo con mi elección de aparcamiento. Personas que quisieron ayudarme sin esperar nada a cambio y otras que vieron oportunidades en mi vulnerabilidad. El viaje, cuando se alarga en el tiempo, te enseña que la libertad nunca está exenta de riesgos.

Desde que me independicé, he tenido varios momentos en los que he vivido viajando, solo interrumpidos por causas externas, como accidentes, cirugías y pandemias, o internas, las más complicadas de gestionar. Pero siempre había tenido un sitio al que volver. No hubo una gran revelación que lo desencadenara. Más bien fue una suma de cosas muy concretas: un alquiler caro por una habitación pequeña en una casa compartida, demasiadas horas de transporte al día, la sensación de estar pagando por un lugar en el que casi no vivía. Hice cuentas, vendí lo que tenía y me mudé a mi furgoneta. Al principio, tímidamente aparcada en el patio trasero de la casa en la que ya me alojaba. Después empecé a moverme por Los Ángeles y, más tarde, por el país. Todos los miedos que tenía fueron cayéndose en un efecto dominó que culminaría en dos años continuos de viaje.

Cuando me preguntan por los motivos de este cambio de rumbo, la realidad es que no sé qué contestar.

Había curiosidad, sí, pero también había cansancio. La vida que tenía no me estaba acercando a ningún lugar que reconociera como propio. Así que cuando un día recibí la llamada de la aventura, me atreví, por fin, a responder.

No fue un impulso que apareciera de la nada. Antes de poder vivir así permanecí muchos años paralizada, soñando con lugares inalcanzables. En el mundo de los viajes parece que hay que nacer predispuesto a las proezas. No fue mi caso. Yo vengo de una realidad estática, de un profundo terror a lo desconocido y una incapacidad, a veces problemática, de poder socializar de manera funcional. Como ya he explicado, mi válvula de escape eran los libros que leía, la posibilidad de inspirarme en esas otras vidas antagónicas la mía. Aspiraba a convertirme en la protagonista de esas novelas de viajes, pero no confiaba en mí misma ni en mi capacidad para enfrentarme a lo desconocido. No era el mundo el que me cerraba las puertas: era yo quien aún no sabía cómo abrirlas.

Quería viajar, quería vivir de otra manera, pero me sentía paralizada por el miedo a los potenciales peligros, a encontrarme en situaciones que no supiese manejar. ¿Cómo cojo un tren que me lleve a la ciudad, si no entiendo la lengua? ¿De qué manera cambio dinero? ¿Y si no encuentro el camino de vuelta al hotel? También, siendo sincera, tenía miedo de pasar tiempo conmigo misma. En una vida llena de voces ajenas, el silencio de la soledad se me antojaba insoportable.

Aquella fotografía de un monstruo australiano que

George me regaló mucho antes de mi vida en la furgoneta, me conectó con algo palpitante y primario que llevaba tiempo gestándose en mí. Conocía la teoría y estaba poniéndola torpemente en práctica cuando me di cuenta de que la única solución era seguir hacia delante, fingiendo ser la chica aventurera que quería llegar a ser. La inspiración, como supuestamente dijo Picasso, me encontró trabajando. O viajando, en este caso. Tal vez sea la única manera. Me gusta pensar que los grandes exploradores también temblaron en algún momento de sus vidas porque no sabían cómo pagar el tren.

Entre los muchos libros que me emocionaron, recuerdo especialmente uno grueso y de portadas naranjas que me regalaron cuando tenía nueve años. En sus páginas el autor explicaba cómo se habían creado algunas de las cosas más fascinantes de la naturaleza, como las jorobas de los camellos, los marsupios de los canguros o la piel dura y rugosa de los rinocerontes. Les puso nombre a animales que por entonces yo no conocía y poco a poco me sumergió en un mundo de explicaciones inverosímiles que en mi mente infantil sonaban totalmente sinceras. Se llamaba *Precisamente así* (1902) y su autor era Rudyard Kipling, el escritor británico galardonado con el Nobel de Literatura en 1907 y conocido por escribir *El libro de la selva* (1894). Lo revisaba cada noche, pasando las páginas con cuidado para no manchar las ilustraciones. Aquellas fábulas imposibles fueron mi primera brújula.

En sus páginas descubrí que a veces el primer empujón parte de la imaginación y no del mundo; que antes incluso de comprenderlo, podía inventarlo, y que ambos caminos —el del conocimiento y el de la fantasía— podían conducir al mismo lugar.

Ese libro, antes de la furgoneta y mucho antes de la foto del monstruo australiano, se convirtió en una de mis primeras ventanas al mundo. Me enseñó que, más allá de los límites de mi cuarto, existía algo vasto y asombroso que algún día, con suerte, podría mirar con mis propios ojos. A veces solo hace falta eso: una chispa que se va avivando a lo largo de los años, una acumulación de posibilidades potenciales que van cobrando forma hasta convertirse en acción. El filósofo y ensayista español Carlos Muñoz Gutiérrez escribe en su libro *El paisaje habitado* (2015) que «el viajero, el explorador, el aventurero o cualquiera que haya salido de su entorno seguro y domesticado sabe que la verdad ocurre en un acontecimiento inesperado, como una revelación, cuando lo que está fuera se rebela y le obliga a pensar de otra manera, a actuar de otro modo, a convertirse en un ser otro. La verdad no es tanto un descubrir algo permanente que el mundo esconde, sino más bien un darse cuenta de que aquello que había creído durante largo tiempo solo era una posibilidad entre muchas».[4] Tal vez es eso lo que hace falta, una sucesión de pequeñas revelaciones; maestros potenciales que, sin proponérselo, nos muestran

(4) Carlos Muñoz Gutiérrez, *El paisaje habitado*, La Línea del Horizonte, Boadilla del Monte, Madrid, 2015, p. 86.

que aquello que imaginamos también puede pertenecer al terreno de lo posible.

El viaje, al igual que mi libro de tapas naranjas, te permite entender que las verdades se construyen dando valor y sentido a aquello que somos capaces de percibir. Pero para poder discernir ese valor y, sobre todo, para que la revelación a través de la cual llegas a intuir otras posibilidades de vida sea efectiva, primero hay que aprender a habitar la incertidumbre.

También es cierto que hay personas que están más predispuestas a asumir riesgos y a dar saltos de fe. No existe una base biológica única que nos induzca a viajar, pero sí un conjunto de mecanismos que sostienen el impulso exploratorio: la curiosidad, la búsqueda de novedad, la capacidad de orientarse en entornos desconocidos y, por supuesto, la recompensa que el cerebro experimenta al aprender algo nuevo. La biología quizá aporte la chispa, pero es la cultura la que prende la hoguera. La cultura es la que convierte ese impulso en relato. Somos animales que se narran a sí mismos y viajar es una de las formas más antiguas de hacerlo.

La cultura, sin embargo, no actúa en el vacío. Ese fuego que aviva el deseo de moverse también depende del combustible que lo sostenga. No todos pueden permitirse encenderlo y quienes cuentan con una posición económica estable o una red de cuidados sólida tienen más posibilidades de lanzarse a lo desconocido, sabiendo que, si algo sale mal, tendrán sus necesidades cubiertas y un lugar al que regresar.

Pero, más allá de estos condicionantes, la realidad es que sin referentes y sin inspiración son muy pocos los que son capaces de abandonar su zona de confort, y no me refiero solo al movimiento físico, sino también al del pensamiento, ese tránsito interior que exige repensarse a uno mismo. Tal vez el más complicado de todos. Hay quienes recorren el mundo con los ojos abiertos pero el alma cerrada, incapaces de empatizar con lo que observan. La caverna de la que hablaba Platón no es solo un espacio físico, sino una alegoría a la disposición mental. Bien lo intuía Nietzsche, quien siglos después vería en el pensamiento una forma de viaje y en el viajero un símbolo del espíritu que se desplaza para comprender los matices de la realidad. En *El viajero y su sombra* (1880), el filósofo recurre a la figura del caminante como metáfora del espíritu libre.

Para él, el viaje no es una tarea heroica, sino una práctica de observación y distancia: una forma de alejarse del propio tiempo y de sus valores para poder mirarlos con claridad. El viajero nietzscheano se mueve para tomar distancia de lo que lo determina y para interrogar lo que hasta entonces había parecido incuestionable. El filósofo alemán sostiene que solo quien se ha alejado lo suficiente de su lugar de origen puede comprenderlo, del mismo modo que el transeúnte reconoce el relieve del terreno únicamente cuando lo observa desde cierta altura. El movimiento se convierte así en una forma de crítica, un ejercicio de descentramiento que evita la rigidez de las ideas establecidas y entrena la mirada en la pluralidad. En última instancia, su ensayo plantea una ética del movimiento interior, donde pensar y desplazarse son gestos equivalentes de libertad.

Si el destino es la excusa —una estrategia para poder entrenar el arte de cuestionar aquello que conoces—, será en el camino donde nos encontremos a nosotros mismos, desenvolviendo el regalo de descubrir nuestro contexto a cada instante, forzándonos a encontrar verdades en las posibilidades infinitas que el mundo extiende ante nosotros y eligiendo conscientemente a cuáles damos valor y a cuáles no.

Quizá el auténtico viajero, al igual que el pensador, sea un perspectivista por antonomasia, un acróbata de las probabilidades, condenado a evaluar sin descanso todo cuanto le es dado, con el análisis crítico como única brújula. También fue Nietzsche quien dijo que tenemos las verdades que nos merecemos en función del sentido que les damos y del valor que les atribuimos.

Teorizar sobre un concepto tan esquivo como el del viaje es arriesgado. Las razones que nos han impulsado a recorrer el mundo han cambiado a lo largo de la historia. También su sentido se ha visto transformado. Por eso conviene detenerse un momento para encontrar significados comunes a la siguiente pregunta: ¿a qué llamamos viaje?

La palabra *viaje* proviene del latín *viaticum*, derivado de *via*, que significa «camino» o «sendero». Para los romanos, el *viaticum* designaba los recursos y provisiones que se entregaban a quien estaba a punto de emprender una travesía, sobre todo si esta iba a ser larga. De hecho, en el rito de la liturgia católica se llama «viático» a la comunión administrada a los moribundos. La muerte, entendida como el último y más largo de los trayectos. Con el tiempo, el término amplió su sentido y pasó a nombrar no solo los medios, sino también el acto mismo de desplazarse. La palabra pasó al español como «viaje», conservando así su conexión con la idea de movimiento.

Hay tantas formas de moverse como maneras de entender el mundo, pero, con los años, he entendido que la mayoría de viajes —por humildes o trascendentales que sean— responden a patrones que se repiten desde el origen de los tiempos.

Mi encuentro con George no fue excepcional: forma parte de una genealogía larguísima de viajeros que se han movido por motivos muy distintos y, aunque cada historia sea única, todas comparten la misma estructura: un punto de partida y un destino, aunque en ocasiones este último no esté bien definido o solo pueda entenderse al echar la vista atrás. Abandonas tu hogar con la idea de alcanzar un objetivo, ya sea en la meta o en el camino. Pero para poder llegar hasta ahí tienes que aterrizar los medios, las formas y una serie de fórmulas que, pese a ser infinitas, pueden resumirse en unos cuantos arquetipos.

Cuando pensamos en viajeros famosos, probablemente nos vengan a la mente aquellos exploradores que, impulsados por la necesidad de cartografiar el mundo y encontrar nuevos recursos, pusieron rumbo a lugares que por entonces eran desconocidos o solo existían en la imaginación. Hablo de Marco Polo, mercader y viajero italiano que recorrió durante veinticuatro años la ruta de la Seda y dejó constancia del esplendor del Imperio mongol en *Il Milione*, el relato que dictó tras su regreso a Europa; de Cristóbal Colón, quien inspirado por los relatos de Polo, emprendió su travesía en busca de una nueva vía hacia las Indias y terminó topándose con un continente hasta entonces ignoto para Occidente; de Ibn Battuta, el jurista marroquí que viajó durante casi treinta años y más de ciento veinte mil kilómetros por el mundo islámico, convirtiéndose en uno de los mayores cronistas del siglo XIV, y de James Cook, marino británico que amplió los límites del mapa al recorrer los confines del Pacífico, desde Nueva Zelanda hasta Alaska, bordeando el Círculo Polar Antártico para demostrar que el mítico «continente austral» no existía tal como se imaginaba.

También de Alexandra David-Néel, la primera mujer occidental en entrar en Lhasa, la ciudad prohibida del Tíbet, en 1924, disfrazada de mendiga budista tras catorce años de viajes por Asia Central, y de la escritora británica Gertrude Bell, también arqueóloga, alpinista y diplomática que contribuyó a trazar las fronteras modernas de Irak y Jordania, documentando con rigor el patrimonio arqueológico de Asia Occidental. Y, por supuesto, de Roald Amundsen, el explorador noruego que se convirtió en la primera persona en alcanzar el Polo Sur en 1911, movido por la voluntad de conquistar lo inalcanzable.

Dentro de la mitología tenemos también a innumerables héroes viajeros —Ulises, Ishtar, Teseo, Gilgamesh, Atalanta y Jasón— que hicieron de sus desplazamientos una metáfora del poder, la búsqueda y la transformación. Otros referentes intrépidos son los piratas, los espías y los guerreros, todos ellos asociados al movimiento y al deseo de dominar o descubrir lo desconocido. Desde luego, no todos los viajes son ociosos ni están impulsados por las ganas de experimentar lo que el destino nos depara. Diplomáticos, militares y políticos se desplazan a menudo con el propósito de establecer vínculos entre regiones distantes, mientras que periodistas, documentalistas, antropólogos y etnógrafos viajan para preservar un instante del mundo, registrar lo efímero y convertirlo en memoria colectiva.

También están los viajes con fines espirituales, donde el movimiento se convierte en una forma de devoción. El Hajj islámico, peregrinaje anual a la ciudad sagrada de La Meca, es quizá el ejemplo más conocido: todo musulmán que posee los medios físicos y económicos debe realizarlo, al menos, una vez en la vida. Pero existen muchas otras rutas sagradas, como el camino de Kumano, en la región japonesa de Kii; la peregrinación al santuario de Sheikh Adi ibn Musafir, en Lalish, centro espiritual de los yazidíes; la ruta de la Virgen de Guadalupe en México, y el camino de Santiago, en España. En todas ellas, el trayecto importa tanto como la meta y desplazarse se transforma en una forma de búsqueda interior.

En ocasiones, tendemos a pensar en el viaje como forma de autodescubrimiento contemporánea —basta mirar los actuales retiros espirituales de Bali o Tulum—, sin tener en cuenta que algunos de los grandes viajes iniciáticos más famosos de la historia fueron emprendidos por figuras que aspiraban a la ascensión, como Siddartha, Mahoma y Jesús. En el movimiento buscaban comprender lo mismo que la ciencia persigue desde sus orígenes: reducir la esencia humana a su mínima expresión, poder ver lo suficiente para discernir qué es, en última instancia, aquello que nos une. Llamémoslo alma, espíritu o antropología.

Si hablamos de autodescubrimiento, no es casual que a las alucinaciones inducidas por psicodélicos se las llame «viajes», ni que el anglicismo *tripi* —derivado de *trip*, que significa viaje— se use para describir una dosis de LSD. Los estados de conciencia alterados son también una forma de desplazamiento, un trayecto mental en el que el cuerpo y la consciencia se abandonan para alcanzar una meta interior. Por eso, en los rituales tradicionales de ayahuasca, peyote, san pedro o iboga, practicados por distintos pueblos indígenas, se insiste en la importancia de formular una intención antes de ingerir la sustancia. Es imposible llegar a tu destino si no tienes claro hacia dónde pretendes dirigirte.

Tampoco puedo olvidarme de los paquetes turísticos, una fórmula diseñada para condensar la experiencia del viaje y maximizar el número de lugares visitados en un tiempo cada vez más reducido. Nacidos de una lógica acelerada que prioriza la eficiencia y el rendimiento, su papel no es desdeñable, ya que democratizan el acceso al movimiento y hacen posible que quienes carecen de grandes recursos o de tiempo puedan asomarse, aunque sea brevemente, a otras formas de ver el mundo.

En el extremo opuesto se encuentran los viajes de exploración, donde la necesidad de superar lo conocido se entremezcla con el deseo de documentar aquello que todavía no figura en los mapas. Es el caso del activista alemán Rüdiger Nehberg, que pasó más de cinco años recorriendo el desierto del Sáhara, la selva del Amazonas y otras regiones aisladas, relatando sus experiencias en documentales y libros como *Yanomami* (1984), donde elabora su relación con este pueblo indígena, denunciando las amenazas a su territorio y modos de vida; también de Kira Salak, la escritora y periodista estadounidense, que navegó en solitario durante cinco meses por el río Congo. Ambos encarnan, en pleno siglo XXI, el espíritu de los viajeros de antaño.

Pero incluso sin adentrarnos en selvas ni desiertos, cada viaje, por modesto que sea, contiene una dosis de exploración. Tal vez por eso, más que enfrentar a exploradores y turistas, convenga entendernos como herederos de un mismo instinto. El deseo es el mismo, aunque haya cambiado de forma. Hoy, la mayoría de nuestros desplazamientos se producen dentro del marco del turismo, una lógica que organiza y condiciona la experiencia del viaje contemporáneo desde la curiosidad, el deseo o la búsqueda. Somos turistas en lugares remotos, tal vez. Pero definitivamente, turistas.

Quizá por eso resulta necesario detenernos un momento para preguntarnos qué entendemos realmente por viajar. Millones de personas son víctimas de desplazamientos forzados instigados por conflictos, persecuciones o circunstancias políticas, y muchos migrantes, incluso aunque no estén explícitamente coaccionados, se ven obligados a cambiar permanentemente de residencia en busca de condiciones de vida más dignas o de oportunidades que no encuentran en su lugar de origen. Si bien el deseo de huida puede estar en el origen de muchos viajes, escapar porque tu vida está en peligro no es lo mismo que viajar.

Viajar implica poder elegir el desplazamiento y tener la posibilidad de regresar. Ya sea a tu ciudad de origen, a la casa por la que te has hipotecado, al trastero donde tienes guardadas tus cosas o, simplemente, a un punto de referencia que nos recuerde quiénes somos. En la era del trabajo remoto y las identidades móviles, esa frontera parece haberse difuminado y son muchos quienes se afirman como *nómadas*. Sin embargo, los verdaderos nómadas no eligen desplazarse por placer ni por curiosidad, llevan consigo todas sus posesiones y se mueven tratando de dejar atrás las inclemencias del tiempo, buscando buen pasto para el ganado o pozos en los que conseguir agua. Son los fulanis del Sahel, que utilizan burros y camellos como porteadores, y los nenets de la tundra siberiana, que cada dos meses cargan en trineos los troncos y las pieles de reno con las que construirán su hogar en un nuevo emplazamiento.

Para viajar es preciso partir de una condición sedentaria, porque el viaje es una situación pasajera («estoy de viaje») y no un estado («soy nómada»). Se trata de un acto autoconclusivo: tiene un punto de partida y una meta de llegada, por abstracta que pueda parecer. Solo puede haber viaje cuando existe la posibilidad de volver.

Por supuesto, un viaje puede prolongarse más allá de su sentido original como si intentaras alargar un hilo que tarde o temprano acaba por volver sobre sí mismo. Pero el mundo contemporáneo ya no permite un nomadismo *real*: existen las fronteras, y los pasaportes, y los censos, y la seguridad social, y miles de compromisos que están irrevocablemente relacionados con el lugar donde has nacido, donde has vivido o donde tienes tu residencia fiscal. Hilo eres y al hilo volverás, por mucho tiempo que pases estirando el ovillo. Somos hijos de un sistema construido sobre la quietud y la prudencia y, aunque tratemos de movernos, el sedentarismo está inscrito en las reglas que sostienen la civilización, desde la propiedad privada hasta la configuración misma de los Estados.

Los únicos que podrían considerarse nómadas son aquellos que, por sus propias circunstancias, generalmente no elegidas, han quedado fuera del sistema y, justamente por eso, los pocos pueblos que todavía perseveran en hacer del movimiento su modo de vida se encuentran hoy en peligro. Entre el desplazamiento y el reposo existe, sin embargo, una categoría intermedia: la de los seminómadas. Son aquellos que mantienen una residencia permanente, pero viajan a tiempo parcial a través de un área geográfica concreta en busca de recursos. Sus trayectos, que normalmente siguen una ruta establecida y perfeccionada generación tras generación, van salpicándose de paradas esporádicas donde se establece una rutina y una cierta cotidianeidad.

Si eliminamos el factor histórico de la ecuación, esta categoría podría englobar también algunos de los procesos que estamos viviendo en Occidente, siendo los nómadas digitales su máximo exponente. Con la diferencia de que, en lugar de moverse en busca de pastos o pozos de agua, lo que buscan es una buena variedad de cafeterías de especialidad con buena conexión a internet, menús veganos y que permitan el *coworking*. Las rutas que los tuaregs seguían para conectar los oasis del desierto han sido sustituidas por el itinerario ineludible que cualquier mochilero que se precie recorre en el Sudeste Asiático. La historia se repite con y desde otros deseos, otras necesidades y otros paisajes. Los objetivos han cambiado, también las metas, pero la necesidad de buscar recursos sigue ahí; hemos sustituido la ruta de la Seda, por la ruta del WiFi.

Seminómadas o simples viajeros, en Occidente somos cada vez más quienes hemos hecho del movimiento una forma de vida. A veces por elección, sí, pero también empujados por las circunstancias. El Estado del bienestar que vivieron nuestros padres hace mucho tiempo que ha quedado atrás. Fuimos educados bajo promesas que nunca llegaron a cumplirse, aquellas que remarcaban la importancia de tener una carrera universitaria para poder acceder a un futuro estable. En vez de meritocracia, heredamos incertidumbre y aspiraciones truncadas.

Pero ¿qué tiene todo esto que ver con los viajes? En un contexto de inestabilidad, resulta más fácil atreverse a dar pasos que en otras circunstancias habríamos considerado arriesgados. Hemos inventado nuevos oficios y encontrado maneras poco convencionales de llegar donde estamos porque el camino trazado para nosotros resultó ser un embudo. No es creatividad, sino capacidad de adaptación.

El auge del minimalismo, las *tiny houses* (viviendas compactas o mini casas) y la vida en furgoneta son manifestaciones del individualismo que caracteriza a la posmodernidad, pero también respuestas a un contexto en el que no podemos aspirar a mucho más. Son intentos de revestir con guirnaldas y luces de colores la precariedad. Aunque también es verdad que, ya que vamos a vivir en casas de veinte metros cuadrados, lo menos que podemos hacer es llenarlas de guirnaldas.

Se habla mucho del privilegio que supone viajar, pero me pregunto si el número creciente de nómadas digitales continuaría aumentando si la mayoría de ellos pudiera acceder a trabajos dignos, dejar de compartir piso o plantearse la idea de tener hijos. ¿Y si estuviésemos confundiendo el privilegio con el premio de consolación? El viaje, en muchos casos, se transforma en un modo de seguir adelante mientras todo a nuestro alrededor parece desmoronarse. Pero incluso en esa contradicción hay algo profundamente humano. El impulso de moverse sigue siendo una manera de buscar sentido. A falta de estabilidad, convertimos el desplazamiento en propósito y también en salvavidas. Como Tyler en *El club de la lucha* o Elizabeth en *Prozac Nation*, que transformaban el vacío en relato, seguimos tratando de dar forma al caos. Viajamos, al fin y al cabo, para recordar que seguimos vivos.

Quizá estemos asistiendo a una nueva forma de habitar el mundo impulsada por las condiciones del presente. Una invitación a reconciliarnos con la sencillez que los viajes, de algún modo, nos devuelven. Hacer las paces con las vivencias fugaces y aprender a convivir con lo transitorio. No aferrarnos a nada, porque nada parece durar demasiado.

En esta era, tal vez debamos sustituir la imagen de la casa por algo más primitivo, más animal: el concepto de territorio. Un espacio que, como escribe Carlos Muñoz Gutiérrez, está «delimitado por el acto de señalizarlo, de marcarlo, de defenderlo y, en último extremo, de abandonarlo ante el peligro o la derrota».[5] Una raíz simbólica y temporal, como el propio momento que vivimos, donde la seguridad es también pasajera.

(5) Carlos Muñoz Gutiérrez, *El paisaje habitado*, La Línea del Horizonte, Boadilla del Monte, Madrid, 2015, p. 82.

No viajamos solo para conocer el mundo, sino también porque el contexto que habitamos no siempre nos basta, ni nos sostiene. Viajar es, en el fondo, una manera cambiante de enfrentarnos a una tensión antigua: el anhelo de otra vida y la imposibilidad de desprendernos por completo de la nuestra. El viaje es un ensayo de otros modos de existir.

En el movimiento exploramos versiones posibles de nosotros mismos, ampliamos los límites de nuestra mirada y descubrimos, a través de lo ajeno, lo reducida que esta puede llegar a ser. Nos movernos para comprender, regresamos para recordar y partimos de nuevo porque ninguna certeza es suficiente.

Cuando George Lepsen y yo nos encontramos, aún no lo sabía. No entendía que aquella conversación fugaz en medio del desierto australiano acabaría revelándome algo más que la historia de un hombre que viajaba para despedirse del mundo. George buscaba una excusa para poder disfrutar de los años que le quedaban de vida. Había encontrado un pretexto para poder hacer lo que verdaderamente quería.

En sus actos había también una vía de afirmación: seguir moviéndose para seguir viendo, seguir viendo para seguir viviendo. Quizá eso sea, al final, lo que todos buscamos al emprender el camino, aplazar un poco la oscuridad, encontrar sentido en el movimiento, recordar que la vida solo dura mientras existe.

George me hizo entender que, si él tenía el coraje de recorrerse Australia con casi ochenta años en un coche destrozado, yo tampoco podía seguir refugiándome en mis dudas. Su determinación desarmó mis miedos y me mostró que esperar el momento perfecto para partir es una forma elegante de no hacerlo nunca. Que a veces, el único modo de avanzar es fingir que ya sabes cómo se hace. Aquel anciano me enseñó, sin proponérselo, que los límites suelen estar más lejos de lo que imaginamos.

Aún guardo la foto. Viajó en mi mochila durante años, recordándome quién quería ser y la actitud que deseaba mantener ante la vida. Un pequeño amuleto contra el miedo. Hoy tiene un lugar sobre mi mesilla de noche.

Ya no necesito llevarla conmigo.

3
CRUZAR EL UMBRAL

Si en el desierto australiano entendí que el movimiento es una forma de existir, Inglaterra me enseñó que estar viva implica también estar expuesta. Los primeros viajes casi nunca son lo que esperamos. El mío empezó cuando estaba a punto de cumplir los dieciocho años. Por aquel entonces pensaba que aprender inglés sería la clave para conquistar la vida que anhelaba. Los idiomas se me daban bien y tenía el apoyo de mis padres, así que, sin haber salido nunca del país, compré un billete a Londres y reservé una plaza en una academia de idiomas. Sinceramente, no estaba en mi mejor momento. Mientras mis compañeros salían de fiesta para celebrar el final del bachillerato, yo vivía con la preocupación de tener un novio enfermo y la presión silenciosa de las pruebas de acceso a Bellas Artes.

Veía aquel verano como mi último resquicio de libertad antes de empezar los estudios, pero, en vez de sentirme entusiasmada por un futuro profesional que empezaba a perfilarse, me encontraba triste. Muy triste. Frustrada al pensar que no estaba utilizando como debía aquellos años que me habían asegurado que serían los mejores de mi vida. Al menos eso había aprendido en las películas, los libros de amores de verano y las series que retratan el paso a la mayoría de edad como el clímax de una etapa vital. Yo tenía cada vez menos ganas de hacer nada. Era un instrumento desafinado en mitad de una orquesta donde parecía que todo el mundo tenía claro qué pieza había que interpretar.

Había días en los que lograba moverme con ligereza y otros en los que incluso lavarme el pelo o desayunar se convertían en empresas imposibles. Estaba cayendo en lo que más tarde mi psicólogo diagnosticaría como depresión. Pero por aquel entonces era solo una lucha silenciosa frente a un enemigo invisible. En medio de esa oscilación constante, el viaje a Londres empezó a tomar forma como una promesa de rescate. Cuando esté allí, me decía, podré desconectar de esta realidad que tanto me aprisiona y cogeré las fuerzas para que mi mente esté en un lugar mejor. Incapaz de explicar qué es lo que me pasaba, mucho menos de entender qué necesitaba, me fui de España. Y, lógicamente, todo fue a peor.

Le diagnosticaron cáncer a mi novio. Recibí la noticia a mil setecientos kilómetros de Madrid, sentada en la recepción de una residencia de estudiantes. En ese momento, tenías que comprar unas tarjetas con códigos numéricos que introducías en cabinas públicas para poder llamar al extranjero. Cada cierto tiempo, una voz neutra te recordaba cuántos minutos de saldo quedaban antes de que un pitido concluyese la conversación.

Entre el minuto cinco y diez, me enteré de que la persona que era mi universo al completo tenía un tumor en el pulmón. La noticia me pilló desprevenida, aunque ya me habían advertido que ese era uno de los escenarios posibles. Tal vez el más terrorífico de todos, tan aterrador que ni siquiera había llegado a integrar que podía hacerse realidad.

Recuerdo llamar a mi madre acto seguido y hablar con ella como si fuese un robot. No se lo dije. Mis dedos jugaban con el cordón del teléfono mientras mi mirada se mantenía fija en el cartel que tenía delante de mí, donde podía leerse *Think positive, exercise daily, eat healthy, work hard*. Ni siquiera lloré, me sentía seca. Había vertido tantas lágrimas durante tantos meses que no me quedaba ya tristeza para repartir, solo un terreno estéril donde ni siquiera algo objetivamente malo podía encontrar hueco para crecer. Lo único que quería era volver.

Años más tarde leí a Joseph Campbell, mitólogo estadounidense y estudioso de las narraciones tradicionales, conocido por analizar los patrones comunes que se repiten en los mitos y relatos de culturas muy distintas entre sí. Campbell describe esta etapa narrativa como la «travesía del desierto», un momento en el que las cosas no salen según lo previsto y el sentido mismo del camino comienza a ponerse en duda. No pienso mi experiencia en términos heroicos, pero, al mirar atrás, reconozco que aquel período tuvo algo de desierto simbólico. Enfrentarme desde la distancia a una situación tan adversa solo reforzó los sentimientos de extravío y culpa que ya tenía por no estar cerca de la persona que más quería en un momento tan importante. Tal vez, no tendría que haber salido de España.

Mi estancia, incluso antes de aquella noticia, no estaba siendo fácil. Los compañeros que conocí en la academia no encajaban conmigo —o, más posiblemente, fui yo quien no les permitió hacerlo— y me sentía fuera de lugar en una ciudad hostil. Las noches las pasaba en una residencia de estudiantes que, durante el verano, alquilaba sus habitaciones a alumnos extranjeros y visitantes de paso. Eran cuartos minúsculos, sucios y compartidos, con dos camas diminutas incrustadas en diez metros cuadrados y una ventana enrejada que daba a un patio interior. El espacio era tan reducido que la puerta chocaba al abrirse contra una de las camas y había que ponerse de perfil para poder acceder.

Los únicos muebles eran un escritorio desvencijado, que compartía con mi compañera, y un par de mesillas compartimentadas que podían cerrarse con candado. En uno de los cajones guardaba mis pocas pertenencias: libros, un cuaderno, algo de ropa y un buen cargamento de comida enlatada, de la que hice buen uso durante esas semanas. También el dinero en efectivo y mis documentos. A mi compañera, una chica diminuta llamada Norie, le robaron la cartera y el pasaporte por no cerrar con llave aquel cajón. La acompañé entre llantos hasta la embajada de Japón para poder conseguir una copia de urgencia.

A partir de la una de la tarde la luz era tan débil que había que encender los fluorescentes mortecinos para poder intuir lo que pasaba alrededor y aquella claridad artificial le daba a la habitación un aspecto aséptico, casi de hospital. Aun así, me esforzaba por sacar lo mejor de la experiencia que estaba viviendo. Llevaba siempre una libreta que aún conservo, donde anotaba mis pensamientos y el desglose de gastos de cada día. Todas las tardes me sentaba un par de horas con los panfletos turísticos que iba acumulando para subrayar las palabras que aún no sabía y repasar conjugaciones verbales.

También empecé a buscar compulsivamente cuánto costaría adelantar el vuelo de regreso. Soñaba con volver una semana antes, tres días antes, un solo día antes. Cada segundo se me hacía eterno. No se me escapaba lo paradójico de la situación. En Madrid fantaseaba con todo lo que lograría durante aquel viaje y una vez allí solo podía contar los días que faltaban para regresar. Me gustaría poder decir que encontré fuerza en la flaqueza y transformé aquella estancia en algo magnífico, pero la realidad es que me quedé porque no tenía dinero para comprar otro vuelo.

Aun así, estaría contando solo la mitad de la historia si omitiera que también viví cosas increíbles. Norie se convirtió en una muy buena compañera de aventuras. Recuerdo reír con ella de forma descontrolada mientras echábamos insecticida debajo de nuestros colchones, aprovechando para pintar con aquellos polvos una mezcla de monigotes, caras sonrientes, casitas infantiles y pentagramas invertidos, con la idea de que pudiesen ayudarnos a contrarrestar el ataque de las chinches que infestaban aquel lugar. Años más tarde volvimos a vernos, esta vez en Japón, y nos seguíamos desternillando al recordar aquella travesura.

También aprendí que era capaz de desenvolverme sola en la ciudad, de administrar con gracia mis precarias finanzas y moverme sin la ayuda de la hiperconectividad a la que tan acostumbrados estamos hoy en día. Hablo de un mundo en el que los teléfonos solo servían para llamar y orientarse implicaba desplegar un mapa de papel corroído por la llovizna londinense y cubierto de garabatos. Estas son cosas que solo pueden apreciarse en retrospectiva, pero me alegro de haber podido manejarme en un contexto que ahora queda tan lejano. Es casi como tener un *golden ticket* a un momento de la vida que sabes que nunca volverá. También culminé el propósito inicial de aquel viaje: aprender inglés.

Si entonces me hubiesen ofrecido chasquear los dedos y aparecer en otro lugar, habría aceptado sin lugar a dudas. Sin embargo, gracias a aquel viaje llegué a la conclusión de que tenía más fuerzas de las que pensaba. Volví a Madrid atenazada por el miedo, pero también con la sensación de haber completado un curso intensivo de madurez emocional.

Operaron a mi novio y todo salió bien. Poco después entré en la universidad.

Planeé aquella estancia con la mejor de las intenciones, pero pronto comprendí que no tenía las herramientas adecuadas para vivirla como la había imaginado. Me enfrenté a mis miedos y, en el proceso, me convertí en mi peor enemiga. También fui consciente de que los monstruos que me aguardaban allí eran los que ya traía conmigo. Eran la introversión, el miedo a la soledad y la sensación de no encajar. Esa fue la mayor lección de todas: entender que frente a los peligros externos poco podía hacer, más allá de tener un poco de sentido común, pero que sí podía aprender a protegerme de las expectativas, la incertidumbre y, sobre todo, la necesidad de control.

Cambiar de lugar siempre supone una ruptura con la realidad conocida y esa escisión implica dejar atrás tu cotidianidad para enfrentarte a otras, tantas como destinos y momentos existen en el mundo. Es una apuesta, un salto de fe. En un entorno como el nuestro, donde todo tiene su tiempo y su lugar, el viaje te sumerge en situaciones a las que nunca antes te habías tenido que enfrentar, ya sea por las costumbres, el huso horario, la religión o simplemente el idioma. Te obliga a hacer las paces con la idea de que nunca sabemos lo que va a pasar. Las certezas de nuestro mundo también están escritas en papel mojado, pero de tanto repetirlas nos convencemos de que las podemos calcular.

Mentiría si dijese que después de aquello mi vida fue a mejor, pero lo que sí puedo afirmar es que salí mucho más plena, más consciente de mi propia resistencia. Por eso siempre nombro ese primer viaje como mi puerta de entrada, no solo al mundo que existía más allá del refugio de mis padres, sino también al conocimiento de que para luchar contra las cosas que en aquel momento me paralizaban, lo único que tenía que hacer era, por sencillo que parezca, mirarlas de frente. Aprendes a vivir viviendo, y a viajar, viajando.

Tenía más trayectoria a mis espaldas cuando, años más tarde, me concedieron una beca para estudiar en Estados Unidos. Y, aun así, volví a sentir ese mismo miedo, la ansiedad de estar comprometiéndome a algo que no sabía si saldría bien. De nuevo, sin conocer a nadie. De nuevo, a un lugar en el que nunca había estado. De nuevo, con los estudios como excusa.

La diferencia era que, esta vez, ya tenía experiencia lidiando con ese terror a lo desconocido. Había aprendido a convivir con el miedo, aunque siguiera acompañado de inseguridades, dudas y algún que otro llanto. En mi despedida, un amigo me dio una carta cerrada, con la condición de que solo podía abrirla una vez estuviese en el avión.

Ya en el aeropuerto, con el pasaporte temblando entre los dedos, seguí la rutina que hoy me sé de memoria: facturar la maleta, pasar el control, matar la espera en la puerta de embarque y, finalmente, encontrar mi asiento en el avión. El comienzo de un viaje siempre se parece un poco a un ritual. Entonces se abrió ante mí ese instante que con los años he aprendido a saborear con dulzura, el aperitivo antes del festín; el intervalo de tiempo en el que aún no has llegado a tu destino, pero ya no estás en casa. Lo llamo *la previa*.

En ese limbo, los deseos y las expectativas comienzan a tomar forma. Te sumerges en la presencia infinita de quien sabe que ya no hay vuelta atrás. Hay que domesticar la angustia de renunciar a lo conocido y reconciliarse con la idea de estar acercándote a un lugar del que no sabes nada. No puedes pedirle al taxista que prefieres dar la vuelta. Ni siquiera conservas las convicciones cotidianas: ¿qué hora es?, ¿sobre qué país estamos?, ¿qué idioma deberías hablar? Un viaje en avión te fuerza a convivir con un puñado de desconocidos que, como tú, se encuentran en un estado intermedio, un lugar de paso que es todo y nada a la vez. Es el marco de una puerta, el inicio de una escalera, la línea de salida en una pista de carreras, la verja que separa el bosque del asfalto. La sombra del viaje. Su reflejo, aún borroso. Un verdadero umbral que señala de manera experiencial la frontera de una nueva etapa.

Los aviones me dan miedo, pero también me produ cen una paz extraña. Son lugares suspendidos en el tiempo y el espacio, donde no hay mucho que hacer salvo entregarse al pensamiento, a la música o a las imágenes que desfilan por la pantalla. El ritmo del viaje solo se interrumpe con el turno de la comida o con la voz de una azafata que te pide bajar la ventanilla porque ha llegado la hora de llamar al sueño. Al igual que ocurre en los casinos, desaparecen las señales que permiten al cuerpo orientarse. Allí son la luz artificial y la ausencia de referencias exteriores; en el avión, en cambio, no es solo el entorno el que nos engaña, sino también nosotros mismos: pastillas de melatonina, un antifaz, tapones para los oídos y un par de copas de cava. Pequeñas ficciones que nos permiten alterar los ciclos biológicos y adaptarnos, lo antes posible, al compás del lugar de destino.

Hay algo tan artificial en esta anticipación que solo podemos tomar como punto de referencia nuestro propio organismo, el aspecto más primitivo de nuestra realidad. Comer, beber, dormir, intercambiar unas palabras con el pasajero de al lado para averiguar de quién es la bolsa que bloquea el pasillo o compartir una almohada. El «Ui, perdón» cuando reclinas demasiado el asiento y la persona de detrás siente el temblor en su bandeja. Gestos mínimos que te devuelven a la conciencia de tu propia forma y al pequeño territorio que se te ha concedido en la aeronave. Es, en palabras del filósofo francés Michel Onfray, «un lugar fabricado por completo por la velocidad del desplazamiento».[1]

Esperé a estar a mitad de vuelo para encerrarme en uno de los baños y abrir la carta. Imaginaba unas palabras de aliento, quizá un texto lleno de bromas privadas o recuerdos compartidos. En su lugar, encontré algo más simple y mucho más valioso: un poema, copiado con letra temblorosa sobre una hoja mal arrancada de un cuaderno. Era *Ítaca*, de Constantino Kavafis.

(1) Michel Onfray, *Teoría del viaje*, Taurus, Madrid, 2016, p. 46.

Cuando emprendas tu viaje a Ítaca, pide que el camino
sea largo,
lleno de aventuras,
lleno de experiencias.
No temas a los lestrigones ni a los cíclopes
ni al colérico Poseidón,
seres tales jamás hallarás en tu camino
si tu pensar es elevado,
si selecta es la emoción que toca tu espíritu y tu cuerpo.
Ni a los lestrigones ni a los cíclopes
ni al salvaje Poseidón encontrarás,
si no los llevas dentro de tu alma,
si no los yergue tu alma ante ti.
Pide que el camino sea largo.
Que muchas sean las mañanas de verano
en que llegues —¡con qué placer y alegría! —
a puertos nunca vistos antes.
Detente en los emporios de Fenicia
y hazte con hermosas mercancías:
nácar y coral, ámbar y ébano,
y toda suerte de perfumes sensuales,
cuantos más abundantes perfumes sensuales puedas.
Ve a muchas ciudades egipcias,
a aprender,
a aprender de sus sabios.
Ten siempre a Ítaca en tu mente.
Llegar allí es tu destino.
Mas no apresures nunca el viaje.
Mejor que dure muchos años,
y atracar, viejo ya, en la isla,

enriquecido de cuanto ganaste en el camino,
sin aguardar a que Ítaca te enriquezca.
Ítaca te brindó tan hermoso viaje.
Sin ella no habrías emprendido el camino.
Pero no tiene ya nada que darte.
Y si la hallas pobre, Ítaca no te ha engañado.
Así, sabio como te has vuelto,
con tanta experiencia,
entenderás ya qué significan las Ítacas.

Leí los versos una y otra vez dentro de aquel cubículo diminuto, hasta que alguien llamó a la puerta y me sacó de mi ensueño. Al regresar a mi asiento, algo se había desplazado dentro de mí, la ansiedad se había convertido en un bulto manejable y, por primera vez en mucho tiempo, sentí una inmensa gratitud ante el trayecto que tenía delante.

La realidad seguía siendo la misma, pero estaba aprendiendo a verla desde otra perspectiva. Ya en Santa Fe, copié de nuevo el poema con mi propia letra y lo pegué con celo en la pared de la residencia de estudiantes, justo encima de mi cama. Desde entonces, los versos de Kavafis se han convertido en un mantra que repito cuando me visita la sensación familiar de perder el control; son un artefacto simbólico, un contrahechizo para el miedo a lo desconocido. Al igual que la foto de Lepsen.

He desarrollado cierta costumbre de dotar de significado propio a los objetos que me han ayudado en mi camino, casi como esos tatuajes que te recuerdan, día tras día, el valor que les diste cuando elegiste el motivo en cuestión. Utilizo estos dispositivos como quien usa una herramienta y los dejo atrás una vez he aprendido la lección.

Curiosamente, los lestrigones y los cíclopes siempre acaban adoptando formas nuevas. La razón es esquiva cuando se enfrenta a las sensaciones que se construyen desde el subconsciente. Cuando era más pequeña me sentía paralizada por la idea de estar sola, no poder comunicarme o no tener el dinero suficiente como para poder desenvolverme con comodidad. Ahora me dan miedo los robos, las enfermedades y la violencia y sigo poniéndome nerviosa cada vez que cojo un avión.

A veces me consuela pensar que, en cualquier historia, el protagonista necesita atravesar conflictos para poder forjar su personalidad. Es normal rechazar los peligros de forma instintiva. El miedo es un mecanismo de supervivencia y todos transitamos este mundo bajo una promesa de felicidad. Pero si no existiese, tampoco habría nada que contar. Por supuesto, cada cual es libre de decidir dónde pone el límite y a qué situaciones está dispuesto a enfrentarse. Algunos se lanzan a ser reporteros de guerra o pilotos de aviones de combate, pero pensar que en la rutina estaremos seguros tampoco es veraz.

Viajar no siempre es placentero. En ocasiones decepciona, otras nos confrontan con nuestros propios límites y en algunos destinos las posibilidades de tener un conflicto se multiplican. Mis primeros viajes, desde luego, no fueron divertidos. Pero, aun así, seguí haciéndolos, porque con el movimiento también llegan la curiosidad, el aprendizaje, la transformación y otras tantas cosas que hacen que, en última instancia, merezca la pena pagar el peaje.

El deseo de explorar y conocer es universal, aunque sus motivaciones han cambiado con el tiempo, moldeadas e impulsadas por las circunstancias: desde las primeras grandes migraciones humanas que aseguraban la vida, hasta los desplazamientos que hoy buscan darle sentido. De la supervivencia, al placer.

Subrayo placer porque durante siglos el movimiento respondió sobre todo a la necesidad: rutas comerciales, huida de lugares en conflicto y expediciones en busca de nuevos territorios o valiosas materias primas que atesorar. También misiones diplomáticas, proyectos evangelizadores y campañas militares que pretendían ampliar las fronteras.

Sin embargo, con el paso del tiempo, el viaje ocioso empezó a ganar popularidad. Podemos rastrear sus raíces en la antigua Roma, donde hacia el siglo I las clases acomodadas viajaban a la Galia o a provincias situadas a lo largo del Danubio para descansar y exhibir, de paso, su poder. El desplazamiento era un símbolo de privilegio: implicaba disponer de tiempo libre, recursos y un séquito que garantizara la comodidad del trayecto. En las villas de descanso del golfo de Nápoles, los patricios disfrutaban de baños termales, banquetes y espectáculos, mientras los escritores latinos como Séneca y Plinio el Joven reflexionaban sobre el retiro y el movimiento como ejercicios morales y estéticos. Estas primeras formas de viaje ocioso no perseguían el descubrimiento, sino la reafirmación de una identidad social y cultural. Viajar era prolongar el orden del Imperio más allá de sus límites, llevar consigo los modos, los hábitos y los valores de Roma a los márgenes del mundo conocido.

Con la caída del Imperio romano de Occidente y la expansión del cristianismo, el sentido del trayecto se transformó. Las rutas comerciales y militares dieron paso a nuevos itinerarios espirituales y el desplazamiento dejó de ser sinónimo de prestigio y abundancia para convertirse en un acto de devoción. Esa resignificación del viaje como penitencia y aprendizaje espiritual sentó las bases del peregrino medieval, figura que, siglos más tarde, recorrería los caminos hacia Roma, Jerusalén y Santiago en busca de redención.

Durante la Edad Media, las peregrinaciones religiosas ofrecían a los devotos la oportunidad de conocer mundo mientras cumplían con sus deberes espirituales. Aunque no eran travesías motivadas estrictamente por el placer, es innegable que permitían a los misioneros y santos divulgar su fe mientras conocían nuevos lugares y culturas. Si aceptamos el goce espiritual como una forma legítima de disfrute, podríamos incluirlas dentro de esta categoría, pero, aun así, conviene recordar que sus razones, amparadas en doctrinas evangelizadoras, eran ante todo prácticas.

Con el final de la Edad Media y el progresivo debilitamiento del poder eclesiástico, el horizonte del viaje volvió a ampliarse. La relectura de los textos clásicos, los avances en la navegación y la consolidación de una nueva clase mercantil transformaron la manera de entender el mundo. El ser humano comenzó a situarse, de nuevo, en el centro de la experiencia, desplazando la mirada del cielo hacia la tierra. Viajar ya no era únicamente un acto de fe, sino también de curiosidad, de estudio y de placer.

En el marco de la Edad Moderna, el Renacimiento despertó un renovado interés por el arte, la cultura y el conocimiento, motivando a muchos a recorrer Europa en busca de las maravillas de la Antigüedad y de su propio tiempo. Aquella efervescencia intelectual sentó las bases de lo que más tarde se convertiría en el predecesor del turismo moderno: el *Grand Tour*. Este itinerario formativo, que se consolidó entre finales del siglo XVII y el XVIII, consistía en un largo viaje por el Viejo Continente que los jóvenes de la aristocracia —y, más adelante, de la alta burguesía— emprendían para completar su educación. A través del contacto con las grandes capitales, el arte clásico y las cortes europeas, el recorrido permitía adquirir prestigio, refinar el gusto y trabar amistad con los futuros líderes y posibles aliados de las naciones vecinas. En sus orígenes, el *Grand Tour* discurría principalmente por Francia —considerada entonces el epicentro intelectual del mundo—, aunque con el tiempo la ruta incluiría Suiza, Italia, Alemania y los Países Bajos.

Si bien la élite de varios países europeos viajaba, fueron los jóvenes británicos —nuevos ricos acomodados, pero sin estudios— quienes popularizaron la práctica. Emprendían el viaje movidos por lo que el escritor Lawrence Osborne describió en su libro *El turista desnudo* (2006) como un «complejo de inferioridad cultural» que los impulsaba a «europeizar sus modales».[2] El recorrido comenzaba en Londres y pasaba por París, Ginebra, Florencia, Venecia y Roma; desde allí, los más audaces continuaban hacia Grecia o Egipto, mientras otros regresaban por Viena, Dresde, Berlín, Heidelberg o Ámsterdam. La mayoría, sin embargo, pasaba buena parte de su estancia en Italia, convirtiendo la nación en el primer gran enclave turístico de la historia. Tal fue la presencia británica que, durante buena parte del siglo XIX, el término *inglesi* se usaba en Italia para designar a cualquier extranjero, independientemente de su nacionalidad.

El *Grand Tour* alcanzó su apogeo en pleno siglo XVIII y, aunque aún conservaba una visión instrumental del viaje —entendido como una empresa útil solo si aportaba conocimiento—, también abrió la puerta a una nueva concepción del movimiento, hasta entonces reservada a científicos y exploradores. Es la era del viaje ilustrado, encabezada por figuras como el filósofo y escritor Jean-Jacques Rousseau, quien defendía el valor del aprendizaje directo y advertía que «el abuso de los libros acaba con la ciencia».

Rousseau estaba convencido de que el viaje resultaba inútil tanto para quienes «viajaban solo por viajar» —a los que consideraba errantes y vagabundos— como para aquellos que pretendían instruirse sin tener claro

(2) Lawrence Osborne, *El turista desnudo*, trad. de Magdalena Palmer, Gatopardo Ediciones, Barcelona, 2017 (orig. 2006), p. 19.

su objeto de estudio. Defendía que todo científico debía pasar al menos una temporada en el extranjero para comprender los usos y costumbres de otras naciones, aunque también sostenía que las semejanzas humanas son tantas que no siempre merece la pena estudiarlas por separado.[3] Esta afirmación revela la tensión entre universalismo y particularismo que siglos más tarde marcaría el pensamiento antropológico. Sin proponérselo, Rousseau planteó una reflexión que anticipaba algunas de las cuestiones epistemológicas sobre las que se fundaría la disciplina: la comparación entre culturas, la observación del otro y la búsqueda de lo humano como categoría común. Formuladas desde una mirada muy distinta a la suya, estas concepciones acabarían sentando las bases para investigar y comprender mejor la diversidad humana.

Sea como fuere, al *Grand Tour* le debemos no solo el origen del término *turismo*, sino también las primeras guías de viaje, con sus listados de monumentos, consejos prácticos y recomendaciones para adquirir productos locales. Pero, más allá de su dimensión instrumental, instauró una nueva concepción del viaje, entendido como una excusa para la formación y, al mismo tiempo, la transformación personal. Son herencia de esta línea

(3) De hecho, en *Emilio o la educación* (trad. de L. Aguirre Prado, pról. de M.ª del Carmen Iglesias, EDAF, Madrid, 1985), Rousseau plantea que «quien ha comparado diez pueblos, conoce a los hombres, como el que ha visto a diez franceses conoce a los franceses. Los hombres se parecen tanto que no vale la pena estudiarlos por separado» (pp. 520 y ss.).

de pensamiento el programa Erasmus, que promueve la movilidad educativa entre centros de estudios europeos, al igual que el *gap year*, un año sabático que los jóvenes británicos, estadounidenses, canadienses y australianos toman antes de entrar en la universidad con la idea de ganar independencia y reflexionar sobre su futuro académico y profesional mientras trabajan, viajan o hacen voluntariados en el extranjero. Rousseau, sin duda, habría aprobado la idea.

Aunque España nunca formó parte del itinerario clásico del *Grand Tour*, a finales del siglo XVIII los viajeros del Romanticismo comenzaron a incluirla en sus recorridos. Buscaban en nuestro país un punto intermedio entre el exotismo de Oriente y la familiaridad de Occidente, un territorio de paisajes pintorescos habitado por bandidos, místicos y fanáticos. El viajero quedaba fascinado por el folclore y las costumbres, el atractivo singular de la vida rural y la belleza de unos escenarios muy distintos a los que se podían encontrar en el resto de Europa. Era la España del fervor religioso y la superstición, del erotismo y la crueldad. Allí viven la *Carmen* (1845), del francés Prosper Mérimée; los personajes de los *Cuentos de la Alhambra* (1829), de Washington Irving, y toda una galería de héroes románticos, toreros, bandoleros y santas visionarias que poblaron el imaginario europeo sobre España.

Esa mirada puede entenderse a la luz de lo que distintos autores han analizado como un orientalismo europeo interno. El historiador estadounidense Larry Wolff mostró en *Inventing Eastern Europe* (1994) cómo, a partir del siglo XVIII, el pensamiento ilustrado comenzó a producir jerarquías internas dentro del continente, situando ciertas regiones como espacios liminales destinados a reforzar la idea de una Europa Central ilustrada frente a sus márgenes meridionales. Más tarde, la antropóloga Milica Bakić-Hayden describió este mismo mecanismo en su artículo «Nesting Orientalisms» (1995) como una cadena de *orientalismos anidados*, en el que cada enclave se define como más moderno y racional que aquel que queda un poco más al sur o al este. Durante el Romanticismo, España representó ese papel a la perfección. Una nación apasionada y primitiva, moldeada por el calor, la religión y la herencia musulmana; un enclave fronterizo que fascinaba precisamente por encarnar todo aquello de lo que el norte protestante deseaba diferenciarse.

Ese territorio utópico, víctima del orientalismo y la exotización, parece hoy lejano. Sin embargo, la lógica de encontrar placer en lo extraño desde la seguridad de lo conocido sigue presente en los procesos turistificadores que reproducimos cuando buscamos en Tailandia o Marruecos la misma imagen estereotipada que nos hace torcer el ceño cuando la imaginamos aplicada a nuestro país.

Las guerras napoleónicas marcaron el final del *Grand Tour*, pero sus ideas pervivieron en la sensibilidad romántica. Viajar dejó de entenderse como una obligación para convertirse en ocio: una experiencia individual, introspectiva y potencialmente transformadora, alejada del utilitarismo impuesto por la política, el comercio, la guerra o la religión. El disfrute del alma y el placer de lo experiencial se convirtieron en las principales motivaciones del viajero, que ya no buscaba solo conocimiento y cultura, sino también belleza y sentido. Durante esta época, los desplazamientos comenzaron a entenderse como una oportunidad para reconectar con la naturaleza, hallar inspiración en ella y descubrir regiones que, bajo la mirada de la época, aún no habían sido adulteradas por el influjo de la modernidad.

La puesta en valor de los paisajes y los espacios naturales, que ahora nos resulta evidente e incuestionable, nació con el Romanticismo. Hasta el siglo XVII, la naturaleza se entendía como un obstáculo para el progreso; una fuerza adversa que debía ser controlada para permitir la expansión de la civilización y el desarrollo económico de los imperios. Las montañas que el escritor y crítico victoriano John Ruskin describía a mediados del siglo XIX como «grandes catedrales [...] con sus puertas de roca, sus suelos de nube, coros de arroyo y piedra, altares de nieve y bóvedas púrpura atravesadas por las constantes estrellas»,[4] habían sido descritas dos siglos antes por el poeta John Donne como «verrugas y marcas de viruela en el rostro de la tierra».[5]

(4) John Ruskin, *Modern Painters* (vol. 4), Smith, Elder and Co., Barcelona, 1856), cap. «The Mountain Glory»: «*The mountains are the great cathedrals of the earth, with their gates of rock, their floors of cloud, their choirs of stream and stone, their altars of snow, and their purple vaults traversed by the continual stars*». Traducción propia.
(5) Donne, *The First Anniversary* (ll. 284-301), en Hayward (ed.), *Complete poetry and selected prose*, pp. 204-205. Traducción propia.

Según la intelectual estadounidense Marjorie Hope Nicolson,[6] este cambio de paradigma comenzó con el pensador inglés Henry More y su filosofía del espacio. Rechazando las visiones que concebían el mundo como una máquina y la materia como una masa inerte, More introdujo una visión radicalmente diferente. Convenció a sus contemporáneos de que Dios no solo *estaba* en el espacio, sino que *era* el espacio mismo. Para él, la sustancia inmaterial sobre la cual se edifica la realidad era el propio creador: inmóvil, omnipresente, completo y eterno. Convirtió así la imagen de Dios en un todo indescriptible que, como un velo, impregnaba cada una de las partículas del universo.

Isaac Newton, alumno de More y heredero parcial de su pensamiento, trasladó aquella intuición metafísica a un terreno más racional y empírico. Si bien no llegó a identificar a Dios con el territorio, sí lo consideró su escenario; un campo absoluto donde la presencia divina se manifestaba. Para Newton, el espacio absoluto existía independientemente de los cuerpos y los movimientos, pero no estaba vacío: era la huella constante de una presencia divina que lo contenía todo. Lo infinito del espacio era, en sí mismo, una prueba de la infinitud de su creador. De este modo, el universo dejó de ser una máquina ciega movida por leyes impersonales y pasó a concebirse como una estructura viva, mantenida por una inteli-

(6) En su obra *Mountain Gloom and Mountain Glory: The Development of the Aesthetics of the Infinite*, Cornell University PressIthaca, Nueva York, 1959.

gencia ordenadora. «Puesto que cada partícula de espacio existe siempre, y cada momento indivisible de duración está en algún lugar —escribió en *Principia Mathematica*, de 1687— ciertamente el constructor y señor de todas las cosas no será nunca *ningún* lugar.»[7] La inmensidad del cosmos ya no se oponía a lo humano, sino que se convertía en una vía para vislumbrar lo divino. Una forma de comunión intelectual y espiritual con la creación.

Tanto More como Newton contribuyeron a consolidar una nueva sensibilidad frente al espacio. Lo divino dejó de concebirse como una entidad lejana para pensarse en relación con el mundo. En More, el espacio adquiría una dimensión espiritual al entenderse como una manifestación de la presencia de Dios; en Newton, esa relación fue más prudente y analógica. Aunque profundamente religioso, su pensamiento científico buscó deliberadamente prescindir de explicaciones teológicas, no por negarlas, sino por considerarlas innecesarias. Para él, la grandeza de los paisajes naturales —las montañas, los océanos, los desiertos, el cielo y las llanuras— es una expresión de un orden que remitía al creador. Con el tiempo, esa manera de pensar el espacio dejó de operar solo en el plano intelectual y empezó a filtrarse en la experiencia sensible. Lo que antes era una revelación intelectual o religiosa comenzó a sentirse físicamente. El cuerpo también podía acercarse a lo divino a través del paisaje.

(7) Isaac Newton, *Principios matemáticos de la filosofía natural*, trad. de Eloy Rada García, Alianza Editorial, Madrid, 1995, p. 587. Cursivas de la autora.

En 1748, el doctor Richard Frewin fue el primero en recetar a uno de sus pacientes beber el agua de la playa de Southampton y bañarse a diario en su orilla como remedio para sus males. Su diagnóstico fue revolucionario, porque en aquella época casi nadie sabía nadar, los naufragios y ahogamientos eran frecuentes y el litoral evocaba aún la memoria, temida y vergonzosa, del Diluvio Universal. El escritor inglés Thomas Burnet ya había descrito el Paraíso en 1681 como un mundo sin mares ni océanos. Concretamente «liso, regular y uniforme, sin montañas y sin mar»,[8] una imagen que ilustra perfectamente hasta qué punto la cosmovisión cristiana del mundo había asociado la naturaleza indómita con la ruina y la pérdida del orden original.

Sin embargo, en apenas unos años, esa percepción comenzó a transformarse. Lo que se había considerado castigo se convirtió en salvación y las inmersiones en agua salada empezaron a prescribirse como prácticas purificadoras, capaces de equilibrar el cuerpo y restablecer la salud. Otros médicos siguieron el ejemplo de Frewin y el baño de mar, primero terapéutico y luego recreativo, se popularizó entre las élites urbanas que

(8) Thomas Burnet, *The sacred theory of the earth: Containing an account of the original of the earth, and of all the general changes which it hath already undergone, or is to undergo, till the consummation of all things* (6.ª ed., 2 vols.), J. Hooke, Londres, 1726), vol. I, pp. 75-76, 81-82. Traducción propia.

buscaban descanso y alivio en las riberas del sur de Inglaterra. Los paseos por la orilla, el contacto con la sal y la brisa marina se recomendaban para aliviar cualquier dolencia. Las casas se dieron la vuelta para mirar hacia la costa y surgió, por primera vez, un deseo creciente por viajar al litoral.

Unas décadas más tarde, aparecieron también el alpinismo, el senderismo y la espeleología, nuevas formas de experimentar la naturaleza y de medir los límites de lo humano. Escalar, caminar y descender a las profundidades de la tierra se convirtieron en formas de autoconocimiento y liberación. Explorar estas últimas fronteras era, en cierto modo, acercarse a Dios.

Resulta curioso analizar cómo el cristianismo terminó llegando a una conclusión muy parecida a la de aquellas creencias paganas de raíz animista que tanto se empeñó en erradicar, y es que la naturaleza debía ser adorada. Para unos, porque representaba al creador, un Dios intangible y omnipresente, capaz de trascender la percepción humana. Para otros, porque las cascadas, el viento, la lluvia y las piedras que pisamos poseen en sí mismas un poder intrínseco. Deidades concretas que habitan todos y cada uno de los fragmentos del mundo.

Casi cuatro siglos antes de la invención del viaje ocioso, el poeta y filósofo Petrarca escribió en 1336 sobre el placer de subir una montaña en su *Ascenso al Mont Ventoux*. Aquel relato le consagró como un adelantado a su tiempo, al situar el foco del viaje no en el destino, sino en el trayecto. Una mañana, el italiano decide escalar junto a su hermano una montaña de la región. Al alcanzar la cumbre, contempla el paisaje y reflexiona sobre las emociones que le embargan tras el esfuerzo realizado. En ese deseo —subir para mirar el mundo desde otra altura— se esboza ya una nueva relación con el movimiento y con lo sublime, muy cercana a la aspiración platónica de entender la verdad. Sin saberlo, Petrarca inaugura una sensibilidad que permanecería latente durante siglos, hasta ser plenamente retomada en el Romanticismo, cuando el acto de ascender, contemplar y sentir volvió a entenderse como una vía legítima para alcanzar el conocimiento espiritual.

Aunque con el Romanticismo el viaje se convirtió en una forma de expresión estética y emocional, no fue hasta los avances técnicos que trajo consigo la Revolución Industrial del siglo XVIII que esa experiencia se democratizó y adoptó una escala verdaderamente global. La expansión de los ferrocarriles, los barcos de vapor y, más adelante, los automóviles, transformó la noción misma de distancia y permitió que el desplazamiento dejara de ser el privilegio de unos pocos. La velocidad empezaba a redibujar el mapa del mundo.

La expansión comercial del viaje siguió su curso y, después de Italia, llegó Egipto. El país africano se convirtió en la primera nación fuera de Europa en experimentar una auténtica invasión turística, impulsada por el magnate británico Thomas Cook, que supo ver en los viajes un negocio con futuro. Comenzó organizando excursiones en tren por Inglaterra, pero pronto extendió su empresa al ámbito internacional, siendo el primero en ofrecer paquetes turísticos con todo incluido. Visionario para unos, despiadado para otros, Cook transformó Egipto en el destino predilecto de las clases acomodadas británicas que buscaban climas cálidos donde pasar el invierno. La expansión imperial y la conversión del país en un protectorado británico facilitaron su tarea y, en 1882, ya controlaba el monopolio de la navegación por el río Nilo, ofreciendo cruceros de lujo que duraban hasta seis días.

Las motivaciones de aquellos primeros turistas internacionales eran diversas. El deseo de conocimiento y la fascinación por las civilizaciones antiguas seguían presentes, pero cada vez más personas viajaban, sencillamente, porque podían. El desplazamiento empezaba a convertirse en una obligación social, un símbolo de estatus que marcaba la pertenencia a los círculos cosmopolitas de su tiempo.

El modelo de Cook no se agotó en el Nilo, y el viajero-colono pronto tendría acceso a territorios aún más lejanos. Con la inauguración del canal artificial de Suez y el Mediterráneo controlado por la armada británica, se abrió una ruta marítima segura hacia la India y el Sudeste Asiático. Estas zonas se convirtieron rápidamente en el nuevo destino predilecto de las élites, un nuevo fin del mundo que ofrecía tanto exotismo como prestigio y que representaba una conquista más para el ego occidental.

El trayecto Londres-Sídney pasaba por Adén, Calcuta, Singapur y Bangkok y seguía hacia el sur, a través de las Indias Orientales Neerlandesas, hasta llegar a la isla paradisíaca de Bali. Los más intrépidos continuarían hasta Papúa Nueva Guinea, en busca de ese mundo perdido del que hablaría el antropólogo Claude Lévi-Strauss, cuyo supuesto primitivismo fascinaría a los antropólogos del siglo xx. Algunas décadas más tarde, ese mismo itinerario se transformaría en la ruta asiática que los *hippies* estadounidenses de los años sesenta recorrerían en busca de iluminación, estados de consciencia alterados y una realidad alejada de la malversada vida en Occidente. El mito del buen salvaje y los clichés heredados del orientalismo siguen presentes de manera más o menos visible en nuestra mirada contemporánea. Las corrientes *New Age* idealizan la India como centro de la transformación espiritual y seguimos imaginando Tailandia como un destino idílico para el descanso y el placer. Estos estereotipos y lugares comunes no solo simplifican y romantizan la complejidad de estos lugares, sino que también perpetúan una mirada reduccionista que borra la diversidad de sus identidades reales.

Mientras leía, hace unas semanas, *El monje que vendió su Ferrari* (1996), de Robin Sharma, no pude evitar preguntarme si su autor sería consciente de que sin Thomas Cook su historia habría tenido otros nombres, otros lugares y, muy probablemente, otro hilo conductor. Y qué decir del superventas *Come, reza, ama* (2006), de Elizabeth Gilbert, donde una mujer encuentra en Italia, India y Bali todo lo que había deseado, con elevación espiritual incluida, en un itinerario que sigue casi al pie de la letra la ruta asiática trazada por esos primeros viajeros ociosos.

Tal vez la búsqueda de un más allá sea inherente al ser humano. La necesidad de traspasar las columnas de Hércules en pos de una utopía, un lugar inalcanzable donde las cosas sean, si no mejores, al menos diferentes. Quizá por eso, en un mundo donde la vista por satélite ha reducido el interés por la exploración y existen cada vez menos misterios geográficos, todavía hay personas empeñadas en encontrar la Atlántida o descubrir una civilización perdida que habita ciudades subterráneas. El mundo es finito, pero la imaginación humana y los estereotipos que la habitan no lo son.

Hablando de ciudades, y volviendo a la historia contrastable, la creación de las grandes urbes durante el siglo XIX trajo consigo un nuevo tipo de ciudadano. Es el *flâneur* de Charles Baudelaire, un observador solitario que convierte el paseo en un acto de revelación. Sus itinerarios son un viaje introspectivo que reflejaba las tensiones y oportunidades de la vida moderna, así como la transformación y el individualismo en una era de cambios rápidos y constantes. El tren y el tranvía multiplicaron las distancias posibles, y el paseo —antes un privilegio intelectual o poético— se convirtió en una forma de ocio burgués. De la mirada contemplativa del *flâneur* se pasó, lentamente, al *consumo* del paisaje. Las playas del Mediterráneo, los balnearios alpinos y las ciudades europeas con cascos históricos importantes se consolidaron como escenarios del incipiente turismo de masas. Tras la Segunda Guerra Mundial, la popularización del automóvil, el nacimiento de las aerolíneas comerciales y el aumento del poder adquisitivo de la clase media consolidaron definitivamente esa tendencia, transformando el viaje en un producto accesible, planificable y cuantificable.

Hoy, el turismo es una pieza estructural de la cultura occidental. Bajo el eufemismo de las vacaciones, se ofrecen desde aventuras exóticas hasta estancias apacibles en resorts de lujo. Por supuesto, con todo incluido, como en aquellos cruceros por el Nilo de Thomas Cook. Las vacaciones son ya sinónimo de movimiento. Sin la huida de la rutina y la promesa del entretenimiento, el viaje parece perder su valor y su sentido. Como aquellos primeros viajeros ociosos de finales del siglo XIX, viajamos *porque podemos*. Lo que pocos recuerdan es que esta forma de entender el desplazamiento es, en realidad, muy reciente.

Si el turismo moderno es una maquinaria global que convierte el deseo de moverse en un objetivo común, cada viajero transforma ese impulso en una búsqueda personal. Más allá de las cifras, las agencias y los itinerarios, hay algo humano en esa necesidad de volcarse por completo en aquello que despierta nuestra curiosidad.

En mi caso, esa búsqueda adopta una forma muy concreta: soy una persona que funciona por medio de la obsesión. Puedo escuchar la misma canción en bucle cientos de veces y desayunar, durante meses, el mismo plato de avena con pasas y trozos de fruta, con las mismas cantidades de cada ingrediente, servidas en el mismo plato de color rosa. Lo hago una y otra vez, hasta que algo ignoto me hace decidir que es hora de cambiar de aires.

Cuando algo me entusiasma, me sumerjo en ello sin mesura. Busco documentales en las profundidades de internet, leo todo lo que encuentro y me pongo alarmas en páginas de segunda mano hasta dar con libros descatalogados de editoriales que hace tiempo dejaron de existir. De pequeña lo veía como un defecto. Monopolizar las conversaciones hablando de dinosaurios, puñales romanos o la vida de los vikingos no ayudaba demasiado en mis relaciones sociales. Mis intereses fluyen hacia dentro, como un río que nace en el océano y remonta la corriente hasta desembocar en la cima de una montaña.

Absorta en esos paisajes infinitos, durante mucho tiempo me costó conectar con una realidad que compartía con los demás solo por azar. Vivía más en mi cabeza que en el mundo y lo que hacía con mi cuerpo eran simples excusas para alimentar mis fijaciones. Pero, con los años, he aprendido a dejar que el caudal fluya en ambas direcciones y a reconocer las virtudes de exteriorizar ese poder de concentración que antes me aislaba.

Gracias al imperialismo británico y, probablemente, a Thomas Cook, de adolescente cayó en mis manos una colección de enciclopedias visuales con un tomo que me llamó especialmente la atención. Se titulaba *El antiguo Egipto*. En sus páginas había fotografías a todo color de jeroglíficos, vasos canopos, estatuas de Hathor y del dios Anubis con su cabeza de chacal. A su lado, pequeños textos daban explicaciones sobre cómo era la vida en la corte real, el tipo de bisutería que llevaban las mujeres, la construcción de las pirámides y cómo los antiguos egipcios momificaban a sus muertos.

Lo leí decenas de veces, pero siempre terminaba regresando a la misma página, donde podía verse una fotografía del famoso busto de Nefertiti. Me fascinaba que una escultura con la pintura descascarillada y un ojo ciego pudiera ejercer tanto poder sobre mí. El capítulo que inauguraba aquella imagen se llamaba «Faraones famosos» y hablaba también de su marido, Akenatón, el gobernante que abolió el politeísmo para instaurar el culto al dios Sol, Atón. Durante su reinado no solo trasladó la capital del imperio desde Tebas, que había concentrado el poder durante casi siete siglos, sino que inauguró una breve edad dorada para el arte egipcio. La iconografía que desarrolló durante ese período es excepcional: los cuerpos se mueven, las figuras tradicionalmente estáticas se llenan de vida y se pueden apreciar los rasgos de los gobernantes, ahora humanizados. Por primera vez, los faraones aparecían representados en escenas íntimas: besando a sus hijas, riendo, recibiendo los rayos de sol.

Aquella revolución estética duró poco. Tras la muerte de Akenatón, los templos fueron derribados, sus imágenes, destruidas y las inscripciones donde aparecían sus nombres, maltratadas. Su hijo y sucesor, apenas un niño cuando llegó al trono, restableció el culto a los antiguos dioses, recuperó el simbolismo estricto de épocas anteriores y devolvió el poder a Tebas. Se llamaba Tutankamón y la ciudad efímera que su padre había fundado como capital del reino durante aquellos catorce años, era Tell Amarna.

Soñaba con ese nombre en mis ratos libres, lo dejaba rodar por la lengua imaginando una línea cronológica invisible donde iba colocando los hitos de aquellos reyes antiguos. En uno de los huecos relieves conservados, Akenatón y Nefertiti sostienen a tres de sus hijas mientras son iluminados por el disco solar. Dios los toca, literalmente, a través de unas líneas finas como puntas de flecha que terminan en pequeñas manos extendidas. Manos diminutas y penetrantes. Manos que los alcanzan desde la inmensidad.

Muchos años más tarde, me tatué una línea que me cruza el cuerpo entero, desde el índice de la mano derecha hasta el talón del pie izquierdo, pasando por el hombro, la espalda, el muslo y la rodilla. Al igual que para los románticos y, al igual que para los antiguos paganos, la naturaleza siempre ha formado parte de mi repertorio de obsesiones personales. Pero la tinta que me atraviesa no es un rayo de luz, sino un rayo de tormenta.

La palabra rayo proviene del latín *radius*, el mismo término con el que los romanos designaban las varillas que unían el eje con la llanta de una rueda. Si imaginamos el universo como un disco con un centro, sus rayos —solares o tempestuosos— son la energía que se despliega y alcanza la Tierra. La línea, extendida por debajo de mi carne como trazada a través de un mapa con un pincel representa esa belleza infinita de lo sublime atrapada en la trivialidad de lo humano. Una línea que une lo divino y lo profano, lo eterno y lo material.

Más tarde descubrí que Amarna es una variación moderna del nombre original de la ciudad: *Akhetatón*, que en egipcio antiguo significa «el horizonte de Atón». Ese era el punto simbólico donde el Sol nacía y extendía su luz sobre los fieles. El eje del mundo —y de la rueda— que debía prolongarse para iluminar a los creyentes.

El amanecer de Atón duró poco, pero a mí me sirvió de inspiración cuando elegí *Amarna* como nombre artístico. Una palabra que se convirtió en la capital de mi propio imperio interior y que también marcó un antes y un después en mi vida. Para entonces, la historia exótica y romantizada de aquellos libros había calado hondo en mi imaginario. Lo único que deseaba era viajar a Egipto, ver con mis propios ojos las pirámides, la Esfinge y todos esos lugares cuyos detalles conocía casi de memoria.

Cuando por fin llegué, me encontré en un parque temático abarrotado de turistas. Había abrebotellas con la cara de Cleopatra, proyecciones de películas sobre la Gran Pirámide de Giza, estafadores rondándome con sus camellos y el busto de Nefertiti, aquel amado rostro, multiplicado hasta el absurdo en llaveros, imanes, jarrones, tazas, pañuelos y figuritas de yeso. El tocado azul de la reina lucía en los escaparates transformado en cenicero. Lo odié.

La idealización es una de las peores cosas que pueden ocurrirle a un destino. El filósofo Michel Onfray escribió que «el cuerpo almacena imágenes transformadas en iconos».[9] En efecto, si pensamos en Roma, nos viene

(9) Michel Onfray, *Teoría del viaje*, Taurus, Madrid, 2016, p. 27.

a la cabeza el Coliseo; en París, la Torre Eiffel; en Londres, el Big Ben; en Nueva York, la Estatua de la Libertad. Moscú se resume en el Kremlin, Pekín en la Ciudad Prohibida. Son nombres propios, escritos con mayúscula, porque si el cuerpo almacena imágenes, es la mente la que las transforma en símbolos. Así, convertimos los monumentos en iconos que condensan una emoción colectiva, entidades propias que personifican la grandiosidad del ingenio humano, el poder de los antiguos gobernantes o las ruinas de un pasado de noches antiguas e historias contadas a la luz de las velas.

Lo primero que pensé al llegar a la pirámide de Keops fue que era más pequeña de lo que imaginaba. Casi ciento cuarenta metros de altura y más de dos millones de bloques de piedra y, aun así, lo único que pude pensar fue que en las fotos parecía más bonita. En realidad, tiene sentido. Las imágenes evitan el ángulo en el cual se adivina la ciudad de fondo, no respiras la arena del desierto, ni sientes los cuarenta grados con los que Atón te golpea en la coronilla. Y, desde luego, las fotos no incluyen a los niños que se acercan a pedir limosna, ni la incomodidad silenciosa que deja su mirada cuando no sabes cómo reaccionar.

Elegir un destino es también enfrentarse al imaginario con el que lo hemos revestido. Viajamos a la India, a Vietnam o a México, porque esas palabras ya evocan un paisaje mental, pero son pocos los que piensan en Kazajistán, Kiribati o Mozambique cuando sueñan con sus próximas vacaciones. Nos desplazamos hacia los lugares que conocemos antes de haberlos pisado, porque el trayecto se fragua, primero y antes de nada, en nuestras mentes. «Ir a algún sitio es —escribe Onfray— dirigirse al encuentro de lugares comunes asociados desde siempre al destino elegido.» Y añade: «Encerrar a pueblos y países en tradiciones reducidas a dos o tres pobres ideas tranquiliza, porque siempre es agradable someter la inabarcable multitud a la unidad fácilmente manejable».[10]

La unidad fácilmente manejable de los estereotipos: la puntualidad suiza, la suciedad china, la arrogancia de los franceses y la supuesta delincuencia marroquí. La unidad fácilmente manejable de esa antropología positivista que trataba de ordenar los pueblos y las «razas» como si el mundo pudiese clasificarse en una Pokédex, el dispositivo que compilaba información detallada de cada uno de los seres ficticios que tenías que capturar en el universo de Pokémon. «Hazte con todos» era su lema. «*Before they disappear*» («Antes de que desaparezcan») es el eslogan de una famosa agencia de viajes. Las dos frases juntas se entienden mejor. Los otros están ahí para ser conquistados, atrapados y segmentados. Reducidos a su mínimo exponente. Sean pequeñas criaturas ficticias o comunidades enteras de carne y hueso.

Descubrir que el videojuego que marcó mi infancia utiliza los ideales clasificatorios de la Ilustración para establecer las reglas de un mundo imaginario resulta, como mínimo, desconcertante. Pero más inesperado es ver un reflejo de lo que esas reglas significan en mi propio universo. El ser humano ordena su realidad para poder ha-

(10) Michel Onfray, *Teoría del viaje*, Taurus, Madrid, 2016, pp. 61-62.

cerla comprensible, pero ¿dónde están los límites?, ¿cuál es la frontera? No tengo las respuestas. Por eso, las dos frases juntas duelen más fuerte.

En Europa, gran parte del imaginario que proyectamos sobre los destinos está directamente vinculado a la herencia colonial. Pero ninguna nación se libra de idealizar a sus vecinos. Los japoneses, por ejemplo, padecen una decepción tan profunda al visitar nuestro continente que incluso tiene nombre clínico: síndrome de París. El contraste entre el sitio que imaginaron y la realidad que se encuentran es tan extremo que puede llegar a provocar ansiedad, sudoración, taquicardia, vómitos e incluso episodios de despersonalización y paranoia. La belleza soñada se vuelve inhabitable cuando el viajero se enfrenta al ruido, la prisa y la basura de las calles.

Este fenómeno no es exclusivo. El célebre sueño americano, sostenido por décadas de propaganda y representaciones audiovisuales, es también una ficción que dista mucho de las imágenes que lo hicieron célebre. Las casas con porche, los adolescentes en descapotables y los rascacielos que prometen ascenso social se desmoronan ante una precariedad estructural alimentada por la debilitación del Estado social y una violencia sistémica que atraviesa tanto el espacio urbano como las relaciones económicas. La exclusión y la desigualdad no aparecen como anomalías, sino como condiciones de posibilidad del propio sistema.

En el fondo, todas estas fantasías comparten un mismo *modus operandi*: la creencia de que elegimos libremente nuestros sueños y deseos, cuando en realidad se trata de elecciones influenciadas en gran medida por nuestro contexto. Pensamos que viajamos por voluntad propia, que escogemos las historias que nos atraen o los paisajes que nos hacen vibrar. Pero casi siempre seguimos el guion invisible de una promesa que ya estaba escrita antes de que naciéramos.

En la mitología griega, también los héroes solían creer que elegían su porvenir, aunque este ya estuviera trazado previamente por los dioses. Edipo huye de su hogar para escapar de una profecía y acaba cumpliéndola al matar a su padre y casarse con su madre. Ulises tarda veinte años en regresar a su hogar, convencido de que gobierna su viaje cuando en realidad es Poseidón quien influye en las mareas. También Orfeo, que desciende al inframundo para rescatar a Eurídice, confía en que su voluntad pueda desafiar las leyes divinas, hasta que su propio deseo lo condena a perderla para siempre. No es necesario retroceder hasta aquellos mitos para encontrarnos con la idea de un futuro ya marcado. Incluso Harry Potter pensaba que era él quien elegía su varita.

Nosotros también pensamos que elegimos los lugares que visitamos, pero dentro de cada uno existe una mitología privada hecha de recuerdos infantiles, lecturas, películas, documentales, imágenes gestadas en enciclopedias o novelas de aventuras. Cuando viajamos, lo que hacemos es tratar de culminar esas profecías íntimas. «Soñar con un destino es obedecer al mandato que, en nosotros, expresa una voz extranjera»,[11] escribe Onfray. Es el destino, y las referencias y expectativas que hemos construido a su alrededor, lo que nos elige a nosotros.

La palabra expectativa proviene del latín y, traducida literalmente, significa «contemplar hacia fuera». Ya en su mismo origen se trata de una verdad a medias, porque esa anticipación tiene poco que ver con lo que encontramos finalmente en nuestro objeto de deseo. En la expectativa no observamos el mundo, sino una imagen interior que lo sustituye, un símbolo, una idea preconcebida. Quizá también un cliché o un estereotipo. La expectativa es un ejercicio de introspección que se articula hacia el exterior, como un espejismo. Cuanto más te acercas, más se aleja. Es, por definición, inalcanzable.

Frente a esta idea, el antropólogo Marc Augé propone la figura del viajero inmóvil; alguien que se desplaza, pero cuya mente permanece anclada en lo que espera encontrar en el destino. Su cuerpo viaja; sus ideas, no. «No viaja para descubrir, sino para reconocer —dice Augé—, y su viaje empieza cuando vuelve, cuando está otra vez.»[12] Son aquellos que desean que la escena sea igual que en las fotos, en las películas o en las guías de viaje que vieron antes de partir. Esa era yo, en Egipto.

(11) Michel Onfray, *Teoría del viaje*, Taurus, Madrid, 2016, p. 26.

(12) Marc Augé, «El viaje inmóvil», en Manuel Lucena Giraldo y Juan Pimentel (eds.), *Diez estudios sobre literatura de viajes*, Consejo Superior de Investigaciones Científicas, Madrid, 2006, p. 11.

Viajando sobre la estela de aquellos exploradores, fotógrafos, escritores y turistas que me precedieron. Reconociendo, en vez de conociendo.

Si la expectativa es la proyección de una creencia previa, la comparación es la herramienta con la que medimos el valor de esa experiencia. Buscamos confirmar las ideas que otros gestaron antes de nuestra llegada y, en esa inercia por corroborarlas, a veces nos desconectamos de nuestros propios deseos. ¿Viajamos porque queremos o porque creemos que hay que hacerlo? ¿Viajamos porque queremos o porque otros lo hacen? ¿Se trata de una búsqueda o de una *performance*?

En 2004, un estudiante de Harvard llamado Patrick James McGinnis acuñó el término FOMO, acrónimo de *Fear of Missing Out* («miedo a perderse algo»). En su artículo,[13] McGinnis puso nombre a un malestar que resonó especialmente entre los usuarios de las redes sociales: la ansiedad que surge ante la sensación de estar dejando pasar momentos significativos, cuya ausencia se experimenta como una amenaza para la proyección pública y para la construcción de la identidad. No participar ya no implica solo perderse algo, sino quedar simbólicamente fuera. La exposición constante a representaciones perfectas y la posibilidad de observar en tiempo real las vidas ajenas alimentan una sospecha constante: en algún lugar, alguien está viviendo algo distinto —o

(13) Patrick J. McGinnis (30 de abril de 2004). *Social Theory at HBS: McGinnis' Two FOs*, The Harbus, <https://www.harbus.org/post/social-theory-at-hbs-mcginnis-two-fos-2>.

aparentemente mejor— que tú. El hecho es que te lo estás perdiendo. No hay un objeto concreto de deseo, pero la abundancia de opciones y la hiperconectividad alimentan una sensación de urgencia y comparación permanente. Con el tiempo, esa inquietud acaba por infiltrarse también en decisiones que ya no dependen de la presencia ajena.

Barry Schwartz analizó el fenómeno en su libro *The Paradox of Choice* («La paradoja de la elección»). Imagina que entras en una tienda y te encuentras ante un estante repleto de mermeladas, todas con etiquetas de sabores irresistibles. Cada frasco es una posibilidad, una invitación al placer. Sabes que quieres comprar una, pero el exceso de opciones te genera sensación de agobio. ¿Frambuesa con chía o mango con jengibre? Dudas. Eliges una, pero de camino a casa piensas que quizá la otra habría sido mejor. En el experimento de Schwartz, quienes se enfrentaban a más alternativas también sentían más frustración, mientras que quienes solo tenían seis sabores terminaban más satisfechos con su compra. ¿Quién no ha suspirado frente a un menú interminable o se ha quedado atascado en la pantalla de inicio de Netflix, atrapado entre decenas de posibilidades, sin saber qué película o serie escoger?

En los viajes, este inconformismo crónico nos arrastra a comparar lo que vivimos con lo que creemos que deberíamos estar viviendo. Medimos nuestra experiencia con la vara del trayecto de aquellos que nos precedieron y a menudo pensamos, durante nuestro propio viaje, en los próximos destinos que queremos visitar en el futuro, como si la vida fuese una carrera sin fin en la que tenemos que llegar a la meta. En esa búsqueda incesante se nos escapa el sentido del propio movimiento. No hay peor viaje que aquel que se hace por inercia. Porque *podemos*. Porque *es lo que toca*. Porque *los otros lo hacen*. Pero, aun así, seguimos soñando con partir, porque dentro de cada viaje sigue latiendo el deseo de mirar el mundo desde otros ojos.

Era una niña cuando *Los Vagabundos del Dharma* (1958), también escrita por Jack Kerouac, cayó por primera vez en mis manos. No conseguí acabarlo, demostrando una vez más que hay ciertos libros que solo pueden leerse cuando ha llegado su momento. Un par de años más tarde su lectura me enganchó y, en apenas una semana, había devorado todas sus páginas con el ansia de quien tiene ganas de ver mundo, pero no sabe cómo hacerlo.

El suyo es un viaje iniciático, de esos que te cambian la vida. Eso era lo que yo buscaba: alejarme de una realidad que no me hacía feliz. Después de Londres, Australia y Egipto, seguía pensando que en otros lugares encontraría la respuesta a lo que me faltaba en España, que la solución era labrarme una nueva vida en otro lugar. Correr muy rápido hacia delante. Olvidarme de la ruptura con mi novio enfermo. Olvidarme de otro novio que tuve, años más tarde, y de cómo me estampaba contra la pared cuando algo le parecía mal.

Olvidarme de una carrera que no estaba cumpliendo con mis expectativas. Olvidarme de mis fallos. De mi miedo a estar sola. De mi ansiedad social. Moverme hasta que el movimiento borrase la herida. No mirar atrás.

En *Los Vagabundos del Dharma,* de Jack Kerouac, el protagonista quiere huir de su realidad para «encontrar la soledad perfecta y contemplar el vacío perfecto de mi mente y ser completamente neutral con respecto a todas y cada una de mis ideas. [...] esa era la única actividad decente que quedaba en el mundo».[14] Esta frase me perseguía, me buscaba entre los días monótonos de estudio y en los ratos libres del trabajo irrelevante que tenía durante los fines de semana. Sentía que solo perdiéndolo todo podría encontrar una solución a mis problemas; llegue a pesar que estaba caminando de puntillas por el desfiladero de la autodestrucción. Cuidado con este nihilismo, me decía.

Pero no, lo que sentía era esa emoción abrumadora que nos agarra a muchos del pescuezo cuando la adolescencia empieza a quedarse atrás y vislumbramos el comienzo de nuestra vida adulta. Lo que yo buscaba era una brújula que apuntase a mi razón de ser, el motivo por el cual estaba viva. Me sentía perdida y creía, en mi inocencia, que solo podría encontrar esa meta esquiva si era capaz de empezar de nuevo.

Kerouac, en su vida y también en sus novelas, se movía huyendo de lo conocido y, sobre todo, alejándose

(14) Kerouac, Jack, *Los vagabundos del Dharma*, trad. de Mariano Antolín Rato, Anagrama, Barcelona, 2022, p. 76.

de quien era en esa cotidianeidad. Luchaba contra el FOMO mucho antes de que la palabra existiera, y su antídoto ante la falta de pertenencia era encontrarse a sí mismo en otras circunstancias.

Esa es, quizá, una de las virtudes del movimiento: en otro lugar, con otro paisaje y otro contexto, logramos olvidar por un instante las fechas de entrega, los problemas familiares, las expectativas ajenas. La bombilla del baño que hay que cambiar y la lista de tareas y compromisos que nos esperan en casa. El viaje se convierte entonces en una *tabula rasa*, un lienzo en blanco donde las preocupaciones cotidianas se disuelven. En ese nuevo entorno, lejos de las exigencias del día a día, podemos redescubrirnos y desempolvar, o incluso esculpir, una nueva versión de nosotros mismos.

Yo lo intenté, pero salió mal. Después de varias idas y venidas, a los veinticuatro años me mudé a Estados Unidos buscando construir una nueva vida. Pero, como era de esperar, el fantasma de los miedos que intentaba esconder bajo la alfombra nunca se llegó a esfumar. Me observaba de reojo, recordándome que en mi país aún tenía asuntos pendientes y que, tarde o temprano, tendría que enfrentarme a ellos. La huida y el miedo, esos viejos compañeros de fechorías en el gran enredo de la vida.

Para el filósofo francés Albert Camus este último es uno de los principales motores del viajero. Pese a que él mismo no fue un trotamundos, afirmaba que los desplazamientos por placer son una ilusión y que hasta el explorador más experimentado oculta un deseo instintivo de regresar a la protección de las viejas costumbres, la cotidianeidad y lo familiar. Por eso, decía, buscamos en otros lugares los mismos escenarios que en casa; los mismos cafés, las mismas rutinas, las mismas certezas. Por ejemplo, estamos en Japón y vamos a comer a un McDonald's porque confiamos en que, tras sus puertas, encontraremos un sabor reconocible, un vestigio de la comodidad del hogar. Para Camus, aunque pasemos media vida lejos de casa, seguimos llevando dentro un terror profundo a lo desconocido.

El pintor posimpresionista Paul Gauguin, célebre por sus escenas cotidianas de la vida en la Polinesia Francesa, llegó mucho más lejos que Camus en sus viajes. Sin embargo, en sus últimos momentos debió de sentir la misma añoranza de la que hablaba el filósofo. El sol se alzaba sobre el horizonte de Atuona, en las islas Marquesas, cuando hallaron su cuerpo sin vida junto a una botella de láudano. En el caballete, que imagino colocado justo a la altura de sus ojos, descansaba *La bendición de los bueyes* (también conocida como *Noche de Navidad*), una escena invernal bretona, teñida de azules y grises, donde varias figuras avanzan con sus animales en una procesión melancólica sobre la nieve.

La frialdad de la imagen contrasta con los lienzos tropicales plagados de mujeres semidesnudas que el artista pintó durante su estancia en la Polinesia y que hoy constituyen la parte más celebrada de su obra. Es poco probable que trabajara en aquel cuadro durante sus últimas horas —de hecho, los historiadores especulan que lo había terminado en 1898, casi cinco años antes—, pero me gusta pensar que Gaugin, presintiendo su muerte, situó el cuadro a la altura de sus ojos para poder contemplar un último resquicio de su Francia natal antes de pasar al otro lado. Tal vez fue su manera de aferrarse a ese deseo instintivo de regresar a la protección de las viejas costumbres, la cotidianeidad y lo familiar de la que hablaba el filósofo francés.

Camus es el viajero que, después de alcanzar el destino, sueña con volver. Kerouac, por otra parte, buscaba en lo extraño una manera de reinventarse a sí mismo, alejarse de las convenciones de su tiempo y construirse de nuevo en un lugar donde no le persiguiese su pasado.

El conformista y el disidente. El que regresa y el que no puede detenerse.

Suelen presentarse como antagonistas, pero a mi parecer estos arquetipos son las dos caras de un mismo impulso. El viaje es huida y búsqueda a partes iguales; nos mueve el deseo de conocer, pero también la fuga hacia delante. El miedo a perdernos algo, las expectativas, la inercia y la idealización facilitan la tarea de buscar en otros lugares lo que pensamos que no existe en casa. Sí, viajamos porque queremos ver mundo, pero también ansiamos curar heridas y llenar carencias. Como escribió el escritor Martín Caparrós, «viajar es, por supuesto, la confesión de una impotencia: ir a buscar lo que te falta en otros lugares».[15]

En esta carrera sin fin intentamos llegar a lugares cada vez más lejanos. Los proyectos del empresario

(15) Martín Caparrós, *Una luna*, Anagrama, Barcelona, 2009, p. 16.

Elon Musk, con SpaceX a la cabeza, son un ejemplo contemporáneo de esta necesidad de expandir los límites de lo conocido. Los satélites cartografían la Tierra con una precisión que ya no deja espacio para la imaginación y el impulso exploratorio que antes nos empujaba hacia lo desconocido se proyecta ahora hacia el cosmos. ¿Cómo sería la vida más allá de nuestro planeta?

El objetivo de Musk de colonizar Marte y hacer del ser humano una especie multiplanetaria refleja una mezcla compleja de innovación, ego y anhelo de trascendencia. ¿No es acaso el mismo espíritu que impulsó los viajes de la Ilustración? Lo intangible y lo onírico se transforman, a golpe de dinero y ambición, en algo potencialmente alcanzable. Jugar a ser Dios, querer llegar donde nunca nadie ha llegado. Búsqueda, sí, pero también fuga. Porque todos los viajes, incluso los que miran hacia las estrellas, nacen del mismo impulso: escapar de lo conocido para acercarnos a lo que aún no entendemos.

Si los mapas nos ayudaron a dominar el mundo, los viajes nos obligan a admitir que ese dominio es una ilusión. Podemos medir las distancias, pero no controlar lo que ocurre cuando las recorremos. Al final, la historia se repite. Con otras articulaciones y otros medios, pero siempre en la misma dirección. El doble filo de la huida es que el viajero pronto se dará cuenta de que la insatisfacción está en sí mismo y le acompañará independientemente del lugar adonde vaya. Esta es una de las lecciones más valiosas que se aprenden en la carretera; son los peligros internos, esos lestrigones y cíclopes de los que hablaba Kafavis, los que nos lastran y bloquean, los que hacen que rechacemos la llamada.

Conozco a pocas personas que no se hayan encontrado, tarde o temprano, con la travesía del desierto de Campbell, esa etapa en la que uno casi renuncia a su trayecto. También creo, ferozmente, que uno de los aprendizajes más grandes de la vida es asumir que todo cambio conlleva un coste y que debemos estar dispuestos a pagarlo llegado el momento. Sería ingenuo, e incluso hipócrita, meterse en líos sin asumir que, a veces, estos tienen consecuencias. Pero igual de absurdo es quedarse quieto pensando que así se evita el peligro. La vida está para saborear platos desconocidos en restaurantes de mala muerte, para abrir los ojos en mitad de la noche y escuchar cómo la lluvia golpea el tejado de la casa donde duermes. Está para llenar el suelo de una pensión barata de insecticida y respirar el aire viciado de un avión en marcha.

Hoy desconfío de las guías de viaje, herederas del *Grand Tour*, y de sus listas llenas de certezas. No quiero moverme por el mundo con la cabeza atiborrada de ideas previas, como si cada lugar tuviera una receta exacta para ser vivido. Pretendiendo saber qué es lo mejor que puedo hacer en cada destino, dónde debería dormir o qué restaurantes tengo que probar. Y si algún día voy a París y me pierdo la Torre Eiffel o paso por China sin ver la Gran Muralla, será porque estaba tan inmersa en la experiencia y tan pendiente del presente que el espectáculo quedó relegado a un segundo plano, quizá a favor de quedarme leyendo tranquilamente en un bar.

En aquel baño diminuto, sosteniendo el poema de Kavafis mientras lloraba, comprendí que siempre encontraría excusas para no hacer aquello que me daba miedo y me prometí a mí misma que, a partir de entonces, me permitiría dar el primer paso, por muy aterrorizada que estuviese. Resistir la primera embestida, refrenar el impulso de huir y decidir después —desde la conciencia, no desde el miedo— cuál sería el siguiente movimiento. Apostar.

Muchos años más tarde entendí que dar ese salto de fe, aunque el resultado no coincidiera con mis expectativas, siempre era positivo, porque me demostraba a mí misma que podía hacerlo. Que tenía la fuerza. Comprendí que lo que me pasa está fuera de mi control, pero lo que hago con lo que me pasa, es mi decisión.

Al final también entendí que los grandes cambios que viví en esos primeros viajes no tenían tanto que ver con la distancia recorrida como con la decisión consciente de enfrentarme a lo que me aterrorizaba. Quizá por eso me conmovió tanto leer a Robert Louis Stevenson, que también comprendía el viaje no como una meta, sino como un modo de estar en el mundo. Autor de *La isla del tesoro* (1883) y explorador empedernido, escribió que no viajaba para llegar a ninguna parte: «Lo más grande del asunto es moverse, experimentar de cerca las necesidades y complicaciones de la vida; salirse de ese colchón de plumas de la civilización y encontrar bajo los pies el granito del globo, con cortantes esquirlas».[16] Esa frase siempre me ha parecido una declaración de humildad frente al viaje. Un recordatorio de que en ocasiones nos desplazamos solo para sentir el peso del lugar que pisamos. El sitio donde nos situamos. Tal vez todos los trayectos comiencen con una huida y terminen con un regreso, pero entre ambos extremos aprendemos a mirar con más calma, a habitar lo que nos toca y a reconocernos, por fin, en el movimiento. También, en ocasiones, acabamos entendiendo que la belleza y la herida suelen compartir el mismo suelo.

Yo sigo buscando y sigo huyendo, pero la diferencia con aquella niña que lloraba en los aviones es que ahora decido caminar sobre las esquirlas que Stevenson menciona. No porque haya dejado de tener miedo, sino porque aprender a convivir con él me hace mucho más fuerte. A veces basta con quitarle la sábana al fantasma para descubrir que debajo no había nada.

(16) Robert Louis Stevenson, *Viaje con una burra por los montes de Cévennes*, trad. de Héctor Silva, Baile del Sol, Santa Cruz de Tenerife, 2015.

4
LOS VIAJES Y LOS OTROS

Hay casualidades que te cambian la vida. Eventos fortuitos que parece que ya estaban acordados de antemano y encuentros que, en una suerte de efecto dominó, te llevan a lugares insospechados. No creo que estemos predestinados a hacer nada concreto en esta vida, pero cuando tengo la suerte de presenciar uno de estos instantes de serendipia, me aferro a él como si fuese un secreto que el mundo me confiara por error. Algo que, si me despisto, desaparecerá en menos de lo que dura un parpadeo. Por este mismo motivo, detesto cuando en un espectáculo de magia alguien intenta descubrir el truco. Prefiero pensar que no lo hay. *I choose to believe.* Si la vida es un juego, yo no quiero conocer las reglas. Lo que busco realmente es dejarme llevar. Agarrarme al enigma de lo imprevisible, sin hacer preguntas.

Claro que solo es posible apreciar los efectos del sortilegio en retrospectiva, cuando eres capaz de decirte a ti misma «si no hubiese sido porque me encontré a unos chicos desconocidos en aquel aeropuerto, con los que por algún motivo decidí entablar conversación, jamás habría hecho el viaje gracias al cual acabé conociendo a mi pareja». Como si el tejido del universo, de vez en cuando, te hiciese un regalo. La vida está llena de estos momentos y es la suerte, o la disposición a estar abierto a ella, lo que hace que seas capaz de desvelar un misterio que podría transformar tu realidad.

Cuando siento una de estas pulsiones, la sigo con los ojos cerrados y me dejo arrastrar por la corriente. La gran mayoría de las veces acabo en un callejón sin salida, pero, de vez en cuando, las migas de pan conducen a un tesoro inesperado. Así fue como conocí a mi mejor amiga. Hace muchos años, encontré la web de una empresa española que anunciaba sus servicios como productora de películas de realidad virtual. Me gustó el diseño y las palabras que usaban para describir lo que hacían, así que les escribí a través de las redes sociales, como quien lanza un mensaje en una botella, para decirles que si en algún momento tenían algún proyecto en el que mi perfil les encajase, contasen conmigo. Me contestaron diciendo que no tenían nada que ofrecerme a nivel laboral, pero que su CEO acababa de mudarse a Los Ángeles, donde yo estaba viviendo en ese momento. Cenamos juntos, me enseñó su trabajo y, aunque me pareció fantástico, aquella amistad, en aquel momento, no cuajó. Unas semanas más tarde yo celebré una fiesta en casa y me propuse invitar a todo el mundo que había conocido durante el año que llevaba viviendo en Estados Unidos. Entre las personas que acudieron estaba el chico de la empresa, Nico, y otra compañera, la misma que había contestado a mi mensaje en un primer momento. Esa chica, Carolina, se convertiría en una de las personas más importantes de mi vida, mi cómplice de aventuras en decenas de viajes. Lo más parecido que tengo a una hermana.

Unos años antes alguien me había regalado el libro *Ponche de ácido lisérgico* (1997) de Tom Wolfe. No recuerdo el momento concreto y, como por aquel entonces todavía no obligaba a mis amigos a escribir dedicatorias, tampoco tengo claro quién me lo dio. De lo que sí estoy segura es que estuvo rondando por mi casa durante mucho tiempo hasta que un día me animé a abrirlo. Sería poco después de haber devorado *Los vagabundos del Dharma*, porque ya conocía a Ginsberg, a Cassady y a Burroughs, y estaba entusiasmada con saber todo lo que pudiese sobre los *beatniks* y ese momento tan especial de la historia norteamericana, lleno de ansias de libertad y experimentación.

En *Ponche de ácido lisérgico*, Wolfe narra las aventuras reales de un grupo de jóvenes que, influenciados por los *beatniks* y la exploración con sustancias psicotrópicas, se embarcan en un viaje iniciático a través de Estados Unidos durante los años sesenta. Liderados por Ken Kesey —autor de *Alguien voló sobre el nido del cuco* (1962) y una figura muy relevante dentro de la cultura psicodélica—, compraron un autobús escolar que transformaron en una obra de arte en movimiento. El vehículo terminó convirtiéndose en un centro neurálgico de eventos, conciertos y *performances* artísticas desde el cual sus integrantes buscaban una conexión más profunda consigo mismos y con el universo. En él viajaron Neal Cassady, la famosa banda de *folk rock* Grateful Dead y, por supuesto, el mismísimo Wolfe. Se hacían llamar los *Merry Pranksters* («Alegres bromistas») y su mayor obsesión era hacer de la vida un juego y, del trayecto, una excusa para la creación. Wolfe captura estos momentos de revelación y euforia, al tiempo que plantea preguntas sobre el impacto de la contracultura *hippie* en una era marcada por la guerra de Vietnam, los reclutamientos forzosos y el Movimiento por los Derechos Civiles de grupos históricamente oprimidos. No es casual que muchos de los asistentes a los eventos que organizaban fuesen jóvenes en edad de ser llamados a filas, algunos de ellos desertores o abiertamente críticos con el conflicto. Al mismo tiempo, el autor muestra sus ambigüedades: mientras los líderes afroamericanos organizan boicots y marchas contra la segregación racial, los *Merry Pranksters* permanecen deliberadamente ajenos a las protestas, dejando entrever los límites de una revolución más centrada en la transformación individual que en el cambio estructural. Wolfe sugiere que su ruptura con las convenciones sociales no constituye solo una forma de escapismo, sino el intento —a veces ingenuo— de experimentar una forma de vida más significativa, alejada de un mundo que no representaba su manera de concebir la realidad.

Kerouac y Wolfe —al igual que la persona que, inocentemente, me regaló su libro— sembraron en mí una afinidad abstracta por los viajes en coche, mucho antes siquiera de que aprendiese a conducir. Ellos fueron, en parte, los culpables de que acabara mudándome a una furgoneta los últimos años que viví en Estados Unidos. Lo que empezó como un experimento temporal terminó convirtiéndose en una forma de vida a tiempo completo. Me despedí de mis compañeros de piso y me lancé, como Kerouac y los *Merry Pranksters*, a la carretera.

Cuando vives en una furgoneta, hay poco que realmente dependa de ti. Estás a merced de los elementos. Con un aislamiento térmico nulo, vivir en un coche puede volverse peligroso según el lugar y la estación. Yo me movía con el clima, como un ave migratoria. En verano subía hacia los estados del norte —Montana, Idaho y Washington— y, cuando el frío empezaba a asomar, me instalaba en el sur, casi siempre en California, aunque también en Utah o Arizona.

Aun así, más de una vez me vi atrapada en la ventisca de un puerto de montaña. Tuve que dejar la furgoneta detenida a un lado de la autopista, envuelta en un granizo demoledor y sin apenas visibilidad, mientras sonaba de fondo la alarma postapocalíptica que advierte a los vecinos de la llegada de un tornado. En esos momentos, solo quedaba rezar y esperar, con un sentimiento de vulnerabilidad que rara vez se experimenta entre cuatro paredes. Cuando estás aislada en una cueva de diez metros cuadrados que se tambalea, eres capaz de temer esa naturaleza, terrible e indómita, sobre la que hablaban los románticos, pero cuyas consecuencias, en la vida urbana, casi nunca se llegan a sentir.

De alguna manera, vivir así era una regresión a lo más básico; el refugio del útero materno, pequeño e inexpugnable, o los recovecos en las rocas donde nuestros ancestros aguardaban a que la tormenta amainara y los depredadores se alejaran. Los ritmos biológicos marcaban el compás de la jornada: me levantaba con el amanecer y apenas resistía un par de horas despierta después de que cayese el sol, con aquel espacio mínimo iluminando gracias a un par de bombillas alimentadas por una batería externa. Intentaba trabajar en la cama, hasta que la noche y el sueño ganaban la partida. Nunca me he sentido tan en sintonía con mi cuerpo como entonces. Todo parecía suceder siguiendo las directrices de un secreto que los míos habían olvidado hace mucho tiempo, un plan indescifrable, profundo e instintivo con el que raramente conectaba cuando tenía casa.

Tareas que antes me resultaban mecánicas ahora eran las metas de mi cotidianidad: encontrar un sitio seguro para pasar la noche, buscar duchas o baños públicos, conseguir agua, fregar los platos o dar con un espacio donde cargar el ordenador y poder trabajar en remoto. Me saqué un pase anual para acceder a los parques nacionales y procuraba pasar allí la mayor parte del tiempo, aunque también hice un repositorio infinito de cafeterías con enchufes que me permitiesen tener una conexión con ese otro mundo, el de los horarios, los correos y las fechas de entrega que tenía que cumplir si quería sostener mi estilo de vida. Sí, estaba a merced de los elementos, aunque también más alineada que nunca con una sensación de libertad que me hacía profundamente feliz.

Cuando se habla de esa comunión con el aquí y el ahora, suele asumirse que el individuo, aislado e introspectivo, debe retirarse del mundo cual lobo solitario para alcanzar ciertas revelaciones. Henry David Thoreau, en su obra *Walden* (1854), nos hace creer que nadie le acompañó durante su estancia en la cabaña que construyó junto al estanque de Walden, en Massachusetts. En el libro defiende los beneficios de una vida sencilla, la autosuficiencia y la conexión con la naturaleza, rechazando el bullicio de lo urbano mientras reflexiona sobre la sociedad y el sentido de la existencia. Sin embargo, aunque la historia de Thoureau se toma como ejemplo al hablar de los retiros en soledad, su estancia nunca constituyó un aislamiento total: la cabaña se encontraba a apenas dos millas del pueblo de Concord, donde acudía con frecuencia para comprar alimentos y socializar, y su madre le visitaba cada semana para lavarle la ropa.

La realidad es que no siempre estuve sola. A veces, algún amigo se sumaba a una parte del trayecto y compartíamos un par de semanas explorando zonas del país sobre las que apenas sabíamos nada. En ocasiones, me proponía cumplir una meta difusa: «¡Sigamos el mismo itinerario que los personajes de la película *Easy Rider*!»,[1] «¡Tratemos de llegar a este festival de *blues* en Nueva

(1) *Easy Rider* (Dennis Hopper, 1969) narra el viaje en moto de Wyatt y Billy hacia Nueva Orleans; en el trayecto atraviesan comunas, carreteras secundarias y pueblos donde el ideal de libertad choca con la violencia y el rechazo que esa idea despierta en la Norteamérica profunda.

Orleans!», y otras personas se iban uniendo a la aventura por el camino; autostopistas, desconocidos que me ofrecían un sofá para dormir o un trozo de jardín donde aparcar. Cada cierto tiempo, hacía una pausa más larga en alguna ciudad rural; buscaba alojamiento a través de Couchsurfing —una plataforma que conecta a viajeros con personas que ofrecen alojamiento gratuito en sus casas— y aprovechaba para dormir en una cama, conectarme a internet, ducharme con agua caliente y, sobre todo, descansar.

Muchas personas me ayudaron, de mil maneras posibles a que pudiese llevar a buen puerto mi tímida búsqueda de libertad. La furgoneta era, en sí misma, un imán. Pintada de color azul profundo y decorada con la cara de Jimi Hendrix, por un lado, y una paloma y un símbolo de la paz, por el otro, cualquier persona que estuviese alineada con el movimiento *hippie* venía automáticamente a saludar, a preguntarme qué tal iba la cosa y, en muchos casos, a ofrecerme comida, compañía o consejo. Se sorprendían al encontrar a una chica joven y extranjera en mitad de, qué sé yo, Missouri. O Kansas. Algunos, temiendo por mi seguridad, me enseñaban a reconocer el mejor lugar para aparcar por las noches o cómo encontrar baños públicos que no estuviesen muy concurridos.

Al igual que hay aliados, también hay enemigos. No encontré demasiados problemas en mis viajes, pero de vez en cuando algún vecino desconfiado llamaba a la policía para denunciar que había una furgoneta sospechosa aparcada frente a su casa. Los agentes aparecían, tocaban a la puerta y me pedían que me moviera o me escoltaban hasta otro lugar. Una vez, en mitad de la nada y ya casi anocheciendo, aparqué sin querer en un campo de tiro. Me desperté al día siguiente con el estruendo de las balas cortando el aire. El hombre que estaba practicando, con gorra, gafas de sol y unas orejeras enormes, se había puesto lo suficientemente lejos como para que su presencia no resultase una amenaza, pero lo suficientemente cerca como para darme el susto de mi vida. Al salir, me di cuenta de que el suelo estaba cubierto por una alfombra de casquillos.

En otra ocasión, mientras Carolina y yo nos preparábamos para dormir en un aparcamiento desolado a las afueras de un pueblo, una familia de ciervos se acercó a curiosear alrededor de la furgoneta, rozando con sus hocicos húmedos las ventanas tintadas. Estábamos en silencio, hipnotizadas por la escena, cuando un hombre apareció corriendo, subió a un coche y arrancó derrapando con violencia, dejando tras de sí olor a goma quemada. Todavía nos preguntamos si era un forajido, o simplemente alguien que había tenido un muy mal día. Un par de horas después, la policía local nos despertó para advertirnos de que aquella zona no era segura. Con los ojos aún medio cerrados y Carolina dormida en la parte trasera, puse en marcha el motor, me despedí de nuestros amigos los ciervos y del misterio de aquel conductor apresurado y seguí al coche patrulla hasta el aparcamiento de un Walmart, donde nos dieron permiso para pasar la noche. Bajo las farolas de luz blanca que nos iluminaban como si estuviésemos a punto de ser abducidas por un ovni, pensé en lo paradójico de la situación. Para aquellos dos agentes, la seguridad estaba en el asfalto, no en la intemperie. El paisaje contra el neón. De nuevo, era en la oscuridad de la naturaleza indómita donde se ocultaban los peligros, mientras que el aparcamiento iluminado de este gran centro comercial se convertía en un ejemplo de seguridad. No nos dimos cuenta de cuándo amaneció porque las luces de las farolas que estuvieron encendidas toda la noche eran tan potentes que parecían el sol.

Cuando estás lejos de la comodidad del hogar y la previsibilidad de la rutina, es fácil empezar a percibir tu vida como una narración. El día a día se vuelve tan distinto de la otra realidad de la que un día participaste que cualquier experiencia adquiere un potencial de ficción importante. En esa construcción constante de microrrelatos hay un tipo de personajes que siempre me ha fascinado. Son aquellos que no tienen una especial relevancia en la historia, pero cuya presencia cambia por completo el rumbo de los acontecimientos. En la teoría narrativa se los conoce como personajes catalizadores y son aquellos encargados de introducir un conflicto, una revelación o un cambio significativo en la trama. Sí, hay casualidades que te cambian la vida.

Había decidido ir a Rusia muchos meses antes. Mi amigo Aníbal me propuso acompañarle hasta el Ártico para conocer a los últimos pastores nómadas que viven en la tundra siberiana: los nenets. Este grupo étnico se traslada periódicamente en busca de pasto para sus renos, en migraciones tan vastas como el paisaje que los rodea, desmontando por completo sus viviendas y desplazándose en trineos tirados por los animales. Encontrarlos no es fácil. Tampoco llegar hasta allí. Las temperaturas descienden hasta los cuarenta grados bajo cero y la nieve, omnipresente, transforma el mundo en una extensión blanca y silenciosa. Dije que sí, inmediatamente.

Apenas unos días antes de partir, estalló la guerra. El conflicto se percibía entonces como una idea todavía abstracta, una disputa con antecedentes conocidos pero cuya verdadera dimensión nadie alcanzaba a anticipar. No imaginábamos hasta qué punto lo que parecía un episodio más dentro de una larga historia de tensiones entre Rusia y Ucrania iba a escalar, ni la violencia sostenida que acabaría desplegándose durante los siguientes años. Yo estaba en México con Carolina y, movida por una mezcla de determinación y ceguera, seguía decidida a continuar.

Minutos antes de embarcar en el primer avión, supe que los tramos finales de mi itinerario habían sido cancelados por las diferentes aerolíneas. Europa había cerrado el tráfico aéreo y cualquier ruta que quisiera llegar a territorio ruso debía desviarse por Asia Occidental. A esas alturas, solo quedaba un único vuelo operativo que me permitiese alcanzar el punto de encuentro, situado en una pequeña ciudad del norte de Rusia. Era un momento de incertidumbre y sabía que, aunque consiguiese entrar en el país, no había garantías de que a la hora de regresar las fronteras siguiesen abiertas. También me incomodaba pensar que mis dudas logísticas se superponían a una realidad mucho más grave que apenas empezábamos a comprender. En cualquier caso, me aguardaba una escala de cinco horas, durante la cual debía decidir si reservar ese último vuelo disponible o renunciar.

Me senté en el suelo del aeropuerto, rodeada por la mochila, el ordenador y unos abanicos de metal con los que había estado practicando malabares durante mi estancia en el país. La escena era absurda y yo me sentía exhausta, tanto física como mentalmente. Carolina, al tanto de todo, me llamó para convencerme de que me quedara en Madrid, el siguiente destino de mi itinerario. Empecé a dudar. Respiré hondo y me tumbé en el suelo, rendida ante la corriente. Mis ojos se quedaron enganchados a los de un chico que estaba sentado con sus amigos a unos metros de distancia. Él se levantó, se acercó hasta mí y me preguntó:

—¿Estás bien? Te he oído hablar... ¿Eres española?

Me senté con ellos a esperar el vuelo. Tres desconocidos matando el tiempo entre cafés fríos y conversaciones sencillas. Me preguntaron por los abanicos que colgaban de mi mochila. Les conté que acababa de pasar unas semanas en la casa de mi mejor amiga, cerca de una playa en Baja California.

—¿Y adónde vas ahora?

Yo no quería entrar en detalles, pero necesitaba consejo y las palabras salieron solas. Les hablé de los nenets, de un itinerario que se deshacía tramo a tramo, del conflicto que parecía empezar a tomar forma y de mis amigos preocupados. Les confesé que ya no sabía si seguir adelante o quedarme en Madrid. Cada vez veía menos sentido a la situación. Probablemente también me cancelarían el vuelo nuevo y me quedaría varada en cualquiera de las otras escalas que tenía por delante. Estambul, puede que Moscú. Aquellos chicos me miraron con los ojos muy abiertos, probablemente sopesando si la historia enrevesada que acababa de contarles era o no verdadera.

—Tienes que ir —dijo uno de ellos.

—¿Qué? —pregunté.

—Si no vas, esto se te va a quedar dando vueltas durante años y, además, llegados a este punto, nos tienes que contar cómo acaba.

Gracias a su apoyo durante esa breve conversación, compré el nuevo billete que, contra todo pronóstico, no me cancelaron. Cuatro días y cinco aviones después, llegué a Salejard, Rusia, para vivir una experiencia que me cambió la vida. Nunca volví a saber nada de aquellos chicos, pero algún tiempo después, en un evento, otra persona salida de la nada se acercó a saludarme. Me dijo que él también había estado, no solo en la misma comunidad nenet que yo había visitado, sino, además, alojado con la misma familia que me había acogido durante mi estancia.

De los treinta y cinco mil nenets que viven en la península de Yamal y los apenas cien españoles que los habrán visitado en los últimos años, las posibilidades de que se diese esa coincidencia eran casi nulas. Sin embargo, allí estaba él, sonriendo como si el universo acabara de guiñarnos un ojo. Nos reímos de la improbabilidad del encuentro y hablamos del azar y de las casualidades que a veces nos regala la vida. Intercambiamos nuestros teléfonos y seguimos charlando, de viajes y de nuestras vidas, cada vez más a menudo. Finalmente, un año después de aquel incierto viaje a Rusia, Luis se convirtió en mi pareja. Espero que alguno de los chicos que me convencieron de continuar mi viaje lea esto y sepa así cómo terminó la historia.

Una de las cosas más hermosas de viajar es que, al sacarte de tu rutina, también te abre la puerta al encuentro. Se despliegan una serie de conexiones que, de otras maneras, serían prácticamente imposibles de alcanzar. A veces ese vínculo cambia el rumbo de una vida; otras, apenas deja huella, pero en todos los casos la presencia de los otros nos obliga a salir de lo conocido.

Viajar implica exponerse al mundo, uno que no es estático ni bidimensional, como muchas veces nos hacen creer las postales, las fotografías y los documentales. En esas superficies planas, la presencia local queda reducida a un punto más dentro de la lista de cosas que hay que visitar. O bien se valoran los resultados de sus actos —un edificio bellamente construido, un tipo de cerámica de la zona, un instrumento típico del lugar— o se destacan las particularidades de sus grupos étnicos: mujeres con el labio inferior dilatado por una pieza de barro o un chamán luciendo un tocado de plumas.

Pero nuestro planeta está lleno de personas: seres de carne y hueso que hablan, duermen, comen y se mueven. Por eso, mientras nos cuestionamos a nosotros mismos y tratamos de entender qué buscamos o qué queremos conseguir durante nuestro viaje, también tendremos que aprender a leer los movimientos, los silencios y las maneras de estar de quienes nos rodean. Descifrar la mejor manera de vincularnos con la gente del lugar que estamos visitando; unas personas que, en muchas ocasiones, poseerán cosmovisiones radicalmente distintas a la nuestra. A veces, esa diferencia se manifiesta en gestos cotidianos, como la costumbre de no sonreír en las fotografías; otras, en escenas que nos sacuden hasta los cimientos y nos obligan a mirar de nuevo nuestra propia normalidad.

Diría que la primera vez que vi cómo sacrificaban a un animal fue en Tanzania. Sujetaron la cabra entre dos hombres y, rápidamente, su sangre fluía como una cascada de granadas sobre el cuenco que le habían puesto debajo del cuello. Todo ocurrió con tanta naturalidad que tuve que pensarlo dos veces antes de comprender lo que acababa de suceder; antes de ser consciente de que esa vida se había extinguido en apenas un suspiro. A la cabra la mataron para ofrecernos un banquete, un gesto de generosidad por parte de la comunidad con la que convivíamos aquellos días. Yo, que he nacido y crecido en una ciudad donde el contacto con la realidad de la carne que consumimos es lejano, no fui capaz de probarla. En mi mundo, las matanzas ocurrían en otros lugares, sitios a los que nunca antes había tenido acceso.

También sacrificaron un par de búfalos en aquel funeral al que fuimos invitados mientras estábamos en Indonesia, aunque el rito había tenido lugar antes de nuestra llegada. Estábamos en la región montañosa de Tana Toraja, donde la muerte no se entiende como un final, sino como el inicio de un tránsito más amplio. Allí, los funerales son celebraciones multitudinarias, días enteros de música, cánticos y banquetes en un ambiente festivo. Para los torajas, ese es el evento social más importante de toda su vida, muy por encima de los nacimientos y las bodas.

Durante años —a veces, durante décadas—, las familias ahorran para poder rendir el homenaje que su ser querido merece. Morir sin una celebración en tu honor es considerado un tabú. De hecho, lo peor que le puede suceder a un toraja es que su funeral no sea una fiesta. Por eso, construyen casas ornamentadas, encargan tallas de madera y crían búfalos de una belleza descomunal, con cuernos tan largos que parecen espirales de hueso.

Si una familia no dispone de medios suficientes, el cuerpo del fallecido es embalsamado y permanece en la casa durante meses o incluso años. Convive con los suyos como si aún estuviera vivo: se le ofrecen cigarrillos, tentempiés e incluso se le acomoda para dormir cada noche. Las momias son consideradas *sick people* («personas enfermas») pero no difuntos, al menos, hasta que hayan podido celebrarse los ritos de paso adecuados.

A los extranjeros no solo se les permite asistir a los funerales, sino que se los invita expresamente a participar. Se los recibe con comida, se los sienta junto a los familiares, se los incluye en los cantos y en los festejos. Lo que en nuestra cultura sería visto como una transgresión o una falta de respeto, en la suya es un signo de honor, una muestra de la generosidad de la familia y del poder del fallecido. Los funerales torajas no son silenciosos ni contenidos: aunque haya tristeza, la fiesta debe salir bien, porque de ello depende que el espíritu cruce al otro lado libre de ataduras terrenales.

Entre los animales sacrificados, los búfalos ocupan el lugar más alto. Deben ser los más grandes, los más fuertes y los más bellos; cuanto más excepcionales, más digno y próspero será el viaje del alma hacia *Puya*, el más allá, pues los animales actúan como ofrendas y acompañantes, símbolos de estatus y devoción. Su carne se reparte entre los vecinos y familiares, para que todos sean partícipes de la celebración.

Aunque estas prácticas puedan parecernos lejanas, hay algo universal en la necesidad humana de otorgar sentido a lo que nos rodea. Cambian los ritos, las formas y los símbolos, pero todos buscamos lo mismo: trascender lo inmediato, mantener un hilo que nos une a los nuestros y al territorio que habitamos. Resulta revelador comprobar lo distante que puede parecer, desde Occidente y desde el entorno en el que yo he crecido, aquello que en otros lugares forma parte de la cotidianeidad. Es la alteridad en su estado más puro: la distancia que separa nuestra idea de normalidad de las innumerables normalidades que existen.

Quizá por eso, cuando tiempo después me encontré bajo un sol abrasador, entre columnas de humo y polvo, recordé a los torajas y su devoción por los búfalos. Estaba en Sudán del Sur, conviviendo con la comunidad mundari, un pueblo conocido por la relación casi sagrada que mantiene con su ganado. Su vínculo es tan estrecho que pronto comprendí que, para ellos, nombrar un animal es nombrar el mundo.

Las enormes vacas que poseen son un símbolo de poder y estatus social. En casos extremos son consideradas hasta más importantes que los propios niños. Era mi segunda vez en el país y los mundaris siempre me habían acogido con los brazos abiertos, por lo que decidí pasar unos días en uno de sus *cattle camps* —campamentos móviles desde donde los hombres y mujeres jóvenes sacan a pastar a su ganado— para conocer más sobre sus costumbres y practicar las pocas palabras que sé decir en su dialecto.

La dinámica era sencilla. Cada mañana me sentaba en una de las sillas de plástico destartaladas que descansaban bajo la sombra de unos árboles, cerca del lugar donde los mundaris comen, duermen y atan sus vacas durante la noche. Poco a poco, las otras sillas se iban ocupando con miembros de la tribu, curiosos por mi presencia. Entonces recitaba las cuatro frases que me había aprendido de memoria —«Buenos días, estoy aquí porque quiero aprender vuestra lengua»— y, acto seguido, señalaba algo del entorno: el suelo, un arbusto, uno de los animales. Decía la palabra en inglés y esperaba. Con un poco de suerte, alguien comprendía lo que estaba tratando de conseguir y me ofrecía la traducción directa. Si eso ocurría, yo apuntaba rápidamente la transcripción fonética en mi cuaderno de campo.

El intercambio funcionaba bien con ideas simples —partes del cuerpo, alimentos, objetos cotidianos—, pero se volvía confuso en cuanto rozábamos conceptos más abstractos: parentesco, oficios, estados civiles. Un día, aprovechando la visita de un joven que hablaba inglés con cierta soltura, le pedí que me ayudara con una duda que me rondaba desde hacía tiempo: los colores. Gracias a él logré aprender los nombres de los tonos más básicos y, siguiendo el mismo método de apuntar con el dedo y esperar, fuimos avanzando poco a poco.

Señalaba la tierra y mi café oscuro y alguien gritaba: «¡Marrón!». Después al cielo y otro replicaba: «¡Azul!». Luego, una hoja verde, una flor pálida de mango y los colores de la bandera del país, que llevaba bordados en una muñequera. Durante unos minutos, el mundo se convirtió en una especie de bingo cromático, un juego de voces pronunciadas con giros enrevesados en la lengua. Yo las cazaba al vuelo, anotándolas diligentemente en mi cuaderno.

Entonces, al señalar la silla de plástico morada sobre la cual llevaba sentada ya unas cuantas horas, se hizo el silencio. Una pausa que duró los segundos necesarios como para comprobar que nadie sabía cómo nombrar ese color. *Purple*, dije yo en inglés. Los hombres empezaron a hablar entre ellos, primero en voz baja, a continuación, cada vez más alto, hasta que uno de ellos me ofreció la palabra en árabe. «No —insistí—, en mundari.» Silencio, otra vez. Fui a buscar al joven traductor y, tras una breve conversación, me explicó lo que estaba pasando:

—Esa palabra no existe —me dijo—. No tenemos morado.

La afirmación era absurda, incongruente. Me sentí como quien entra en una tienda y es recibido por un cartel que indica la falta de *stock*: «Hoy no hay pan», «No tenemos leche». Solo que aquí estábamos hablando de una realidad comprobable a nivel empírico. Los colores no son un producto que se agota. Existen o no existen. Y si no existen es porque no podemos percibirlos. Y si no podemos percibirlos, qué más da. «No tenemos morado» era una declaración de intenciones, la constatación de que aquel color no tenía lugar en el mundo de los mundaris.

Sin embargo, cuanto más miraba a mi alrededor, más sentido tenía. Nombramos lo que somos capaces de ver y, en aquel paisaje de polvo y matorrales, donde todo oscilaba entre los ocres, los amarillos y los sepias, no había nada que se pareciera al tono de mi silla. Una presencia ridícula en aquel mundo de hogueras, vacas gigantescas y tradiciones milenarias. La modernidad colándose, sigilosa. Casi obscena.

El chico me miraba, curioso ante mi desconcierto.

—Y, entonces, ¿cómo llamas a esto? — le pregunté, señalando mi asiento.

—Silla —respondió, encogiéndose de hombros.

—¿Y de qué color es? —insistí, como si jugara a un trabalenguas.

El chico sonrió, se encogió de hombros y se fue.

Esa tarde aprendí que varias de las traducciones que había anotado en mi cuaderno estaban equivocadas. Al parecer, los mundaris no utilizan una palabra genérica para definir los colores, sino un léxico vasto y detallado que describe las tonalidades del pelaje de sus vacas. *Mading* significa blanca con toques amarillos; *majúk*, blanca con manchas negras grandes en las orejas y alrededor de los ojos; *magúkh*, blanca con manchas grises amplias. Dedican decenas de términos a los cientos de matices de su preciado ganado, pero no poseen ni una sola palabra para nombrar el color morado.

Mi viaje siguió, pero mi mente se quedó atrapada en ese lugar. Me pasé los siguientes días observando con atención los tonos de las cosas que me rodeaban. Descubrí la infinita gama de amarillos de la tierra seca, el brillo dorado del polvo al caer la tarde, los azules que se oscurecen cuanto más se acercan a la línea del horizonte. Nunca me había sentido tan consciente de los colores, ni tan agradecida de poder discernir sus detalles.

Se ha dicho muchas veces que los inuits tienen más de cien palabras para designar la nieve. Aunque esa cifra es exagerada y existen múltiples dialectos, sí es cierto que poseen distintos términos para nombrar sus estados: *aput* es la nieve sobre el suelo, *qanik* la que cae y *piqsirpoq* es un verbo que describe la que se mueve arrastrada por el viento. Su lengua revela hasta qué punto ese elemento define su mundo. De hecho, en algunos relatos de su mitología, los animales que hoy en día pueblan la tierra fueron sacados de un agujero en el hielo por los primeros humanos. Una cuna del mundo húmeda, gélida y blanca.

Tampoco son los únicos en vincular paisaje, lenguaje y realidad. El pueblo chemehuevi o nüwüvi, nómadas nativoamericanos, componía melodías para recordar los sitios por los que tenían que pasar en sus rutas recurrentes por el desierto. Una canción no solo describía el lugar geográfico donde había que hacer un giro o vadear un accidente topográfico, sino que además cantar el recorrido reforzaba el vínculo con ese territorio y la legitimidad para aprovechar sus recursos. Las canciones se heredaban de padres a hijos y ser capaz de recordarlas y pasarlas a la siguiente generación era un auténtico honor. Lamentablemente, hoy en día muchas de estas canciones-camino se han perdido, junto con una gran parte de su memoria histórica, y las letras que se han mantenido presentan lagunas entre los distintos puntos del recorrido.

Creamos el mundo al nombrarlo, no porque la palabra lo haga existir, sino porque le da contorno, memoria y un uso compartido. Describimos aquello que ocupa un lugar central en nuestra experiencia. Para los chemehuevis, el territorio y su vinculación con lo espiritual; para los inuits, la sustancia que estructura su vida cotidiana, y para los mundaris, sus preciadas vacas.

En los viajes, el choque entre nuestro mundo y el de los otros se vuelve especialmente significativo. De hecho, en ocasiones es exactamente eso lo que buscamos al ir a un destino alejado de nuestra cotidianeidad. Al desplazarnos, confrontamos las normas tácitas —como la existencia de ciertos colores— o explícitas —como las leyes que gobiernan el sistema penal— que nos rodean en el día a día. Y, al hacerlo, descubrimos cuánto influyen estas reglas en nuestra propia identidad. Pensamos por contraste, como si observáramos un negativo fotográfico en el que somos obligados a observar los espacios vacíos, las ausencias, los huecos, las sombras. Solo así, contraponiendo nuestras certezas a las certezas de los demás, podemos ver lo que nos falta o lo que creíamos inamovible.

Nos atrae la alteridad porque nos revela la fragilidad de nuestras verdades. Descifrar una diferencia irreconciliable es un modo de aceptar que existe una realidad profundamente ajena tan válida como la nuestra. La percepción de esa incompatibilidad es también la toma de consciencia de un fuera de nosotros inalcanzable o alcanzable solo a medias (a través del estudio y la curiosidad).

Incluso los acuerdos más obvios, como definir quién es tu madre, de qué manera deberías medir el tiempo o qué significa un año, se desdibujan dependiendo de dónde te encuentres. Los mayas y los pueblos nahuas del centro de México medían su historia en ciclos de cincuenta y dos años y cada año estaba compuesto por dieciocho meses de veinte días, más un pequeño mes de cinco días, para ajustar el calendario. Pero no hay que bucear tanto en el pasado para encontrar otros ejemplos. Hoy, en Etiopía, los calendarios marcan el año 2018 y para los !kungs del desierto del Kalahari, la crianza es compartida hasta el punto de que varias mujeres pueden ocupar el lugar de la madre en la vida de un niño. El mundo es un caleidoscopio que cambia con cada mirada. Detrás de nuestro escenario hay otro y más allá hay otro más.

Mientras estudiaba el concepto de alteridad y los riesgos que implica al plantear un estudio etnográfico viable —proyectar nuestras propias categorías sobre los demás o dar por universales experiencias que en realidad son situadas—, uno de mis profesores me recomendó leer el relato «Shakespeare en la selva», de la antropóloga estadounidense Laura Bohannan. En él, la autora narra su experiencia entre los tivs de Nigeria, un pueblo con una rica tradición narrativa oral. Convencida de que ciertos temas son universales, Bohannan decide narrarles *Hamlet*, segura de que su argumento —la traición, la venganza, el amor filial— sería comprendido en cualquier lugar del mundo. Estaba segura de poder demostrar que hay temas que son comunes a toda la humanidad y que la historia de Shakespeare tiene una única interpretación posible, «universalmente obvia»,[2] en sus propias palabras.

No obstante, cuando comienza la narración, se da cuenta de que su entendimiento del relato está influenciado por su propio contexto cultural. Para los tivs, los fantasmas no existen y la aparición del difunto padre de

(2) Laura Bohannan, «Shakespeare en la selva», en Honorio M. Velasco (comp.), *Lecturas de antropología social y cultural: La cultura y las culturas*, UNED, Madrid, 1993, p. 2.

Hamlet solo podía ser un mal presagio enviado por un brujo enemigo. Tampoco entienden que el protagonista busque vengarse por sí mismo. La justicia, le explican, compete a los ancianos del clan. «Nadie puede usar la violencia contra parientes de más edad», le dicen. Cuando Bohannan, ya desesperada, trata de explicarles que en Occidente una viuda no suele casarse con el hermano del fallecido, ellos se escandalizan: ¿cómo podría una mujer labrar los campos o criar sola a sus hijos? Para ellos, la boda de Claudio y Gertrudis no es solo lógica, sino necesaria.[3]

Finalmente, los tivs concluyen que *Hamlet* cuenta la historia de un brujo que asesina a su hermana para vender en secreto su cuerpo a unos hechiceros oscuros. Bohannan se rinde, desconcertada ante el desenlace de su propósito inicial. No hay temas universales. Ni siquiera la manera en que entendemos la muerte. Ni siquiera la justicia. Ni siquiera el amor.

Si no hay denominadores comunes y las convicciones en las que creemos con tanta firmeza resultan ser apenas reflejos de nuestra educación o de nuestro entorno, solo nos queda abrazar la incertidumbre como quien ve el mundo por primera vez, asumiendo que no sabemos nada. Así viven los niños, en un estado de sorpresa constante, descubriendo poco a poco lo que los rodea. Todo es nuevo hasta que deja de serlo. Al ampliar nues-

(3) Laura Bohannan, «Shakespeare en la selva», en Honorio M. Velasco (comp.), *Lecturas de antropología social y cultural: La cultura y las culturas*, UNED, Madrid, 1993, pp. 3-5 y 7.

tras fronteras, aprendemos igualmente a dar por sentado aquello que un día nos asombró. Los ascensores dejan de ser cajas vibrantes que nos teletransportan a otros lugares y entendemos que nadie desaparece al esconder la cara tras las manos. El engaño se revela y buscamos otro horizonte un poco más lejos.

La meta, sin embargo, es difusa. Hay quienes pasarán su vida persiguiendo experiencias cada vez más remotas y quienes hallarán sosiego en la calma de lo cotidiano. Un transitar llano, sin grandes sobresaltos. Yo prefiero un punto intermedio. Hay una emoción difícil de describir, una embriaguez que me llena el estómago cuando pienso en la inmensa riqueza que existe en el mundo y en todo lo que aún me queda por aprender.

El arqueólogo y filósofo Victor Segalen llamó a ese sentimiento *exotismo*, en su *Ensayo sobre el exotismo*, un texto que dejó inacabado y que fue publicado póstumamente en 1955. Para él, solo podemos comprender mejor nuestra realidad sumergiéndonos en su diversidad, apreciando lo insólito, celebrando lo inesperado y alabando lo desconocido. Comprendiendo lo «diverso» como «todo lo que hasta hoy se llamó extranjero, insólito, inesperado, [...] misterioso, amoroso, sobrehumano, heroico»,[4] la sorprendente y fascinante, casi divina, diferencia con el otro. Esa es la alteridad en la que quiero hacer un nido y echarme a dormir. Eso sí, con los ojos abiertos, porque

(4) Víctor Segalen, *Ensayo sobre el exotismo: Una estética de lo diverso*, trad. de Martín Schifino, La Línea del Horizonte, Boadilla del Monte, Madrid, 2017, p. 108.

el espíritu de la Ilustración ya intentó alabar la diferencia y los resultados fueron, cuanto menos, cuestionables.

Durante el llamado Siglo de las Luces se quiso construir un inventario del mundo, un gran registro de pueblos, tradiciones y costumbres que pretendía reducir lo múltiple a una sola mirada. Clasificar para comprender, comprender para dominar. Hoy sabemos que ese afán clasificatorio no solo es imposible —los ritos cambian antes de que podamos registrarlos, las lenguas mueren y renacen, las culturas se transforman—, sino que deberíamos sentirnos agradecidos de que no lo sea. La imposibilidad de atrapar la diversidad es, en realidad, lo que la mantiene viva.

Todo depende del lugar desde el que se ponga en valor la diferencia. Puede hacerse desde la apreciación, como quien lanza un cumplido sin tener la necesidad de poseer el objeto de deseo o desde la imposición, la catalogación y el control. En el primer caso, la diversidad nos enriquece; en el segundo, se convierte en trofeo o en simple objeto de estudio.

¿Podemos conservar la inocencia de la primera mirada? ¿Recuperar esa sensación infantil de asombro puro? Yo creo que sí. Podemos deleitarnos en el aprendizaje sin apropiarnos de lo aprendido. La receta consta de dos partes: por un lado, tener la disposición para cuestionar nuestras certezas y, por el otro, la humildad para reconocer que siempre hay algo más por descubrir.

Esa es la esencia del *exotismo* sobre el que Segalen teorizaba. Una invitación a salir de nuestra zona de confort y abrazar las maravillas que se encuentran en la diversidad del mundo. No se trata de dominar el conocimiento, sino de dejarse transformar por él, de celebrar el espacio donde el encuentro con lo otro se vuelve trascendente. Sin apresarlo, sin volverlo una mercancía ni una excusa para confirmar lo que ya sabíamos. Mirar con asombro y agradecer el vértigo de no comprenderlo todo.

Antes he dicho que no existen los denominadores comunes, pero quizá esa sea solo una verdad a medias. Si algo unifica la experiencia humana es la búsqueda compartida de significado. Ya sea a través de la religión, la ciencia o la filosofía, a lo largo de la historia las personas han sentido una necesidad imperiosa por comprender su lugar en el mundo y encontrar respuestas a las preguntas que las atormentan. En esa cacería de sentido es fácil quedar atrapado por el marco de lo propio, un sesgo por confirmación que nos empuja a creer que nuestra cultura, nuestras costumbres, nuestro modo de vida son los correctos. Por eso, el encuentro con el otro ha estado tantas veces marcado por la imposición, la violencia o la opresión.

Siempre hubo argumentos disponibles para justificarlo. Los biologicistas, por ejemplo, defendieron durante siglos que ciertas «razas» eran naturalmente inferiores y ese pensamiento sirvió de coartada para la esclavitud, el colonialismo y la expansión imperial. El etnocentrismo necesitaba un relato y la ciencia, como tantas veces, se puso al servicio del poder, favoreciendo siempre la cosmovisión propia frente a la ajena.

Para los griegos, el mundo se dividía en dos: eras griego o no lo eras. Todo aquel que quedaba fuera de sus fronteras era un *bárbaros*, un extranjero, alguien primitivo y ontológicamente inferior, destinado a servir como esclavo. La palabra nació a partir del sonido de aquellas lenguas que los griegos consideraban ininteligibles, como un balbuceo confuso o gutural. A modo de burla, comenzaron a llamar a los extranjeros *bar-bar,* hasta que la onomatopeya evolucionó y dio forma a la palabra que usamos hoy en día.

Heródoto, el historiador y geógrafo griego, fue uno de los pocos que se atrevió a pensar de otro modo. Fue el primero en afirmar que aquellos bárbaros también tenían cultura, arte y costumbres dignas de interés. De hecho, insistió en dejar por escrito las historias y hazañas de griegos y bárbaros por igual para que ninguna quedara en el olvido. Con ese gesto, más empírico que moral, sembró sin proponérselo las semillas de un concepto que siglos más tarde tomaría forma en el pensamiento filosófico: el de Humanidad.

Hoy, pese a las desigualdades, la pobreza y la marginación, casi nadie duda de que, en esencia, todos los seres humanos somos iguales. Estamos hechos de lo mismo. Pero durante siglos esa noción fue impensable. Se creía en hombres con cabeza de perro y mujeres mitad pez; criaturas que habitaban los márgenes del mapa y justificaban, con su mera existencia imaginada, la desconfianza hacia el extranjero. En un mundo donde la supervivencia dependía de distinguir correctamente al aliado del enemigo, cualquier persona que no fuese parte de tu etnia, tu comunidad e incluso tu familia era una potencial amenaza.

De hecho, la mayoría de los pueblos, en algún momento de su historia, se han considerado a sí mismos el pueblo original o el pueblo elegido, han entendido a los demás como salvajes o primitivos y se han denominado utilizando la traducción en su idioma de la palabra hombre o, en su defecto, hombre honorable. Para los mapuches, los lakotas o los kichwas, el nombre de su tribu significa simplemente hombres. Lo mismo ocurre con los dinkas de Sudán del Sur o los runas (llamados quechuas por los extranjeros) del altiplano andino, cuyo nombre se traduce como personas o gente verdadera. Los nenets del Ártico usan la palabra ser humano para referirse a sí mismos y los cherokees utilizan *Ani Yun Wiya*, que significa el pueblo real. Inuit y waorani significan, literalmente, el pueblo, y los hawaianos se definen como *Kanaka Maoli*, el primer pueblo. El patrón se repite: cada comunidad se ve a sí misma como la medida de lo humano. Y, por tanto, lo que queda fuera de esa medida es considerado extraño y, por definición, inferior.

No deja de ser irónico que incluso el término *bereber* sea una derivación del *bárbaro* griego, una palabra que se usaba de forma peyorativa para referirse a los pueblos imazighen del norte de África. Muchas personas siguen usando esta denominación incluso hoy en día, probablemente sin ser conscientes de sus orígenes. Lo mismo ocurre con muchos otros nombres que el mundo ha heredado sin reparar en su carga despectiva.

En antropología se los conoce como exónimos peyorativos: palabras acuñadas y utilizadas por agentes externos para referirse, desde una perspectiva negativa, a grupos o culturas ajenas. De hecho, en muchas ocasiones, estas denominaciones unificaban bajo una sola etiqueta a comunidades muy diversas, separadas por lenguas, historias o creencias, pero forzadas a compartir un mismo nombre por la mirada ajena.

Así nacieron los esquimales —de etimología discutida, que algunos han relacionado con comedores de carne cruda y otros con fabricantes de raquetas de nieve—, nombre que englobaba a diferentes pueblos indígenas de las regiones árticas de América del Norte y parte de Siberia, como los inuits y los yupiks. O los apaches, palabra que significa enemigos y que se usaba para referirse de forma genérica a múltiples naciones nativas de Norteamérica, como los chiricahuas y los jicarillas. También los llamados pigmeos —enanos—, que se usaba para hacer referencia a un grupo extenso de tribus dispares nativas de la cuenca del Congo, como los bambengas, los bambutis o los batwas. La lista es interminable: los mohawks —feroces—, los siux —pequeñas serpientes—, los comanches —enemigos—, los aucas —salvajes— e incluso los indios, que mantuvieron el gentilicio equivocado hasta muchos siglos después de que se descubriese que aquello no eran ni las Indias ni la tierra de las especias. El lenguaje conserva las huellas del poder. Cada nombre impuesto traza un límite y cada límite describe un nosotros y un ellos estrictamente diferenciado.

Hay comunidades que a día de hoy siguen luchando por recuperar el término con el que se definían a sí mismas antes de que su identidad fuera absorbida, traducida o deformada por la mirada ajena. Otras, en cambio, siguen usando el apelativo impuesto desde fuera, ya sea por desconocimiento, costumbre o simple inercia. Es el caso de los ovahimbas de Angola y Namibia, cuyo nombre significa mendigos en el idioma de los pueblos que los dominaron, o de los san, llamados también bosquimanos —hombres del bosque— por los colonos europeos que llegaron al sur de África.

El caso de los san resulta especialmente revelador. El término, probablemente derivado de lenguas khoekhoes y asociado a la idea de forastero o recolector, fue adoptándose con el tiempo como etiqueta paraguas para agrupar a distintos pueblos cuyas lenguas incluyen consonantes de chasquido: los !kungs, ǀxam, nǁn‡es y los kxoes, entre otros. No obstante, a finales del siglo xx, el apelativo san estaba tan integrado en la cultura que varios líderes y representantes promovieron debates sobre su significado y su uso político. Allí, se decidió colectivamente resignificar la palabra. Los delegados optaron por apropiarse de ella convirtiéndola en un símbolo de orgullo compartido y, de ese modo, neutralizar su connotación despectiva: un ejemplo de resistencia que incluía la hibridación consciente con la cultura ajena. Hoy, el término está plenamente institucionalizado en Sudáfrica y las lenguas san forman parte del patrimonio simbólico reconocido por el Estado.

Designar algo también es controlarlo, hacerlo propio. Por eso, a lo largo de la historia, muchos pueblos han sido despojados de su identidad a través de la adopción de un nuevo nombre propio. Ocurrió con numerosos pueblos indígenas de América convertidos al cristianismo, obligados a adoptar nombres europeos que sustituyeran los suyos o bien forzados a cambiar sus apellidos por los de los colonos.

Es el caso de la famosa Pocahontas, cuyo nombre real era Matoaka. Tras su captura y posterior conversión al protestantismo, fue bautizada como Rebecca y presentada en la corte inglesa como una prueba de que el mundo indígena podía ser redimido del paganismo. En ese acto simbólico se borró su origen, su linaje y su lengua. Además, su nueva identidad fue utilizada como herramienta política, un argumento propagandístico que pretendía demostrar que la colonización del Nuevo Mundo era, al fin y al cabo, una empresa civilizadora. Matoaka murió en Inglaterra, con apenas veinte o veintiún años, por causas nunca aclaradas. Para entonces ya se había convertido en algo más que una mujer; era un emblema, una historia capciosa que podía ser contada sin remordimiento.

Si nombrar algo es hacerlo propio, conquistando el idioma se conquistaba también el territorio. Por eso hay tantos accidentes geográficos que perdieron su denominación original, sustituida por la que los invasores consideraron más adecuada. Es el caso del Monte Rainier, en el actual estado de Washington, que fue conocido durante siglos como Takhoma, palabra que en el idioma lushootseed significa «la gran montaña». La ciudad que hoy llamamos Los Ángeles era, mucho antes de la llegada de los franciscanos, Yangna, un asentamiento del pueblo tongva situado en el valle de San Fernando. Los colonizadores españoles la rebautizaron en 1781 como El Pueblo de Nuestra Señora la Reina de los Ángeles de Porciúncula, en honor a la advocación mariana vinculada a San Francisco de Asís y al río Porciúncula. Incluso en civilizaciones tan antiguas como la egipcia, muchos de los nombres con los que hoy identificamos lugares y gobernantes son exónimos heredados de la tradición griega: la pirámide que conocemos como la de Keops fue levantada por el faraón Khufu, cuyo nombre original quedó desplazado por su versión helenizada.

En el corazón del Territorio Norte australiano, la formación rocosa de Uluru fue rebautizada por los colonos europeos como Ayers Rock, pero recuperó su nombre aborigen en 1993. Veinticinco años después, se prohibió su escalada, cumpliendo así el deseo de los anangus, el pueblo custodio del lugar, que ya había recuperado la administración de sus tierras ancestrales. Algo parecido sucedió en Alaska con el monte McKinley, que en 2015 volvió a ser oficialmente Denali, «El Grande», su nombre original en lengua atabascana. Cambiar un nombre es, a menudo, borrar una historia.

Aunque todas estas cuestiones parecen cosa del pasado, incluso hoy en día seguimos usando expresiones que arrastran esa misma mirada. Todavía decimos que América fue descubierta, ignorando conscientemente que no puedes descubrir un territorio que, no solo ya existe, sino que, además, está habitado. América no fue descubierta sino invadida, ocupada y renombrada. Usar otra palabra es un acto de complacencia: un ejercicio de etnocentrismo que revela, una vez más, que el encuentro con la alteridad sigue repleto de sombras.

Sí, el encuentro con la alteridad puede ser una fuente de curiosidad inagotable, una forma de tender puentes hacia lo desconocido. Pero también puede ser una trampa. El viajero, por inocencia, ignorancia o simple soberbia, corre el riesgo de quedarse atrapado en sus propias categorías.

Del mismo modo que hay quienes viajan no para conocer, sino para reconocerse, también existen quienes buscan en cada destino una confirmación de lo que ya creen saber. Viajan para encontrar, bajo formas distintas, la prueba de que su manera de vivir sigue siendo la correcta. A veces lo hacen sin querer, casi por inercia; comparando, midiendo, ordenando el mundo según su marco de referencia. Desde la gastronomía y la religión hasta los horarios, las viviendas y las formas de cubrir o descubrir el cuerpo. El filósofo Michel Onfray llamó a esta manera de actuar la posición del misionero:

> Cuando un padre blanco llega en misión a un país africano o al continente chino, juzga, mide y condena según los escritos testamentarios y los Evangelios. Este planteamiento perdura en numerosos turistas que conocen hoy una civilización o una cultura con las referencias de

> su mente prefabricada y cercada por los límites de su tiempo, de su época y de sus rarezas [...]. Se trata de leer el mundo según la perspectiva de lo políticamente correcto, exportador de los valores occidentales, laicos y heredados de la Ilustración.[5]

Así, evaluamos las costumbres ajenas —la poligamia, las vacas como moneda de cambio, las escarificaciones y las modificaciones corporales identitarias, como los tatuajes rituales, los platos labiales y las limaduras dentales— desde nuestra propia escala de valores, olvidando que lo que hoy nos parece exótico o incomprensible es, en muchos casos, el reflejo de una lógica tan legítima como la nuestra. Quizá la respuesta pase por aprender a habitar la diferencia sin sentir la necesidad de compararla.

La exotización y su variante asiática, el orientalismo —desarrollado por Edward Said—, son herederas directas de esa mirada que sitúa Occidente en el centro y observa el resto del mundo a través de representaciones estereotipadas y descontextualizadas. Esta forma de dominio transforma la curiosidad en espectáculo, alimentando una dinámica de poder desigual en la que una cultura dominante define y controla la narrativa sobre las otras. No hay que confundir esta práctica con el *exotismo* del que hablaba Victor Segalen, quien veía en la diversidad una invitación a poner en valor lo desconocido sin necesidad de poseerlo. La exotización, en

(5) Michel Onfray, *Teoría del viaje*, Taurus, Madrid, 2016, pp. 64-65.

cambio, implica una visión superficial y estetizante; reduce lo ajeno a una imagen, a un decorado donde las personas se convierten en símbolos y los símbolos, en mercancía.

Así, se crea una imagen, bien idealizada o bien desvirtuada, que se aleja de la realidad de la comunidad observada. Ocurre cada vez que un turista pasa un par de horas junto a las mujeres kayans de Myanmar, conocidas por los anillos que alargan sus cuellos, para después volver a la comodidad de su miniván sin haberse preguntado por el sentido de esa costumbre. Las vidas de esas mujeres con las que se retrataron pasarán a ser un objeto más dentro de los innumerables *souvenirs* que traerán de recuerdo a su país natal en sus cámaras o teléfonos móviles. Sí, a través de sus objetivos captarán la prueba de haber estado allí, pero no sabrán nada del valor cultural de lo que han presenciado, del porqué de esa tradición ni del significado de lo que han visto. Probablemente, ni siquiera se acuerden de sus nombres.

Esa misma lógica da origen al mito del buen salvaje, una idea romántica que floreció en el siglo XVIII de la mano de Jean-Jacques Rousseau, a quien ya mencioné páginas atrás. Según esta visión, los pueblos indígenas encarnarían una forma de vida más noble y solidaria, en contraposición a la corrupción moral y la decadencia de las sociedades de Occidente. El buen salvaje cumple la labor de guardián de la naturaleza, vive en armonía con su entorno, comparte sus recursos y posee valores altruistas y comunitarios. Pero, bajo estos valores elogiosos, se esconde el mismo gesto de superioridad que reduce al otro a una suerte de figura estática, condenada a representar la inocencia perdida del hombre moderno.

Cuando viajamos con esa mirada, esperamos que el destino permanezca detenido en el tiempo, que siga reproduciendo la imagen que ya tenemos de él. Soñamos con escenarios congelados, con lugares que confirmen la existencia de una edad dorada anterior a la modernidad. Anterior al cambio. Imaginamos culturas estancas y buscamos en ellas una verdad que creemos perdida en la propia. Pero el tiempo pasa, las civilizaciones evolucionan y el mundo se transforma. Pretender que una cultura se mantenga inmóvil es un ejercicio de control, una manera de imponer nuestras expectativas sobre la realidad. A veces, ese deseo adopta formas aparentemente inocentes, como pedirle a un local que se quite la camiseta de Adidas antes de hacerle una fotografía o solicitar a una mujer que pose frente a su choza sin los objetos tecnológicos que la rodean, pero es como mínimo ridículo tratar de fijar un lugar físico en una eternidad inexistente. Queremos congelar el instante, pero, al hacerlo, falseamos el mundo que hemos ido a admirar. «Bajo la espuma [...] de la globalización —dice Onfray— persisten las corrientes.»[6]

Quizá aquella inocencia de la que hablaba antes —la de mirar el mundo como si fuera la primera vez— no sea del todo posible. No podemos despojarnos de nuestras ideas preconcebidas ni desprendernos, como si de una muda se tratase, de la herencia cultural que nos

(6) Michel Onfray, *Teoría del viaje*, Taurus, Madrid, 2016, p. 76.

acompaña. Pero sí podemos reconocerla y decidir que esta no guíe nuestros actos o nuestras percepciones. Se trata de aflojar los mandos, rodear el prejuicio y viajar quitando el piloto automático.

Podemos rechazar las experiencias que destruyen los lugares y convierten el territorio en decorado y, en su lugar, viajar con la mente y el corazón abiertos. Intentar ponernos en los pies de los otros, sumergirnos en su realidad y comprender, en la medida de lo posible, su manera de entender el mundo. Estar dispuestos a cuestionarnos, a equivocarnos, a admitir que lo que vemos no siempre encaja con lo que esperábamos ver. Viajar, en definitiva, no para confirmar lo sabido, sino para permitir que el encuentro con la diferencia nos transforme.

Aprender a viajar no solo con el cuerpo, sino también con la mente. Con consciencia. Desprendernos de lo que damos por sentado. Hay quien roza una cultura y se contenta con percibir el eco de su propia voz, como si el mundo fuera un espejo que solo puede devolverle su reflejo. Pero para mí viajar es penetrar en el misterio de lo desconocido sin compromisos, sin condenas, sin absolver ni idealizar, con el ansia de comprender su interior y quedarme maravillada por su diversidad. Es dejarse emborrachar por el otro, atrapar esos momentos de serendipia como si fueran un tesoro, dejarse llevar por el juego y aferrarse a lo imprevisible. Sobre todo, haciendo el esfuerzo de saber no solo dónde estoy, sino también con quién. Qué comunidad, qué pueblo, qué familia; qué vida se oculta tras esa experiencia que no es solo mía, sino que comparto con quien la hace posible. Recordar su historia. Recordar su nombre.

«Por todas partes hay alimentos verdaderos —escribió Segalen, lo que más falta son verdaderos apetitos.»[7]

(7) Víctor Segalen, *Ensayo sobre el exotismo: Una estética de lo diverso*, trad. de Martín Schifino, La Línea del Horizonte, Boadilla del Monte, Madrid, 2017, p. 64.

5
EL RITO DEL TURISMO

Siempre hemos querido movernos. Desde los mitos más antiguos, el viaje se entrelaza con la idea de búsqueda. Jasón quería encontrar el Vellocino de Oro, Colón trataba de abrir una nueva ruta que conectase Europa con Asia y Phileas Fogg se empeñó en dar la vuelta al mundo en ochenta días. Hasta Don Quijote soñaba con vivir las hazañas y aventuras de sus libros de caballerías. Todos ellos —reales o ficticios— representan la necesidad de avanzar hacia lo desconocido, convencidos de que desplazarse es una forma de generar sentido.

Durante siglos, el prototipo de viajero clásico ha sido un ejemplo de valentía y arrojo. Un héroe por antonomasia, cuya imagen se convirtió en el ideal de libertad y superación. Su otra cara, sin embargo, está alimentada por las ansias de triunfo, la ambición desorbitada, la imprudencia y la exageración. En los relatos que fundaron nuestra imaginación moderna del viaje, el descubrimiento se confundía con la conquista y la curiosidad con la apropiación.

A finales del siglo XVIII y durante el XIX, esa lógica se consolidó. Las expediciones científicas y geográficas transformaron el desplazamiento en una empresa de prestigio. Viajar era ampliar los límites del mundo y, en los diarios de los primeros exploradores —desde *Through the Dark Continent* de Henry Morton Stanley, que narra su travesía en África central como una hazaña épica, hasta *The Nile Tributaries of Abyssinia* de Samuel White Baker, centrado en la exploración del Nilo Azul—, se mezcla la curiosidad genuina y la voluntad de dominio.

En 1857, dos hombres se internaron en el corazón del continente africano persiguiendo una idea. Richard Francis Burton, erudito políglota y cónsul británico, y John Hanning Speke, oficial de ejército, partieron financiados por la Sociedad Geográfica de Londres con el propósito de encontrar las fuentes del Nilo Blanco. Durante siglos, aquel misterio había obsesionado a eruditos, filósofos y exploradores. Entre ellos, el astrónomo Ptolomeo y el emperador romano Nerón, cuyos enviados habían intentado sin éxito seguir su cauce hacia el sur. Todos habían fracasado en la tarea de resolver uno de los mayores enigmas geográficos de la historia.

Burton y Speke recorrieron territorios abruptos, enfrentándose a enfermedades, robos, violencia y una rivalidad que terminaría por separarlos. La malaria y la enfermedad del sueño diezmaron a sus animales de carga y los porteadores que habían contratado fueron, uno a uno, desertando de la expedición. De hecho, ambos estaban postrados en cama cuando, un año después de haber salido de Londres, alcanzaron el lago Tanganika. Burton, convencido de haber hallado el origen del río, cayó gravemente enfermo. Speke, recuperado, no dudó en continuar en solitario.

Pese a ser compañeros de travesía, la competencia entre Burton y Speke fue atroz. Ambos deseaban la gloria que iba asociada a semejante descubrimiento, y sus personalidades individualistas azuzaron la rivalidad y la desconfianza. Finalmente, en 1858, Speke anunció que había encontrado las fuentes del Nilo Blanco en un lago situado en la actual Uganda. Lo bautizó Victoria, en honor a su reina —ignorando, una vez más, que para los pueblos locales aquel lugar ya tenía nombre: *Nnalubaale* para los baganda, *Ukerewe* para los sukumas y *Nam Lolwe* para los luos—. A su regreso, fue recibido como un héroe nacional, mientras Burton, aún enfermo y resentido, lideró una campaña que cuestionaba la validez de las mediciones que había tomado su oponente.

La muerte prematura de Speke, en un accidente de caza, puso fin a su disputa, pero su viaje reveló que el deseo de conocer mundo está vinculado a la necesidad de narrarlo. El territorio desconocido empezaba a existir en el momento en que se describía, y el relato se convirtió así en el verdadero destino del trayecto.

Aquellas rutas deseaban dejar una huella visible en

la memoria colectiva. Por ello, el explorador que atravesaba selvas y desiertos no buscaba únicamente ampliar el conocimiento del mundo, sino también asegurarse un lugar en la historia, realizar una hazaña que lo sobreviviera. Quizá por eso todos hemos oído la famosa frase «Doctor Livingstone, supongo». Henry Morton Stanley la pronunció en 1871, cuando halló al célebre misionero británico enfermo y aislado a orillas del lago Tanganika, casi quince años después de la disputa entre Burton y Speke. Stanley no era explorador, sino un periodista que había sido enviado por *The New York Herald* para cubrir la desaparición de Livingstone.

El doctor, por su parte, llevaba años intentando localizar las fuentes del Nilo. Su empresa fue concebida, desde el inicio, para ser contada. Un espectáculo mediado por la escritura que llegó a su apogeo cuando en Europa se dejaron de recibir noticias suyas. Esa célebre desaparición se convirtió en un episodio perfecto para alimentar la imaginación de una sociedad que soñaba con horizontes lejanos. Los periódicos seguían sus pasos con fervor y los lectores esperaban noticias como si se tratase de una novela por entregas.

Cuando Stanley lo encontró, la escena fue tan teatral que parecía escrita de antemano: dos hombres exhaustos, uno representando la ciencia y la fe, el otro el poder creciente de la prensa. La exploración ya no era solo geográfica, sino también mediática. Cuando Livingstone murió dos años más tarde en una aldea de Zambia, su cuerpo fue trasladado hasta Londres, donde se le recibió con honores de Estado. Así, se selló la unión definitiva entre desplazamiento, relato y prestigio: el viaje como forma de consagración pública.

La historia suele olvidar a aquellos que viajaron sin buscar fama ni aplausos. Mientras el mundo celebraba la epopeya de Livingstone, pocos sabían que el primer europeo en encontrar el origen del otro gran afluente del Nilo había sido un jesuita español.

Ciento cincuenta años antes de que Burton y Speke emprendieran su travesía, Pedro Páez llegó a Etiopía movido por una misión evangelizadora que pretendía expandir el catolicismo y frenar la influencia musulmana en la región. A lo largo de su trayecto, atravesó terrenos difíciles, soportó cautiverios y sobrevivió a enfermedades y a distintos conflictos locales. Sin pretenderlo, su camino le llevó a los orígenes del mito. Corría el año 1618 cuando Páez alcanzó las fuentes del Nilo Azul, ubicadas en Gish Abay, un manantial en las tierras altas de Etiopía.

Sin embargo, no se autoproclamó descubridor de nada. Le concedió tan poca importancia que, al describir la experiencia, menciona que se sintió «alegre» de «ver» el lugar,[1] insertando el relato, de poco más de tres páginas, entre los capítulos que escribió dedicados a la fauna, la flora y la geografía del país. Su tono, modesto y contenido, no encajaba en los relatos que Europa esperaba leer y, por ello, su nombre quedó relegado a los márgenes.

(1) Cita de Pedro Páez tomada de Javier Reverte, *Dios, el diablo y la aventura*, Ediciones El País, 2016, p. 196.

Más de un siglo después, otro viajero seguiría los pasos de Páez. En 1768, el escocés James Bruce emprendió su propio viaje a Etiopía con la ambición de encontrar las mismas fuentes del Nilo Azul. Cuando regresó a Europa, publicó un voluminoso libro titulado *Viaje en busca de las fuentes del Nilo* o *Voyage Aux Sources Du Nil* (1799), en el que narraba su travesía con una grandilocuencia que contrastaba con la sobriedad del jesuita. «He triunfado sobre reyes y ejércitos»,[2] escribió, comparándose con los héroes clásicos y reivindicando para sí un lugar en la historia. Durante más de un siglo, el mundo creyó que Bruce había sido el primero en contemplar aquel manantial.

Desde el impulso de conquista hasta la necesidad de representación, el viaje se ha entendido como un acto de búsqueda que entrelaza deseo, esfuerzo y narración. Cada uno de estos exploradores proyectó en el mundo su propia aspiración: unos persiguieron la gloria; otros la fe, el poder del relato o la necesidad de pasar a la posteridad. El viaje no era solo un medio para conocer el mundo, sino una forma de inscribirse en él, y la historia, como tantas veces, se escribió al gusto de quienes hablaron más alto.

Con el paso del tiempo, aquel impulso por descubrir lo desconocido cambió de continente, pero no de conte-

(2) Cita de James Bruce tomada de Javier Reverte, *Dios, el diablo y la aventura*, Ediciones El País, 2016, p. 203.

nido. El viajero del siglo XX dejó atrás la brújula y el sextante, pero mantuvo el deseo de que cada desplazamiento encerrase una revelación; que el trayecto conduzca a la imagen que uno tiene —o quiere tener— de sí mismo.

La narración sigue presente, al igual que el anhelo de fama o repercusión. Deseo de ver, de ser visto, de pertenecer a un relato que nos haga singulares. Emprender la ruta se transforma en una demostración de estatus; la prueba de que podemos permitirnos una pausa, de que el tiempo libre también puede transformarse en una forma de capital simbólico, o una forma de exhibición que nos conecta con ese ideal heroico y aventurero heredado de los primeros exploradores.

Tal vez por eso, incluso en nuestra cotidianeidad, el viaje sigue funcionando como un signo de identidad. En su libro *Love me, Tinder* (2019), las antropólogas Núria Gómez Gabriel y Estela Ortiz analizaron cientos de perfiles en la famosa aplicación de citas. En concreto, querían comprender la manera en la cual se presentaban en su biografía los usuarios en busca de pareja. Pese a que los perfiles estudiados eran muy variados, hallaron un patrón común: el gusto por el viaje aparecía entre las aficiones de prácticamente todos los miembros de la plataforma. Desde las clases más acomodadas, hasta los *hippies* y los gafapastas, todos mencionaban el viaje como un pilar central en sus vidas. Tal vez porque viajar se ha convertido en una forma de decir quiénes somos; no tanto por lo que descubrimos fuera, sino por la imagen que proyectamos al contarlo. Viajar es un valor compartido, una manera de anunciar al mundo que uno es curioso, libre, intrépido.

Claro que, dentro de esta capitalización del yo, no todos los viajes valen lo mismo. Ir al pueblo de los abuelos a quitar el polvo de las estanterías o revisar el estado del huerto no suma muchos puntos en la escala de las aventuras. Tampoco escaparse a la playa para descansar durante el fin de semana. Para que un viaje adquiera valor dentro del abecedario del sujeto contemporáneo debe cumplir ciertos requisitos: salir del país, preferiblemente hacia un destino exótico, probar comidas desconocidas, retratarse frente a paisajes que resulten lejanos.

Siempre me he preguntado cuánto tiempo hay que permanecer en un sitio para tener el derecho a marcarlo en el mapamundi. Cuántos días hacen falta para poder presumir de haber visto un lugar. Las banderitas en las biografías de las redes sociales me hacen pensar en ese mismo anhelo de coleccionismo y clasificación, en esa necesidad de construir un inventario de experiencias que legitime la experiencia. Ver y ser visto son, al fin y al cabo, dos caras de la misma moneda.

La necesidad de que nuestros logros sean reconocidos está vinculada al acto de alcanzarlos. Si no, no existirían los certificados, los diplomas ni las carreras universitarias. Tampoco esa necesidad imperiosa por contabilizar los países en los que hemos estado ni la aspiración de dar la vuelta al mundo. Me planteo, al escribir esto, si es posible completar semejante empresa en una sola vida y, si la respuesta es afirmativa, ¿cuántos años tendrían que pasar para ver verdaderamente todas las naciones del planeta?, ¿qué certifica un proyecto de tal envergadura?, ¿los sellos en el pasaporte, las fotos, los recuerdos...?

Quiero imaginar que en algún momento de la historia, hubo alguien que dio la vuelta al mundo sin quererlo. Una hazaña silenciosa; un héroe discreto, como Páez. Una persona que, sin proponérselo, trazó el mapa entero con sus pasos y solo mucho después comprendió que ya había estado en todas partes.

He intentado calcularlo. Recorrer físicamente toda la superficie terrestre —cada montaña, desierto, llanura o isla habitable— llevaría, en el mejor de los casos, entre diez y catorce mil años caminando sin pausa. En la práctica, el mundo cambiaría antes de poder completar la tarea. Los ríos habrían alterado su curso, los glaciares se habrían retirado hacia los polos, los bosques habrían crecido sobre terrenos ahora yermos y las ciudades se habrían reconstruido sobre sus propios cimientos. Me resulta poético pensar que el mundo se transforma más rápido que los pasos que pueden abarcarlo. Lo que hoy es camino, mañana será polvo.

No hay banderas ni sellos que puedan fijar lo que está en perpetuo movimiento. Y, aun así, seguimos intentándolo. A veces creo que viajamos para reconocernos en el reflejo de lo que nos rodea, para comprobar que seguimos siendo los protagonistas de nuestra historia. Una confirmación muda de que, sin duda, todavía ocupamos el centro del discurso. Pero toda obra necesita figuras que sostengan la escena: son los *sherpas* despojados de nombre propio que coronaron las cumbres de la muerte junto a los primeros escaladores; los porteadores que resistieron al hambre y la malaria para llevar el cajón que guardaba el té de Stanley; todos los guías anónimos que mostraron el camino a esos famosos exploradores que bautizarían ríos, lagos y montañas. Algunos de ellos dejaron apenas un rastro, como Sidi Mubarak Bombay, guía indispensable en las expediciones de Burton y Speke, cuyo nombre aparece brevemente mencionado en sus diarios. O Tenzing Norgay, que acompañó a Edmund Hillary en la primera ascensión al Everest (1953) pero quedó relegado a la posición de «ayudante» en la narrativa oficial hasta que su figura fue progresivamente reivindicada a medida que su propio testimonio y la revisión crítica del relato imperial permitieron reconocer la ascensión como un logro compartido. Fuegos fatuos. Los desposeídos de las hazañas con los que otros se cubrieron de laureles. Ellos también caminaron el mundo, sin colgar mapamundis en las paredes. También trazaron los mapas, aunque nadie los recuerde.

El viaje ocioso, desde sus orígenes, ha tenido tanto de desplazamiento como de ritual. De hecho, nuestra vida cotidiana está llena de protocolos, aunque a veces pasen desapercibidos. Son gestos que repetimos para dotar de sentido al tiempo y a los cambios que nos atraviesan: soplar las velas de un cumpleaños, brindar antes de beber, comer doce uvas en Nochevieja o hacer una fiesta para inaugurar nuestra nueva casa. En cada uno de ellos, hay una estructura común: una separación, un tránsito y un retorno. Algo se abandona, algo se atraviesa y algo se recupera, solo que esta vez transformado.

Viajar responde a esa misma lógica. Supone apartarse del mundo conocido, enfrentarse a la incertidumbre y regresar con una historia nueva que contar. Por eso, el sociólogo Dean MacCannell en su libro *El turista: una nueva teoría de la clase ociosa* (1999), define el turismo moderno como una suerte de ritual secular. En una sociedad donde los ritos tradicionales han perdido su fuerza, el viaje adopta un rol similar al que tenían las antiguas peregrinaciones religiosas. Los griegos viajaban a Delfos o al santuario de Afrodita; después llegaron Jerusalén, La Meca, Roma y Santiago de Compostela. Luego fueron Qufu, Lourdes y Fátima.

Hoy viajamos a la tumba de lady Di, a la mansión de Elvis Presley o a los Estudios Universal Hollywood de Los Ángeles, en una especie de peregrinación pop que habría fascinado a Andy Warhol. También a los parques nacionales, las playas y los bosques, esos templos naturales que fueron alabados como manifestaciones directas de la creación divina. El impulso es el mismo, solo ha cambiado el lenguaje con el que lo nombramos. Hemos cambiado los templos por parques temáticos, los relicarios por *souvenirs* y las oraciones por fotografías. La fe se ha transformado en deseo y el viaje se ha convertido en su liturgia.

Pero, a diferencia de las antiguas peregrinaciones, el turismo moderno se mueve en un mundo donde casi nada permanece oculto. Antes, las imágenes de los santos y las vírgenes se cobijaban en templos y custodias, solo visibles en determinados momentos del calendario. Había que *merecer* su visión, como en los *sanctasanc-*

tórums de la tradición judeocristiana —o en los espacios situados tras iconostasios y cortinas en las iglesias ortodoxas—, esos recintos velados a los que solo podían acceder unos pocos iniciados. El acceso estaba mediado por el sacrificio y por la espera. El misterio se hacía de rogar y, en esa pausa, se gestaba una forma de contemplación.

Hoy, en cambio, las imágenes están por todas partes. Lo sagrado se ha vuelto accesible, sus códigos son reconocibles y, en muchos casos, se ha empaquetado para el consumo. En este nuevo orden visual, el turista ocupa el lugar del devoto, pero su acto de fe consiste en ver y ser visto, presenciar la imagen y después replicarla para confirmar que estuvo allí. MacCannell sostiene que ese es el motivo por el que el viajero contemporáneo desea, por encima de todo, experiencias que pueda considerar auténticas. Con el mismo fervor con el que antes se buscaba la salvación, el aventurero de hoy necesita creer que lo que ve y lo que vive es real: que el contacto con el otro o con el paisaje es directo y que no está mediado por artificios.

Si el turismo reproduce la idea de lo sagrado, el guía turístico ocupa el lugar del chamán; los itinerarios, el del recorrido iniciático; los monumentos y lugares de interés son altares. Frente a ellos nos detenemos, guardamos silencio unos segundos y alzamos el teléfono como quien eleva una ofrenda. Es nuestra forma de rendirles culto, captar su esencia a través de la tecnología. Incluso los espacios naturales adquieren una cualidad casi litúrgica; la fila de personas esperando al atardecer para ver el sol caer sobre el horizonte, el murmullo contenido antes de una fotografía colectiva o las multitudes que se agrupan frente a una cascada o una estatua célebre, levantando los brazos al unísono para capturar el mismo encuadre. Son pequeñas coreografías que devuelven al viajero una ilusión de comunión con algo mayor.

Como todo rito, también el viaje necesita dejar huella. Para MacCannell, el vacío dejado por la religión en Occidente ha sido reemplazado por la búsqueda de experiencias significativas: vivencias que prometen sentido, transformación o, al menos, una historia que valga la pena contar. De ahí que los desplazamientos vengan acompañados de testimonios y pruebas. También, que sean considerados una suerte de trofeo.

Las reliquias, las medallas y la concha de Santiago se han convertido hoy en fotografías, *souvenirs* y publicaciones en redes sociales, aunque haya ocasiones en las que la memoria toma cuerpo, literalmente. Los tatuajes que muchos viajeros se hacen tras una experiencia significativa son las nuevas cicatrices del peregrino. Representan símbolos del lugar visitado, frases que condensan lo vivido o imágenes que conectan con el paisaje y la cultura.

No es casual que los tatuadores de Barcelona estén hartos de grabar en la piel de los turistas la silueta del *panot* de flor, ese adoquín con una flor de cuatro pétalos, diseñado a principios del siglo XX para pavimentar el Ensanche o *Exaimple*. Está en la calzada de la ciudad, pero también en la piel de quienes la recorrieron y quisieron dejar constancia de ello. Por no hablar del toro de

Osborne, convertido en icono, emblema y recuerdo. Estas son las medallas y los amuletos de la fe profana. En ellos sobrevive el deseo ancestral de preservar, aunque sea por un instante, la huella de nuestro paso por el mundo.

A lo largo del viaje, el cuerpo también queda marcado de otras maneras: las agujetas y las ampollas tras una ruta especialmente difícil, los inevitables desajustes estomacales o las pequeñas cicatrices que aparecen como consecuencia de los accidentes. El cuerpo se convierte en el archivo del recorrido y el dolor en una prueba de hasta dónde fuimos capaces de llegar.

Durante las peregrinaciones también hay calvarios, simbolizados por los penitentes que caminan, muchas veces descalzos o de rodillas, mientras se torturan con flagelos y látigos. Hay quien se ata los brazos a trozos de madera, portando coronas de espinas y sangrando hasta demostrar, a través de su piel, que su fe es mayor que su sufrimiento: una forma de redención inscrita en la carne.

Vincular la resistencia, la pasión y el compromiso con el dolor no es, sin embargo, algo exclusivo de Occidente. En las festividades en honor a Lord Murugan, dios hindú especialmente venerado en el sur de la India, los devotos se perforan el cuerpo con agujas, anzuelos y lanzas para limpiar su espíritu. En Papúa Nueva Guinea, las mujeres danis se amputan parte de los dedos en señal de duelo por la pérdida de un ser querido, transformando su pena en un puente entre el mundo de los vivos y el de los muertos, una expresión de conexión emocional y espiritual. En todos los casos, el cuerpo se ofrece como santuario, un lugar donde la aflicción se traduce en entrega o pertenencia.

El dolor cabe donde no caben las palabras y las heridas se convierten en el lenguaje silencioso del guerrero. Un sacrificio que se lleva no solo con templanza, sino también con orgullo. Esa misma lógica persiste en nuestras prácticas contemporáneas. Está en los ultramaratones, en las huelgas de hambre, en los rituales de iniciación universitarios e incluso en la cirugía estética. También, por supuesto, en los viajes. En todos ellos hay una meta que alcanzar, una promesa que debe cumplirse y una idea que exige ser llevada hasta sus últimas consecuencias. Sufrir se convierte, en muchos casos, en una forma de legitimar la experiencia, porque una hazaña no puede considerarse tal si no existen pruebas y escollos que el héroe tenga que superar en el camino.

Ya he mencionado que, para muchos, el viaje simboliza una huida hacia adelante y, en esa huida, puede esconderse también una forma de castigo, una penitencia heredada de la creencia, todavía persistente, de que para disfrutar algo primero hay que sufrirlo. «La necesidad de autoflagelación cuando uno huye, cuando uno se siente culpable y necesita expiar sus pecados, resulta muy peligrosa», escribe Paco Nadal en *El cuerno del elefante* (2001), donde narra un viaje lleno de contratiempos que realizó en 2010 a Sudán.

> Mis amigos, cuando viajaban, lo hacían a Cuba, a Miami, a París o a cualquier playa paradisíaca. Se relajaban y disfrutaban. Yo, desde pequeñito y no sé bien por qué, necesitaba mortificarme. Supongo que, en cierto modo, asumía que viajar formaba parte del aprendizaje de la vida y, por tanto, el destino no podía decidirse bajo patrones de placer, sino bajo la necesidad de conocimiento. [...] Puede parecer estúpido pero estoy seguro de que muchos viajeros lo entenderán. ¿Por qué si no prefieren sudar y que les piquen los mosquitos en una selva de Borneo o coger diarreas en India en vez de tomar daiquiris en las playas de Copacabana?[3]

El reto de enfrentarse a lo que no se conoce y ser capaz de resistir su lado negativo se convierte en una forma de reafirmación personal, un ejercicio de voluntad y autodeterminación que da sentido al desplazamiento.

Al leer el texto de Nadal, sentí afinidad con esa búsqueda de potenciales desafíos que el autor menciona: el sufrimiento en pos de una idea más grande, un deseo que te empuja a encontrar tus propios límites. Tal vez sea esta la manera de purificarnos que hemos encontrado quienes no somos creyentes. Nos seguimos castigando, seguimos buscando la incomodidad, pero el vacío que ha dejado la espiritualidad se ha llenado con la necesidad de sentirnos útiles. En el fondo, es lo mismo:

(3) Paco Nadal, *El cuerno del elefante: Un viaje a Sudán*, La Línea del Horizonte, Boadilla del Monte, Madrid, 2014, p. 75.

una búsqueda voraz por dar sentido a nuestra realidad y al mundo en que vivimos. Por reconciliar el cuerpo y el alma a través de un gran esfuerzo que no sabemos si merecerá o no la pena.

La necesidad de probarse a uno mismo puede volverse adictiva. Esa urgencia por medirnos, por comprobar hasta dónde somos capaces de llegar, adopta muchas máscaras. A veces se disfraza de valentía; otras, de soberbia y casi siempre de una sutil necesidad de sentirse distinto. He conocido a muchos viajeros así, convencidos de que en su resistencia hallarían una razón para existir.

Una vez coincidí con un hombre que presumía de ser explorador. Era alto y fuerte, tan grande como la herida que se escondía en sus palabras. Al poco de conocerle me dijo, con su acento francés, que le resultaba insultante que le llamasen turista. Él era un aventurero y se esforzaba en parecerlo. Vestía ropa caqui, un sombrero de ala ancha y unas botas tácticas que, según decía, eran las mismas que usaban los policías de su país. Llevaba un cuchillo en el cinturón de cuero, una brújula que parecía de utilería y un pequeño kit de supervivencia militar que mostraba con orgullo. También una cámara muy cara, que usaba en automático porque no sabía manejarla. Su voz era profunda como una cueva y le gustaba escucharse dentro de ella.

Parecía el personaje de una película de aventuras o el protagonista de una novela erótica barata; el héroe musculoso que sostiene a una mujer desmayada bajo la selva en llamas. Mirarle era mirar una *performance*, una caricatura de lo que se supone que tendría que ser un descubridor. Le faltaba un rifle, un mapa y un salacot. Me fascinaba cómo alguien podía habitar con tanta convicción un personaje inventado.

En una de nuestras conversaciones, me habló con desdén de los viajeros que se limitaban a tomar fotos. «Hay que interesarse por el lugar —me dijo—, meterse dentro de la cultura.» Ese mismo día se tatuó un motivo tradicional en una de las comunidades que visitábamos y, poco después, se enfadó al descubrir que nadie había grabado la escena. También se molestó conmigo porque, al marcharnos, le pregunté qué significaba el patrón que le habían grabado en la piel y no supo darme una respuesta. No se le había ocurrido preguntar. A partir de entonces, observarle se convirtió en uno de mis mayores pasatiempos.

El primer día pidió expresamente al guía que evitáramos coincidir con más blancos. Usó esa palabra —blancos— sin inmutarse. Encontrarse con más extranjeros habría roto el hechizo, la fantasía del pionero en tierra virgen. Irónicamente, formábamos parte de un viaje organizado. Pienso en él cuando escucho a alguien decir que no es turista, sino viajero. Es curioso el empeño con el que algunas personas intentan alejarse de esa etiqueta. La palabra *turista* parece evocar un arquetipo con el que pocos quieren identificarse: pieles bronceadas con la marca del bikini, calcetines blancos por debajo de las chanclas y una camisa abierta con estampado floral. Puede que, llevando un sombrero mexicano o de *cowboy*. Son los que van a los cruceros con barra libre por el Mediterráneo o a las fiestas *boho-chic* que saturan las playas al ritmo de una batucada durante el atardecer. Este turista estereotipado se asocia con el confort, con el consumo y con la falta de profundidad. Frente a él, el viajero —explorador, aventurero, nómada, trotamundos o descubridor— reclama para sí el desplazamiento legítimo, un trayecto del que no se reconoce consumidor.

La escritora Juliana González-Rivera escribe en *La invención del viaje* (2019) que «al turista le importa el *dónde*; al viajero, el *cómo*. El turista no viaja, solo cambia de lugar».[4] En esa distinción se sostiene una rivalidad tan vieja como inútil: la del héroe contra la masa. El personaje principal frente a los secundarios. Sin embargo, ambos, si es que merece la pena siquiera hacer esta distinción, se mueven dentro del mismo engranaje. Comemos en ciertos restaurantes y visitamos barrios concretos siguiendo guías que escribieron las personas que nos precedieron. Nos alojamos en hoteles, pensiones y apartamentos de alquiler que están específicamente diseñados para satisfacer nuestras necesidades y seguimos rutas trazadas por guías que aprendieron a traducir el mundo a nuestra medida. El turista está comprando un servicio y utilizando unas infraestructuras creadas

(4) Juliana González-Rivera, *La invención del viaje. La historia de los relatos que cuentan el mundo*, Alianza Editorial, Madrid, 2019, p. 34. Cursivas en el original.

para personas que, como él, han decidido salir de su lugar de residencia habitual durante un tiempo limitado para pasar unos días de disfrute y, tal vez, de evasión. No hay ninguna deshonra en ello y, no obstante, seguimos intentando desmarcarnos de una categoría que consideramos peyorativa. Tal vez sin ser conscientes de que nosotros mismos, al alimentar ese estigma semántico, estamos convirtiéndonos en una caricatura de aquello que tratamos de rechazar. Porque es igual de ridículo ser el turista con chanclas y calcetines que el turista que se empeña en ser considerado un explorador.

El estigma lleva siglos acompañándonos. En 1871, el reverendo Robert Kilvert escribía en sus diarios: «De todos los animales nocivos, el más nocivo es el turista».[5] Cinco años después, el diplomático Joseph Arthur de Gobineau, en el tomo *La vie de voyage de su obra Nouvelles asiatiques* (1976), comparaba a los viajeros que contrataban tours guiados con animales[6] y, según cuenta el escritor Daniel Boorstin en su libro *The Image: A Guide to Pseudo-Events in America* (1961), la expresión *rebaño* aparece por primera vez mencionada en 1865 por un inglés que estaba describiendo a los viajeros que

(5) Robert Kilvert *Kilvert's Diary* (1871).

(6) Joseph Arthur de Gobineau, *La vie de voyage, en Nouvelles asiatiques* (1876), París, Pauvert, 1960, vol. II, p. 332.

atestaban las ciudades italianas.[7] El turista se convierte en parte de una masa homogénea, con el guía, convertido en perro pastor, a la cabeza. Desde entonces, la figura del turista ha servido como espejo de todo aquello que tememos ser: conformistas, frívolos, previsibles.

Pero esa diferencia, igual que la imagen de explorador que quería dar mi extraño compañero durante aquel viaje, no es más que una ficción. Nos guste o no, en el momento en que usamos carreteras, hoteles o vuelos, en cuanto confiamos en las infraestructuras creadas por la industria turística para movernos por el mundo, somos turistas. Y tal vez reconocerlo —admitir que estamos llevando a cabo algo que muchos otros antes de nosotros ya han hecho— sea el primer paso para mirar el viaje con honestidad y sin necesidad de disfrazarlo de epopeya. Si en algún caso llegamos a vivir una experiencia extraordinaria, que su relato no sea el motivo del viaje, sino su consecuencia. No viajar para presumir de ello, sino presumir de ello porque, en algún punto del camino, algo nos transformó.

(7) No obstante, la atribución más plausible de ese «inglés» es Charles Lever (1826-1872), un novelista irlandés que firmó como Cornelius O'Dowd una sátira contra los viajeros de Thomas Cook; allí escribe que «cuando leí por primera vez el programa [...] albergué la esperanza de que la especulación se viniera abajo [...] Me equivocaba de pleno [...] mientras escribo esto, las ciudades de Italia están inundadas de rebaños de estas criaturas», Lever, «Continental Excursionists», *Blackwood's Edinburgh Magazine*, 1865. Traducción propia.

El escritor Marco d'Eramo, autor de *El selfie del mundo* (2020), expone con rotundidad que nuestra época debería definirse como la edad del turismo. Si miramos las cifras, la afirmación no parece exagerada: en 2018, la industria turística representaba el 10,4 por ciento del PIB mundial y generaba más de 319 millones de puestos de trabajo. Además —y en contra de lo que suele pensarse—, el turismo internacional resultaba minoritario y la mayoría de los desplazamientos se producían dentro de las fronteras del propio país. Si a estas cifras añadimos los ingresos indirectos de sectores vinculados, como la restauración, el transporte y la hostelería, hablamos de un auténtico imperio económico y, probablemente, de la industria más influyente del siglo XXI.

Pero el peso del turismo no es solo económico. También es político. Su capacidad para sostener o desestabilizar regiones enteras se ha hecho evidente en las últimas décadas. El cierre de fronteras durante la crisis de la COVID-19 expuso la fragilidad del sector y su profunda interconexión con la economía global. Las restricciones de viaje no solo afectaron a los destinos turísticos, sino también a comunidades enteras que dependían del flujo constante de visitantes. Hoteles vacíos, restaurantes cerrados y aeropuertos paralizados se convirtieron en el reflejo visible de un colapso que dejó a millones de personas en situación de desempleo e incertidumbre.

Esa misma fuerza económica, capaz de levantar o derribar economías locales, también ha sido instrumentalizada en contextos de conflicto. El llamado terrorismo turístico lo demuestra: ataques dirigidos contra visitantes o monumentos emblemáticos con el objetivo de dañar la moral, la economía y la imagen internacional de un país. Desde el atentado de Luxor en 1997, donde murieron cincuenta y ocho turistas y cuatro ciudadanos egipcios, hasta la masacre de Barcelona en 2017, cometida por una célula yihadista que se cobró un total de dieciséis vidas, y el asesinato de seis personas, entre ellas tres viajeros españoles, en Afganistán en 2024, el turismo ha sido utilizado como blanco simbólico de la violencia. Lo mismo ocurrió con la destrucción de los budas de Bamiyán, el complejo monumental de Samarra y las ruinas de Palmira, todos ellos atentados contra el patrimonio que buscaban, por una parte, eliminar símbolos considerados ajenos y, por la otra, desestabilizar pilares esenciales del turismo nacional. Estos ataques no solo pretendían infligir daño material, sino también quebrar la cohesión social y rechazar unos valores culturales que, para ciertos grupos, representan una amenaza o un logro ilegítimo. En el caso de Palmira, pese a la aprobación de proyectos orientados a la recuperación y la conservación del yacimiento, el debate sigue abierto ante el temor de una nueva devastación y la duda de si la reconstrucción puede acabar borrando la memoria del crimen. En Bamiyán, la Unesco ha optado por preservar el vacío como memoria del crimen, al considerar que la ausencia también forma parte del valor histórico y simbólico del lugar.

En estos contextos, el turista se convierte en un emisario de otro modo de vida, un potencial agente de cambio ideológico que debe ser neutralizado. De ahí que ciertos regímenes o movimientos radicales hayan visto en el aislamiento la mejor herramienta de defensa cultural. Durante el período Edo, Japón aplicó durante más de dos siglos una política de cierre total al exterior para evitar la influencia del cristianismo y de las potencias coloniales europeas. Medidas similares se han replicado, en distintos momentos, en el Tíbet, Bután, Afganistán, Yemen, Albania y Corea del Norte. También en países como Birmania (actual Myanmar), donde durante décadas se limitó severamente el acceso de visitantes extranjeros como una forma de mantener el control sobre la información, y en la Camboya de los Jemeres Rojos, que cerró sus fronteras por completo en nombre de la pureza ideológica. En todos estos casos, el aislamiento se presentó como una vía de protección frente a la influencia externa, una estrategia destinada a preservar la identidad cultural y controlar la circulación de ideas, imágenes y valores asociados a lo extranjero.

Así, la llegada de visitantes se convierte paralelamente en una fuente de prosperidad y en un elemento desestabilizador que reconfigura la manera en que un lugar se piensa y se cuenta a sí mismo. El turismo puede percibirse como un acto de apertura o como una potencial amenaza, según el contexto desde el que se mire. Las narrativas que se tejen alrededor de él reflejan esa tensión constante y por eso los turistas aparecen representados bien como invasores, bien como embajadores, como agentes de destrucción o como impulsores de un motor económico que, en cualquier caso, transforma inevitablemente el territorio que toca.

En ese telón de fondo la necesidad de distinguirse cobra aún más relevancia. Los exploradores desprecian a los turistas por una mezcla de orgullo, elitismo y también clasismo. La necesidad de pensar que su viaje tenía un propósito más elevado. Pero, al final, todos formamos parte del mismo engranaje. Por eso, nos cuesta tanto considerarnos turistas. Sería como mínimo paradójico utilizar en nuestros viajes la misma categoría que criticamos mientras estamos en casa. Turista te llaman los otros. Es una etiqueta impuesta, nunca reclamada. Reivindicarla sería, para muchos, admitir la confesión de un crimen, la confirmación de que somos parte de una maquinaria que nos precede. Pero escapar de ella tampoco parece posible. Si apenas tienes unos días de descanso al año y la posibilidad de acceder a un itinerario cerrado por un precio concreto, lo más probable es que formes parte de esa red que sostiene el viaje contemporáneo.

El hecho de que el turismo sea una práctica común no implica que todos nos sintamos cómodos con el modelo que representa. Los clichés del turismo masivo —los resorts, los cruceros y las playas abarrotadas— resultan cada vez más ajenos a las sensibilidades contemporáneas. Las nuevas generaciones rechazan la idea del paquete vacacional clásico, con excursiones programadas al milímetro y cóctel de bienvenida. Buscan experiencias más flexibles, más personales, más centradas en conocer en profundidad la realidad del lugar. Internet ha jugado un papel fundamental en esta transformación, al permitir al viajero reservar directamente vuelos, alojamientos y actividades, eliminando intermediarios y haciendo accesibles itinerarios que antes habrían parecido inalcanzables. Pero esta aparente libertad es, en realidad, una libertad mediada. La industria no ha desaparecido, simplemente ha tomado otras articulaciones, con formas más afines a las necesidades del viajero. La realidad es que llegar a los destinos que se salen del circuito sigue siendo igualmente complicado.

El desprecio hacia el turista, tan extendido, no surge de la nada. A menudo lo justificamos por el impacto devastador que la influencia de la industria ha tenido en ciertos territorios y en las vidas de sus habitantes. Los alquileres se disparan, los barrios se convierten en escenarios y las playas privadas alimentan el rechazo de la población local, que percibe al visitante como una presencia superficial, indiferente e incluso invasiva. Un espectador que solo se interesa por lo más evidente y no se toma el tiempo para comprender la historia, las costumbres y la subjetividad del lugar. Tienen razón. Pero también conviene reconocer que el turismo no es, en sí mismo, el enemigo. Lo que deteriora los lugares no es el hecho de viajar, sino la manera en que lo hacemos y las lógicas que sostienen ese desplazamiento. El viaje no tiene por qué ser extractivo, pues, de hecho, puede convertirse, si se practica con atención, en una forma de reciprocidad que se manifiesta en los intercambios que nacen de la curiosidad genuina y el respeto.

La mirada externa del extranjero puede transformar cuestiones potencialmente triviales para los locales en algo valioso. Y, al hacerlo, contribuye a revitalizar tradiciones y a mantener vivas ciertas prácticas folclóricas que de otra manera habrían caído en el olvido. En ese intercambio, el visitante no solo observa, sino que también devuelve una imagen que muestra al otro cómo su cultura se ve desde fuera. Muchas comunidades redescubren el valor de sus propias prácticas a través de este reflejo.

El extranjero, tal y como temían los japoneses durante el período Edo, también trae información. Noticias que han sido vetadas por Gobiernos restrictivos o formas de comportarse o de entender el mundo que resultan impensables en sociedades más aisladas o recluidas. Con su presencia y con sus actos, el viajero expone nuevas formas de vivir y de entender el mundo. La relación con la otredad funciona, inevitablemente, en ambas direcciones.

En este sentido, recuerdo una conversación con unas mujeres masáis sobre métodos anticonceptivos y la sorpresa de una chica iraquí cuando le conté que vivía con mi pareja sin estar casada. No se trata de convencer a nadie, ni de dar lecciones, sino de compartir un punto de vista que pueda potencialmente incitar a reflexionar sobre las propias tradiciones, la identidad y el valor de un patrimonio que a veces ni siquiera es reconocido como tal. Se trata, en definitiva, de reconocer en la diferencia una oportunidad para el diálogo y hacer así el mundo un poco más ancho.

No obstante, esa responsabilidad no puede recaer solo sobre los hombros del viajero individual. Son los gobiernos, las instituciones públicas y las propias agencias de viajes los que deberían establecer los marcos que impidan que el turismo devore aquello que lo sustenta. Regular los flujos, limitar los accesos, reinvertir los beneficios en las comunidades locales y apostar por proyectos que prioricen la conservación cultural y ambiental son medidas tan necesarias como urgentes. Diseñar experiencias responsables significa cuidar los vínculos que lo hacen posible, generando relaciones equitativas entre quienes reciben y quienes visitan.

Pero hay algo más. El rechazo hacia el turista como antagonista del verdadero viajero no se explica solo por su impacto material, sino también por un desdén enraizado en ideas de clase. En el fondo, viajar también es una cuestión de estatus. En el momento en que algo deja de ser el privilegio de una minoría para convertirse en una práctica mayoritaria, nos resulta menos valioso. Y como suele ocurrir cuando los privilegios se democratizan, su capital simbólico se desvanece.

Ocurrió con la educación, con la cultura y, por supuesto, con la manera en que disfrutamos del ocio. Tener una carrera universitaria, algo que en la generación de nuestros padres era signo de progreso y poder, se ha transformado en un requisito básico para aspirar a casi cualquier empleo. Lo mismo sucedió con el arte, la música y el teatro: cuando dejaron de ser dominios exclusivos de la aristocracia para convertirse en experiencias accesibles para todos, la percepción social de su valor disminuyó. Con el turismo sucede algo similar. La crítica hacia el turista funciona, en parte, como reacción defensiva ante un privilegio amenazado: el derecho a viajar. Por eso, muchos prefieren definirse como exploradores y no como turistas. Lo que buscamos no es una palabra más precisa, sino una forma de reinstaurar o preservar la jerarquía, de trazar una línea entre lo vulgar y lo exclusivo, entre la plebe y la élite.

Sin embargo, estas visiones no solo revelan un sesgo clasista, sino también una contradicción profunda: la de un sujeto que desea experiencias genuinas en un mundo donde la autenticidad ha sido absorbida por la lógica de mercado. El viajero contemporáneo vive atrapado entre dos pulsiones. Por un lado, la de escapar de la industria turística y, por el otro, la de formar parte, irremediablemente, de ella. Quiere integrarse en la cultura local, pero su presencia siempre será la de un visitante. Por mucho que aprenda las costumbres, la lengua o los códigos del lugar, habrá siempre un pequeño desajuste, un leve desplazamiento que lo delate.

Quizá no haya nada de malo en ello. De hecho, asumir y aceptar los beneficios de esa distancia puede ser una forma de lucidez. En esa posición intermedia —ni completamente dentro, ni del todo fuera—, nace la figura del mediador cultural, alguien que, al entender dos espacios *a priori* ajenos entre sí, es capaz de traducir y contextualizar prácticas que, de otro modo, pasarían desapercibidas o podrían ser malinterpretadas. El viajero, cuando renuncia a la ilusión de pureza, puede convertirse en un puente entre la cultura que habita y la que visita.

En un mundo hiperconectado, el viajero contemporáneo ya ocupa múltiples lugares a la vez. Es consumidor y empleado, público y proveedor. Cuando sube una fotografía a sus redes sociales o deja una reseña en una plataforma digital, está paralelamente viviendo, validando y, a su vez, promocionando la experiencia. Esta identidad multifacética convierte la producción de información turística en algo único, reproducible sobre sí mismo en una simbiosis casi fractal. Tal vez la solución sea aceptar el privilegio y hacer las paces con la idea de ser turistas, si es que queremos viajar. Fingir lo contrario es caer en una forma de hipocresía.

Es precisamente en ese punto —donde el viaje se vuelve espejo de la sociedad que lo posibilita— donde entra en juego la lectura de Dean MacCannell. Además de entender el turismo como un rito secular colectivo, MacCannell también lo concibió como una búsqueda moderna de autenticidad. Si el viaje sustituye a las antiguas peregrinaciones como una forma de tránsito simbólico hacia lo sagrado, la autenticidad se convierte en el nuevo objeto de fe: una promesa de plenitud en un mundo desencantado.

MacCannell sostiene que el turista contemporáneo no viaja únicamente por ocio o curiosidad, sino movido por el deseo de reencontrarse con lo real en una sociedad donde casi todo —las relaciones, el trabajo, incluso las emociones— parece filtrado por estructuras artificiales. Para él, este acto nace como una respuesta a la pérdida de contacto con la experiencia directa. Una tentativa de recuperar la conexión con aquello que sentimos que hemos abandonado en nuestra vida cotidiana.

El turista moderno anhela atravesar la cuarta pared, acceder al reverso del decorado y sentirse, aunque sea por un instante, parte del lugar. Pero, como ya hemos visto, ese acceso nunca es total: quien penetra en el *backstage* de lo que observa lo hace siempre como invitado y su presencia altera el equilibrio de lo que pretendía contemplar. Así, la búsqueda de autenticidad se convierte en una experiencia liminal, una frontera móvil entre lo visible y lo vivido, entre el deseo de acercarse y la imposibilidad de hacerlo del todo.

De ahí surge una de las tensiones centrales del turismo moderno. La autenticidad no es una cualidad fija, sino relacional. MacCannell lo resumió con precisión al afirmar que lo auténtico se construye a través del contacto con lo que se percibe como no contaminado por la modernidad. Pero esa pureza, una vez señalada, deja de existir. El acto de reconocerla la transforma en espectáculo y, cada vez que se delimita un espacio como auténtico, se abre inevitablemente una frontera entre quienes lo habitan y quienes lo observan. Lo auténtico se desplaza con la mirada que lo busca incesablemente y ese movimiento, lejos de anularlo, se convierte en su condición de posibilidad. Como una suerte de rey Midas, el viajero convierte en turístico todo lo que toca y, sin embargo, en ese acto, a medio camino entre la pérdida y la revelación, surge la consciencia de que toda experiencia humana es, en última instancia, una creación compartida. La autenticidad no se destruye con la mirada, sino que se redefine a través de ella.

El crítico cultural Jonathan Culler profundiza en esta idea en *Semiotics of Tourism* (1981) al afirmar que «la distinción entre auténtico e inauténtico, entre natural y turístico, es un poderoso operador semiótico dentro del turismo. La idea de ver la España real, la Jamaica verdadera, algo no contaminado, de cómo viven y trabajan los nativos, constituye uno de los principales *topos* del turismo».[8] La realidad es que la autenticidad no es cuantificable y la capacidad para verificarla dependerá de la vara con la cual se mida. Por eso, se trata de una cualidad relativa. Los nómadas de la tundra siberiana tienen teléfonos por satélite y podemos encontrarnos a nativos de la Amazonía llevando una camiseta de Messi. Lo auténtico no desaparece por convivir con lo moderno, simplemente cambia de forma.

Por eso, reconocer la autenticidad es admitir que estas realidades conviven con las prácticas tradicionales, sin tratar de modelar la verdad para que encaje en lo que nosotros consideramos genuino. Una imagen que, todo sea dicho, suele estar construida dentro de una fantasía atemporal y alimentada en gran medida por documentales, artículos y narraciones que omiten parte de los hechos para que estos se acomoden mejor a la perspectiva de cómo se supone que tiene que ser un lugar.

El crítico y filósofo Walter Benjamin aporta aquí otra capa de lectura. En su ensayo de 1935 *La obra de arte en la era de la reproductibilidad técnica*, afirmaba que una obra auténtica —es decir, original— poseía una

(8) Jonathan Culler, «Semiotics of Tourism,» *Annals of Tourism Research* 8, n.º 2 (1981): 5, traducción propia. El término *topos* aparece en español y en cursiva en el texto original.

presencia única y especial que las copias no podían reproducir. A esa energía la llamó aura, entendida como la distancia reverencial entre el espectador y el objeto. El aura, decía Benjamin, se desvanece cuando la obra se multiplica, cuando la posibilidad de reproducirla rompe el hechizo de su singularidad.

En el turismo ocurre justo lo contrario. La experiencia adquiere valor solo cuando se multiplica, cuando se comparte, cuando deja una huella visible. Su aura no nace de la distancia, sino de la proximidad y la duplicación. Lo vivido parece real únicamente cuando se muestra, se comparte y se documenta. Antes, simplemente, no existe. De esta manera, la autenticidad ya no reside en el lugar ni en las prácticas, sino en la posibilidad de certificar que el viajero estuvo allí, cuando surge la posibilidad de convertir la experiencia en testimonio.

De esta manera, en lugar de lamentar la pérdida del aura, el turismo la reinventa como una constelación de presencias simultáneas. Una experiencia que inserta el instante en una red de miradas donde el valor ya no está en su exclusividad, sino en su resonancia colectiva. Una experiencia es auténtica no porque sea única, sino porque nos afecta y porque se vuelve significativa al ser comunicada, replicada o recordada.

Esta lógica me parece clave para entender el presente. Si, a diferencia de lo que proponía Benjamin, el aura turística ya no se desvanece con la reproducción, sino que se alimenta de ella, y si, como plantea MacCannell, la autenticidad no se destruye con la mirada, sino que se transforma a través suyo, quizá el error consista en seguir buscándola donde nunca estuvo. A lo mejor la respuesta sea no obsesionarse con el humo. No intentar alcanzar una pureza que realmente nunca existió.

Enredarnos intentando descifrar la veracidad de lo que estamos viviendo solo nos conduce a una trampa: la de confirmar una visión dicotómica —lo real frente a lo falso, lo puro frente a lo contaminado— que es, en última instancia, irreal. La experiencia, por definición, está hecha de mezcla, de mediación, de reinterpretaciones constantes. No hay viaje sin mirada, ni mirada sin contexto. Perseguir la autenticidad es perseguir un fantasma.

Quizá esa ilusión —la de que aún queda algo puro esperando ser descubierto— sea la misma que impulsó a Burton, Speke y Livingstone a internarse en territorios que creían vírgenes. Su recompensa no residía en la experiencia, sino en la promesa de que sus nombres quedarían inscritos en los libros de historia. Y, al igual que ellos, el viajero que persigue lo auténtico como si fuera una esencia anterior a toda influencia, acabará encontrando solo su propio reflejo.

Tal vez la respuesta consista en reconocer esa búsqueda por la autenticidad como un espejo. En aceptar que viajamos, muchas veces, para vernos desde fuera, desde otro ángulo, en contraposición con el mundo que nos rodea. Los desplazamientos abren una pequeña grieta por la que se cuela lo que somos, lo que creemos ser y lo que todavía no sabemos cómo nombrar. Por eso, muchos viajan para probar su fortaleza, para demostrar su valía o para intentar pasar a la posteridad. Estamos unidos por nuestras heridas y las maneras que encontramos de aliviarlas.

Pero cuando el desplazamiento se convierte en una carrera silenciosa, una competición donde la ruta se mide en cifras, la vivencia inevitablemente se diluye. Viajar deja de ser tránsito para convertirse en inventario. Prefiero pensar que hay otras formas de vivirlo, que se puede participar del viaje sin perder la conciencia de lo que implica, decidiendo qué consumimos, qué apoyamos y qué dejamos atrás. En ese hueco podemos comprometernos con el destino, buscar conexiones genuinas y ejercer un impacto que no sea sustractivo. Contribuir, en la medida de lo posible, a que el destino conserve su ritmo, sus voces y sus formas.

El turismo es una fuerza ambivalente y la solución a los problemas que derivan de él exige marcos de reciprocidad, regulación y responsabilidad compartida. Pero la respuesta es quizá asumir su mediación y aceptar que puede operar también como puente. Implica cuestionar las jerarquías simbólicas que sustentan su rechazo, resignificar y democratizar, no solo la palabra, sino los pilares sobre los que hemos construido su significado. Reconocer que viajar no nos sitúa por encima de nadie, sino dentro de una red de relaciones que nos trasciende.

Cuando ni las tradiciones ni las costumbres se parecen a las propias, nuestra identidad se queda sin anclajes, sin puntos de referencia a los que aferrarse. En ese vacío, la esencia que nos conforma se pone en duda y surge una oportunidad valiosa: la de volver a mirarnos, esta vez, desde otra perspectiva. Si lo que hacemos durante los viajes es, en última instancia, un reflejo de nosotros mismos, al reconocernos en contraste con lo que vemos también estamos creando una nueva posibilidad, la de actuar conforme a lo que aspiramos ser. Aprendiendo, así, a habitar el mundo con otra disposición.

6
¿POR QUÉ VIAJAMOS?

Elegir es renunciar y la renuncia tiene un precio que esculpe silenciosamente la forma de nuestras vidas. Cuando tomamos una decisión, las demás posibilidades se desvanecen y, aunque me gusta pensar que hay un número incontable de mundos paralelos en los que las cosas son de otra manera, también encuentro una belleza particular en concebir la existencia como un trayecto lleno de quiebros y fracturas. Un hilo que zigzaguea, se enreda y se recompone, trazando un dibujo irregular que solo cobra sentido cuando se observa desde la distancia. O quizá una corriente de agua que avanza a su propio ritmo, desviándose al encontrar una piedra o una raíz y dejando atrás cauces que ya no recorre. Me gusta imaginar que, en cada uno de esos desvíos, hay una versión de mí misma que eligió algo distinto: la que se quedó en una ciudad extranjera por amor, la que decidió estudiar otra carrera, la que nunca salió del barrio.

Pero elegir no es solo renunciar. Es también afirmar una dirección, reconocer un deseo, aceptar el vértigo de no saber si lo escogido será suficiente. Se trata de un acto de valentía, una declaración de intenciones que lleva consigo irremediablemente el peso de la pérdida. Tomar una decisión es aceptar un pequeño duelo, porque el poder de la libertad es, al mismo tiempo, un acto de despedida ante todo lo que pudo haber sido y no será. Algunos caminos quedarán inexplorados o borrados antes de que siquiera los pisemos.

Podría decirse que toda elección empieza con una pregunta y con la idea de que en algún lugar existe una respuesta. Quizá por eso viajamos, para asomarnos a lo incierto, para buscar en lo desconocido un reflejo de aquello que todavía no sabemos de nosotros mismos.

A veces esa búsqueda comienza sin que lo sepamos. No hay una epifanía, sino un leve impulso que nos empuja a movernos, una sospecha de que el cambio está esperándonos al otro lado. Así fue como llegué a Nueva Zelanda, sin tener muy claro qué buscaba allí. El billete de vuelta a España desde Melbourne salía más barato si incluía una escala de tres semanas en aquel país, como si el destino, en una de esas coincidencias que te dejan pensando, me invitara a quedarme un poco más. Aunque apenas sabía nada de la vegetación exuberante y las montañas plagadas de volcanes que me esperaban en aquel rincón del océano Pacífico Sur, me dejé llevar.

El viaje fue extraño y desordenado, lleno de contratiempos y también de aprendizajes. Me alojé en todos y cada uno de los hostales recomendados en la guía que cogí en el aeropuerto, hice autostop y me animé a subirme a un kayak por primera vez para completar una ruta de cinco días por el río Whanganui. Mientras esperaba a que el grupo necesario para llevar a cabo la travesía se completara, pasé unos días en una aldea diminuta llamada Whakapapa, un lugar con más ovejas que personas.

Más tarde supe que «whakapapa» es una palabra maorí que hace referencia al linaje, a las conexiones invisibles que nos unen con la tierra y con nuestros ancestros. Lo que en antropología llamaríamos una conexión translocal, es decir, una red de significados que atraviesa el tiempo y el espacio, vinculando las experiencias individuales con las colectivas.

Esa capacidad para trascender lo propio con la idea de hablar de algo más grande me hace pensar en la posible existencia de un linaje paisajístico, no limitado a los lazos humanos, sino extendido a los lugares, a los espacios que moldean nuestras vidas y que, de alguna manera, guardan nuestras historias. Aceptamos sin cuestionarlo que los seres humanos dejen huellas en la tierra y por eso damos tanta importancia a los árboles genealógicos o a las redes de parentesco, pero pocas veces reflexionamos sobre cómo la tierra también nos inscribe en su memoria, en ese texto que escribimos con nuestros pasos, nuestras acciones y nuestras ausencias. Historias que se entrelazan con las nuestras en el instante mismo en que las pisamos.

Dialogamos con nuestro entorno de una manera mucho más abstracta que la que usamos para comunicarnos con otras personas, pero es innegable que construimos una red de significados con lo que nos rodea. Por eso duele tanto volver a la casa de alguien que ha fallecido. Los círculos de café derramado en la mesa donde apoyaba la taza, el sofá vencido con la forma de su espalda y los marcapáginas colocados en los libros que ya nunca leerá se convierten en gestos repentinamente mudos. Esas marcas nos recuerdan que el espacio también habla con nosotros, y lo que nos hiere es darnos cuenta de que ese diálogo, ahora interrumpido, nunca podrá completarse porque el traductor —la presencia— ha desaparecido. Tal vez mi paso por aquel pueblo, por casual y efímero que pareciera, también quedó inscrito en su tejido, aunque entonces yo aún no pudiera verlo con claridad.

Una mañana me levanté y decidí salir a caminar. Me habían recomendado un sendero cercano y, sin más preparación que mis ganas, subí a un autobús que me dejó en el inicio del recorrido. La niebla cubría las montañas y soplaba un aire frío, de ese que muerde sin avisar. Cuanto más ascendía, más increíble me parecía lo que estaba viendo. Lo más hermoso era el color áspero de las rocas volcánicas: oscuras, porosas y afiladas. A veces, al levantar el pie para dar el siguiente paso, los fragmentos de aquellas se colaban secretamente en mis zapatillas. Cada pocos metros tenía que parar a sacármelas del calzado, moviendo el pie como si me diera un espasmo o quitándome por completo la deportiva para deshacerme de ellas.

La ruta era dura e incómoda a ratos, pero estaba frente a uno de los paisajes más sobrecogedores que había visto en mi vida y me negaba a detenerme. A un lado, llanuras desoladas salpicadas de cráteres negros; al otro, líneas verticales que cortaban las montañas y que parecían cicatrices. Los ascensos empinados daban paso a planicies inesperadas, cubiertas de flores amarillas y arbustos diminutos que parecían haber sido colocados allí por una mano cuidadosa. A lo lejos, manchas de nieve sólida se resistían al deshielo. El aire era cada vez más gélido.

Tiempo después supe que allí fue donde se rodaron las escenas del Monte del Destino en *El Señor de los Anillos*. También descubrí que aquella ruta que hice prácticamente con lo puesto se cobra la vida de varias personas cada año. Es la Travesía Alpina del Tongariro, un volcán activo situado en un lugar donde las condiciones meteorológicas cambian en un abrir y cerrar de ojos. En mi imprudencia, había ignorado el riesgo de hipotermia, de deshidratación o de perderme en un terreno que desconocía.

Llegado cierto punto, el viento se intensificó y las temperaturas comenzaron a caer bruscamente así que decidí, a las seis horas de haber empezado la marcha, que era el momento de dar la vuelta. Mientras desandaba el camino, agotada y torpe, la conciencia del peligro comenzó a filtrarse lentamente. Al llegar al aparcamiento, comprendí que esa aventura podría haber terminado de una manera muy distinta.

Si todo viaje empieza con una pregunta y con la idea de que en algún lugar existe una respuesta, mi paso por la Travesía Alpina del Tongariro fue una manera de cuestionar mis límites, de demostrarme hasta dónde podía llegar. Pero los interrogantes son muchos y variados. Hay quien intenta conquistar un accidente topográfico, quien visita un museo en busca de historias ajenas y quien busca inspiración en el atardecer de una playa remota. Otros anhelan desenlaces más profundos, relacionados con la identidad, las relaciones o el sentido de la vida. Porque viajar, como escribir, es una forma de conversar con el mundo, de interpelar a los otros y, en última instancia, a uno mismo. La mayoría de las veces esa pregunta ni siquiera se formula de forma consciente, pero en ella se esconde, escurridiza, la gigantesca curiosidad que caracteriza a nuestra especie.

Como muchos otros viajeros, me he roto la cabeza intentando descifrar qué es lo que tienen los viajes que me atrae tanto. Mientras mis amigos planean fines de semana de descanso en las playas de Gran Canaria y rutas culinarias por el sur de Francia, yo prefiero organizar expediciones a lugares donde las carreteras son poco más que líneas imaginarias y las temperaturas amenazan con hacerme reconsiderar todas mis decisiones. Me veo discutiendo con guías locales, tratando de convencerlos de llevarme a algún sitio apenas mencionado en ninguna parte, peleando contra el cansancio o los límites de mi cuerpo, con tal de alcanzar esas coordenadas del mapa de las que nadie parece haber oído hablar.

No siempre fue así. Hubo un tiempo en el que los viajes eran apenas una fuga breve de la rutina. Pero llegó un momento en el que viajar se convirtió en una forma de vida, el destino de todos mis ahorros y la razón detrás de muchas de mis decisiones. Cuando comprendí que quería moverme a tiempo completo, empecé también a preguntarme por los motivos ocultos detrás de ese deseo. ¿Por qué algunos se sienten cómodos en el sosiego del sedentarismo, mientras otros nos removemos inquietos al pensar en el mundo que sigue girando ahí fuera, ajeno a nuestra cotidianidad? El desplazamiento se convierte entonces en un pulso vital, en una necesidad casi física de renovación.

«Hay tantos motivos como viajeros —escribe Juliana González-Rivera en su libro *La invención del viaje*—, *pero* esas causas, siempre utilitarias, se pueden resumir en cuatro categorías: la búsqueda de una recompensa, de instrucción, del placer o de escapar.»[1] Ella pone el acento en lo funcional, pero yo prefiero pensar que hay algo más. Sí, el viaje es conocimiento y también huida, es curiosidad por lo ajeno y, a veces, rechazo de lo propio. Pero viajar es, para muchos de nosotros, mucho más que eso. Implica también una filosofía de vida, un estado mental, una manera de dar sentido a nuestra realidad.

(1) Juliana González-Rivera, *La invención del viaje. La historia de los relatos que cuentan el mundo*, Alianza Editorial, Madrid, 2019, p. 42.

Frente a un mundo dividido en cubículos, fragmentado en apartamentos, porciones envasadas y horarios previsibles, hay algo en la vastedad del espacio que resulta salvajemente atractivo. Yo sigo preguntándome qué es lo que busco cuando viajo o qué es lo que buscamos nosotros, la estirpe de inconformistas que encuentra más plenitud en el caos que en la seguridad del hogar. Tal vez viajamos porque, en el fondo, lo que buscamos son correspondencias. De la misma manera que *whakapapa* expresa esa continuidad entre lo humano y lo no humano, el viajero, al moverse, reactiva un diálogo antiguo que conecta el cuerpo con el territorio, la mirada con la materia. Quizás es un modo de recordarle al mundo que también nosotros formamos parte de su estirpe. A lo mejor es simplemente una forma primitiva de pertenencia.

En esa conversación entre el cuerpo y el paisaje, aparece una forma de conocimiento distinta, que solo puede abarcarse a través de la experiencia. Un aprendizaje que se filtra por la piel, que pasa primero por los sentidos antes de alcanzar el pensamiento. Saberes que solo se alcanzan metiendo los dedos en la tierra húmeda.

De la misma manera que una lámina de la *Gioconda* nunca podrá reproducir la sutileza de las pinceladas originales, las réplicas fotográficas de un paisaje o los documentales que retratan una ceremonia no pueden reemplazar la experiencia directa de estar allí, de sentir el viento, los aromas, el calor o las gotas de lluvia sobre la piel. Viajar nos ayuda a materializar aquellas preguntas que antes solo tenían cabida en la imaginación. A experimentar, en definitiva, la poesía de los sentidos.

Una vez, en una ruta extenuante y bastante parecida a aquella que hice en Nueva Zelanda, no calculé bien dónde estaban mis límites. Caminábamos por el paisaje árido y abrupto del antiguo reino de Mustang, en la frontera entre el Tíbet y Nepal. Aunque había comprobado las distancias con el guía local, el mal tiempo y los senderos pobremente señalizados convirtieron lo que debía ser un trayecto de seis horas en una caminata de casi once.

Podría tratar de describir el dolor en las piernas, el ardor de mis hombros castigados por la mochila o los gritos de placer y alivio al divisar, a lo lejos, la casa que sería nuestro refugio durante aquella noche. Pero ninguna palabra puede representar con fidelidad la mezcla de agotamiento, euforia y superación que sentimos tras esos momentos de lucha contra el terreno y la frustración. Al llegar a nuestro alojamiento, me di una ducha de agua helada que, en cualquier otra circunstancia, habría sido un suplicio. Pero allí, con la piel aun temblando por el esfuerzo, el frío fue una bendición. Sobre mi cuerpo magullado, las gotas se convirtieron en caricias y cada una de ellas parecía devolverme un pedazo de mí.

Fue el escritor Julio Cortázar quien dijo que «las palabras nunca alcanzan cuando lo que hay que decir desborda el alma». A mí me gustaría añadir que es imposible traducir en narración lo que sucede cuando el cuerpo comprende algo antes que la mente. Hay experiencias que no se piensan, sino que se atraviesan. Y, al hacerlo, dejan una huella que el lenguaje es incapaz de reflejar. Así, en otro viaje, en otras latitudes, volví a tener uno de esos breves momentos de lucidez. Estábamos en Siberia, en mitad de la tundra, a treinta y cinco grados bajo cero. A esa temperatura, el aire se vuelve una sustancia perceptible, casi sólida, y el agua condensada de tu respiración deja un rastro blanco que se disuelve para fundirse con el entorno. La humedad se congela sobre las pestañas y forma una costra de escarcha que obliga a caminar con los ojos prácticamente cerrados. Recuerdo el sonido de la nieve bajo las botas, un crujido seco que se mezclaba con el viento, y el temblor del hielo al moverme por el terreno. Todo parecía estar al borde de quebrarse.

El frío tiene su propia lógica. Las baterías de los teléfonos y las cámaras morían en cuestión de minutos y para mantenerlas había que guardarlas cerca del cuerpo, buscando un calor humano capaz de contrarrestar el sopor del Ártico. Fue allí donde descubrí también que los líquidos de revelado de mis cámaras instantáneas podían congelarse. Las siluetas adoptaban caminos caprichosos, cubiertas como estaban de fractales que parecían venas. Despojadas de toda calidez, las imágenes que tomé durante aquellos días quedaron teñidas de azules y negros, como si la luz reflejada en la nieve se negara a quedar atrapada en el papel. Un brillo escurridizo, reacio a ser capturado. Las temperaturas extremas eran capaces de transformar no solo el entorno, sino también la forma que había encontrado de reproducirlo. Paradójicamente, mis ojos sufrieron en sentido contrario. La claridad se coló en mi mirada, produciéndome una ceguera temporal provocada por la luz ultravioleta reflejada por el sol en la nieve. Durante días, los tonos se diluyeron: los verdes y los rosas desaparecieron de mi mundo. Sentía que algo de aquel lugar se había adherido a mi mirada, como si mis pupilas conservaran la memoria del hielo. Volví a Madrid con la visión fragmentada, fundida por la tundra, como los colores de mis fotos. Hay lugares que no te permiten abandonarlos del todo.

En ocasiones, la verdadera magia del viaje no está en la experiencia, sino en la relación que se traza entre el cuerpo y el espacio. Hay una belleza intangible en ese vacío que te separa del paisaje y, al mismo tiempo, te vincula a él. Como en los haikus japoneses, donde el silencio entre los versos condensa en apenas tres líneas un universo de sensaciones. El mismo silencio que usamos para medir la distancia entre un relámpago y su trueno.

Sentir en carne propia el movimiento de la naturaleza te conecta con algo instintivo, con una memoria corporal que antecede a las palabras. Es como si el organismo recordara que también forma parte de un engranaje más vasto, que su cadencia no le pertenece del todo. En esa intuición, comprendemos que todo se mueve siguiendo un ritmo que nos trasciende. La luz del sol tarda algo más de ocho minutos y veinte segundos en llegar hasta nuestros ojos. Ocho minutos de silencio donde nadie puede percibirla. La que se refleja en la superficie de la luna necesita un segundo y veintiocho centésimas más para alcanzarnos. Las mareas se mueven al son de la luna y los corales esperan a que esté llena para sincronizar su reproducción, liberando al unísono millones de gametos que explotan en un florecimiento submarino. También nuestros cuerpos laten con ese mismo compás.

A veces pienso en todo esto cuando comparo las experiencias vividas con los libros y documentales que alguna vez me impulsaron a emprender el camino. Las imágenes están editadas, los vídeos recortados, los silencios, tan importantes en la naturaleza, son reemplazados por música. No muestran el cansancio, ni el olor agrio de la ropa tras la lluvia, ni el tejido áspero de las hamacas que te arropan cuando cae la noche. Lo que llega al espectador es un producto pulido, una representación que se aleja de la realidad. Cuando estás allí, sientes el calor, las picaduras de los insectos, el dolor de tripa, pero también el olor de las flores, el sabor de las especias, la súbita belleza del mundo. Todo lo bueno y todo lo malo.

Antes hablaba de la *Gioconda* y el ejemplo es intencional. La práctica artística, como el viaje, nos enfrenta a los límites de la mediación y a la imposibilidad de sustituir la vivencia por su imagen. Como en los lienzos monumentales de Rothko, que solo revelan su poder a través de la experiencia corporal de situarte frente a ellos y admirar su grandiosidad. Pese a lo que muchos puedan pensar, las obras no son solo forma y color. Una buena pintura está también dotada de presencia. Es capaz de generar un diálogo entre el espacio y el observador a través de esa cualidad a la que Walter Benjamin llamó aura.

Otros artistas como René Magritte llevaron esa reflexión al extremo. En su célebre *Ceci n'est pas une pipe*, una pipa de madera flota sobre un fondo de color beige, enfrentándonos a través de su título («Esto no es una pipa») a una verdad evidente: lo que vemos no es el objeto en sí, sino su registro. No podemos fumar con ella, tocarla ni sentirla; no es más que una ilusión que subraya la distancia insalvable entre, una vez más, lo vivido y su traducción visual.

Ese juego entre lo que percibimos y lo que logramos comunicar nos obliga a repensar nuestra relación con los dispositivos visuales, no solo en el arte sino también en la vida cotidiana. Solo sabré a qué huele un mercado en Nueva Delhi si lo recorro, si me pierdo entre sus rincones. Puedo ver la foto de una mezquita, pero no podré apreciar la textura de sus paredes, ni el reflejo de mi rostro en los azulejos, ni el murmullo de las mujeres ocultas tras la celosía. Lo otro son espejismos; simplificaciones, versiones incompletas —o, simplemente, distintas— de lo real.

Si el contacto directo con un lugar no puede ser reemplazado por su reproducción, el *wabi-sabi* japonés celebra aquello que no puede replicarse: la imperfección, la fugacidad y la belleza que emerge del uso. Es una estética —pero también una filosofía autónoma— que reconoce el valor de lo inacabado, de lo transitorio, de todo aquello que se desvanece con el tiempo. Frente a la obsesión occidental por la simetría, la perfección y la novedad, el *wabi-sabi* nos recuerda que lo verdaderamente hermoso se encuentra en los cambios que el tiempo deja en los objetos. En su lógica, lo que está gastado o erosionado se vuelve más auténtico porque lleva inscrita la experiencia de su propio existir. Es una invitación a mirar con ternura y empatía aquello que está a punto de desaparecer, a comprender que la belleza no reside en la permanencia, sino en el instante que precede a la pérdida. Por eso, la cualidad *wabi-sabi* se otorga a aquellos objetos que ejemplifican lo que es efímero y no puede duplicarse plenamente. Una chaqueta de cuero o unos vaqueros gastados tienen *wabi-sabi*, también las tejas de una casa cubiertas de musgo o una mesa de madera cuyas vetas revelan la memoria de las manos que la tallaron.

Aunque parezca un concepto lejano, Occidente también abrazó la lógica del *wabi-sabi* cuando, durante el Romanticismo, comenzamos a admirar las ruinas clásicas. Las columnas abatidas y los monumentos parcialmente derruidos se convirtieron en emblemas de la fragilidad y del paso del tiempo. ¿Qué son las ruinas, sino una oda a la desolación? Nos despiertan una nostalgia extraña ante un mundo cambiante que ya no somos capaces de contemplar. Hasta el monumento más grandioso acabará siendo un vestigio del pasado, si no lo es ya, y ese conocimiento nos conecta con los peligros y las virtudes de lo desconocido, con el eco de las historias que han llegado a un final. Al viajar, revivimos la tierra, conectamos con sus historias y construimos, con nuestras vivencias, otras nuevas.

Fue mi psicólogo quien, en una época especialmente difícil, me sugirió que caminase por lugares cuya inmensidad me permitiese relativizar mis problemas, buscar consuelo en esa naturaleza que se abre paso hasta en los lugares más insospechados. Empecé a convertir en rutina el salir a pasear por el Parque del Oeste y por el Tierno Galván. Las ruinas con las que me cruzaba no eran columnatas griegas, sino búnkeres de la guerra civil ocultos entre la maleza, pero la lección era la misma: enfrentarme a la impermanencia y dejar que esta obrara su humilde hospitalidad, aprender a convivir con la evidencia de que todo pasa, que la materia envejece, que lo que hoy nos parece sólido también acabará convirtiéndose en barro.

En aquellos paseos, cuando el ruido interior empezaba a apagarse, encontraba alivio en las palabras de otros que también habían evocado esa fugacidad. Recordaba entonces estos versos de William Blake:[2]

Para ver el mundo en un grano de arena,
y el cielo en una flor silvestre,
abarca el infinito en la palma de tu mano
y la eternidad en una hora.

Cambiar la escala me ayudó a recordar que somos una pequeña parte de algo inmenso, a mirar desde lejos

(2) William Blake, «Augurios de inocencia» (c. 1803), vv. 1-4, en *Augurios de inocencia*, ed. y trad. de Fernando Castanedo, Madrid, Cátedra, 2020.

la estrechez del dolor y a entender la grandiosidad de la naturaleza como una forma de redención. Hay algo reparador en reconocer que el mundo continuará su curso sin nosotros: el viento seguirá soplando, la lluvia caerá sobre los mismos árboles y las raíces se abrirán paso entre los escombros de lo que un día fue nuestro presente. La naturaleza no se detiene ante nuestra tristeza; la acoge, la disuelve y la devuelve, con algo de suerte, transformada.

Los lugares abandonados siempre me han conmovido. Son la memoria de la ciudad, su cuarto de atrás. Un espacio que escapa al urbanismo y a la planificación, donde la vida vegetal vuelve a imponerse, lenta y paciente, sobre la obra humana. En esas grietas, donde las hiedras y las zarzas conquistan el hormigón, hay una lección de humildad. El recordatorio de que la muerte de un espacio puede significar el amanecer de otro.

Aunque se articule de maneras distintas, la esencia que se oculta detrás de todas estas ideas es la misma: reconocer la belleza de aquello que lleva inscrito una historia, pues la vida es en sí misma una melodía imperfecta y sublime, y ninguna foto, vídeo ni texto, por muy bien ejecutado que esté, puede capturar del todo lo que se siente al mirar el mundo sin intermediarios. «Lo que llamamos realidad, la verdadera realidad —escribe Cortázar en *Rayuela* (1963)— no es algo por venir, una meta, el último peldaño, el final de una evolución. No, es algo que ya está aquí, en nosotros. Se la siente, basta tener el valor de estirar la mano en la oscuridad.»[3]

Durante la modernidad tardía, trasladamos buena parte de la experiencia al terreno de lo virtual y lo hemos hecho con tal naturalidad que a veces olvidamos que una cosa no equivale a la otra. Al tiempo que el universo tecnológico se expandía, comenzaron a proliferar estudios —como *Enhancing Our Lives with Immersive Virtual Reality* (2016) de Mel Slater y María V. Sánchez-Vives— que mostraban cómo los entornos inmersivos podían activar áreas del cerebro similares a las implicadas en la vivencia real. Según estas investigaciones, este tipo de experiencia virtual podía engañar a la mente hasta el punto de generar respuestas físicas: aumento del ritmo cardíaco, activación corporal o sensación de vértigo en la cima de una montaña digitalizada.

En aquel momento me llegué a preguntar si la tecnología podría conseguir replicar la sensación de estar en un lugar sin llegar a pisarlo ¿Seríamos capaces de sentir que subimos al Annapurna sin tener que pasar por los riesgos que implica el ascenso? ¿Y apreciar la arquitectura de un edificio sin estar realmente allí? ¿Qué pensaría Stendhal de las visitas digitalizadas a Florencia? ¿Podríamos, frente a una pantalla, sentir el mismo vértigo estético que lo llevó a desmayarse ante la basílica de la Santa Croce? La respuesta, creo, sigue siendo negativa. Por mucho que la técnica se acerque a la verosimili-

(3) Julio Cortázar, *Rayuela*, ed. de Andrés Amorós, Cátedra, Madrid, 2019 (1.ª ed. 1984), p. 618.

tud, sigue habiendo un abismo entre la representación y la vivencia, entre el simulacro y la experiencia directa. Entre ver un paisaje y ser atravesado por él.

En 1982, el filósofo australiano Frank Jackson propuso una reflexión en su artículo «Epiphenomenal Qualia» sobre los límites del conocimiento y la experiencia que encaja de manera sorprendente con estas consideraciones. Lo llamó *el experimento del cuarto de Mary*. En esta metáfora, Mary es una científica brillante que ha pasado toda su vida en una habitación en blanco y negro. La pantalla de su ordenador es monocroma y su piel y su ropa aparecen igualmente reducidas a una escala de grises. Desde allí, Mary aprende absolutamente todo sobre la naturaleza del color a través de libros y estudios científicos. Conoce las longitudes de onda, los procesos neuronales y la teoría completa detrás de la gama cromática, pero nunca la ha percibido directamente.

Un día, Mary sale de la habitación y contempla el mundo exterior. Ve, por primera vez, el rojo de una manzana, el azul del cielo y el verde de los árboles. La pregunta que plantea Jackson es sencilla y, al mismo tiempo, demoledora: ¿aprende Mary algo nuevo al experimentar el color? Todo parece indicar que sí. Que existe una diferencia esencial entre el conocimiento conceptual y el conocimiento vivido, entre entender algo y *sentirlo*. Por mucho que sepamos de la realidad a través de dispositivos, textos o teorías, la experiencia directa sigue siendo irreductible e intransferible. No basta con narrar la vida. No basta con teorizarla y describirla. Hay que vivirla, y esa experiencia es insustituible.

Hablo del conocimiento experiencial sin obviar que hay otro tipo de saberes más prácticos o, tal vez, más formales, pero igual de relevantes. Todos ellos tienen su valor, especialmente para quienes viajan movidos por la curiosidad o el deseo de aprender. Porque el viaje no solo enseña sobre uno mismo, sino también sobre el mundo. En el trayecto se aprenden idiomas, formas de vida y destrezas que serían complicadas de asimilar de otra manera.

A menudo creemos, desde nuestra inocencia, que todo puede estudiarse desde casa. Pero la cantidad de lenguas, técnicas y ritos sobre los que no existe registro alguno es inconmensurable. De hecho, según la Unesco, al menos el 40 por ciento de las siete mil lenguas vivas del planeta están en peligro de desaparición y cada dos semanas se extingue una. Con ellas no solo desaparecen las palabras, sino también los cantos, los saberes y los modos de entender el mundo que esas lenguas cobijaban.

Este engaño —pensar que en la era de la información cualquier conocimiento es accesible— es profundamente contemporáneo. Antes, la mayoría de las personas convivía con la conciencia de sus propios límites y aceptaba que el saber pertenecía a un ámbito especializado, reservado solo para unos pocos. El saber teórico no formaba parte de la vida cotidiana y los campos que Occidente consideraba dignos de estudio esbozaban un proceso de aprendizaje parcial y sesgado por las jerarquías culturales de su tiempo. Sin embargo, dentro de esas condiciones, también existía una cierta serenidad, la sana aceptación de que no todo podía saberse y de que parte de la belleza de la vida residía en su misterio. Sus fronteras se aceptaban como parte natural del orden del mundo.

Hoy, sin embargo, el proceso se ha invertido. Nunca antes habíamos tenido acceso a tanta información, ni a tantas herramientas para explorarla. Y, aunque ese caudal inmenso a veces es inspirador, también puede alejarnos de la experiencia que da sentido a lo aprendido. Nuestro conocimiento sigue siendo parcial, pero hemos perdido la conciencia de su fragilidad. Leemos, escuchamos y observamos, pero rara vez nos detenemos a interpretar. Navegamos entre fragmentos, entre verdades que se diluyen y transforman a través de la repetición, aferrándonos a esas pequeñas dosis de datos como si fueran dogmas, convencidos de que bastan para entender lo que nos rodea. El antropólogo estadounidense Clifford Geertz, en sus libros *La interpretación de las culturas* (1973) y *Conocimiento local: Ensayos sobre la interpretación de las culturas* (1983), insistió en que describir el mundo no equivale a comprenderlo y en que el conocimiento implica siempre un ejercicio de interpretación. Quizá sea esa la diferencia esencial que olvidamos: la distancia entre comprender algo y haberlo vivido, entre acumular datos y transformar la experiencia en significado.

Resulta paradójico que, en una época donde tenemos acceso a más estudios e información que nunca, nos cueste tanto discernir qué es verdadero y qué no. El conocimiento que damos por cierto —ese que aprendemos a través de titulares, documentales y publicaciones— no es más que una esquirla de la realidad, una pieza que ha llegado hasta nosotros porque encaja con nuestro contexto cultural, porque ha pasado la criba de lo moralmente aceptable o porque alguien —un director, un periodista, otro viajero— decidió que merecía ser contado. La pregunta, entonces, no es solo qué sabemos, sino qué queda fuera de nuestro campo de visión. ¿Es peor no saber o pensar que sabes y estar equivocado?

Estudiar antropología me enseñó que la imparcialidad es una ilusión elegante, pero una ilusión, al fin y al cabo. Muchas veces, la única manera de contrastar las versiones del mundo que se nos muestran es ir allí, verlo, vivirlo y dejar que la experiencia desbarate lo que dábamos por sentado.

Recuerdo un viaje a la provincia de Lubango, en Angola, donde entrevisté a una joven de una aldea ovamwila. Las mujeres de esta comunidad son conocidas por los collares de cuentas que cubren su cuello, apilados uno sobre otro hasta formar un bloque compacto. Para ello, rellenan los espacios entre las cuentas con una mezcla de barro y estiércol, un gesto de belleza y pertenencia que las acompaña toda la vida. Antes de llegar, había leído todo cuanto pude sobre su cultura: artículos, estudios, informes etnográficos. Pero bastaron unos minutos de conversación para que todo aquel conocimiento se tambaleara. Una palabra mal traducida en un estudio de referencia sobre los ovamwilas había alterado por completo el sentido de la tradición.

Pasé el día charlando con distintas mujeres de la comunidad para confirmar si el error era realmente importante. Aquella pequeña imprecisión lingüística había distorsionado los usos atribuidos a los collares, cambiando el motivo por el que se llevaban, la manera en que se colocaban y el sentido que las mujeres les otorgaban. Me di cuenta de que incluso los estudios más rigurosos pueden contener sombras y de que, a veces, la única manera de entender algo es investigándolo en su propio contexto, si es que tenemos la oportunidad de hacerlo. Aún hoy me pesa no haber publicado aquel hallazgo, porque quizá haya otras personas intentando aprender sobre esa cultura sin los medios para llegar hasta Angola y preguntar directamente.

Tendemos a pensar que el mundo ya no guarda misterios o que los pocos que quedan están muy lejos de nosotros, en las profundidades del océano o en la inmensidad del espacio. Pero a veces esos secretos laten en las culturas vivas, en los saberes que aún no han quedado recogidos por escrito, en los oficios y tradiciones que desaparecen sin que nadie los documente. La Unesco calcula que cerca del 50 por ciento de las técnicas de artesanía tradicionales están en riesgo de desaparecer. En su Lista del Patrimonio Cultural Inmaterial de la Humanidad figuran más de seiscientos elementos que requieren medidas urgentes de salvaguarda: danzas, músicas, rituales y costumbres únicas. Tradiciones como el tejido de seda Ikat en Camboya, la pesca ritual Sanké mon en Malí y el arte del barniz Mopa-Mopa en Colombia y Ecuador, que solo sobreviven gracias a un puñado de ancianos.

Estas técnicas se diluyen poco a poco porque el mundo que las sostenía también está desapareciendo. La industrialización ha sustituido la paciencia del artesano por la producción en masa; los materiales naturales se han vuelto costosos o difíciles de encontrar y las generaciones más jóvenes abandonan los oficios que practicaron sus abuelos en busca de oportunidades que generen un retorno económico inmediato. En muchos casos, los propios espacios donde esas prácticas tenían sentido han sido transformados por la urbanización o el cambio climático. Cuando pienso en ello, siento frustración y tristeza. La sensación de estar corriendo contra el tiempo. Asistiendo, en silencio, a un apagón cultural.

Recorrer el mundo significa también hacerlo más comprensible. Es un acto de reconciliación entre la vastedad del infinito y los límites de nuestro entendimiento. Este proceso se parece mucho a cuando, en el mapa de un videojuego, se van abriendo nuevos escenarios a medida que avanzas: en un primer momento solo ves el pequeño círculo que rodea a tu personaje, pero luego, paso a paso, el mundo se amplía ante ti. Así también se despliega el conocimiento: cada experiencia ensancha un poco la frontera de lo que somos capaces de asimilar.

El resultado es un deshielo interior, un movimiento que disuelve los sistemas de pensamiento que creíamos inamovibles. De hecho, estoy convencida de que los viajes son una de las maneras más eficaces de relativizar nuestros paradigmas y las cosas que damos por sentado. No solo porque nos enfrentan a otras formas de vida, sino porque nos recuerdan lo limitado que es nuestro propio punto de vista.

Un par de años antes de aquel viaje por Angola, tuve una experiencia que desordenó mis creencias. Estábamos visitando una comunidad del grupo étnico dinka akwak, un subgrupo del gran pueblo dinka de Sudán del Sur que tiene una particularidad asombrosa: viven en pequeñas islas construidas a mano en los márgenes del río Nilo. La zona que habitan es un gigantesco pantano donde el agua apenas cubre medio metro, por lo que recolectan las plantas de papiro que crecen por todas partes, las apilan con paciencia usando barro como aglutinante y levantan de esta manera islotes sólidos sobre los cuales erigen sus cabañas. En cada una de esas islas vive una familia y algunas de ellas se agrupan en pequeños archipiélagos unidos por lazos de parentesco o amistad. Verdaderas constelaciones humanas flotando sobre el agua.

El área es inmensa. Se trata de una de las zonas pantanosas más grandes del planeta, con una extensión que puede llegar a alcanzar los 130.000 kilómetros cuadrados durante la estación de lluvias, especialmente intensa entre los meses de julio y septiembre. Los dinka akwaks se dedican a la pesca y apenas abandonan el medio acuático donde la mayoría de ellos nace, vive y muere. Por ello, su posesión más preciada son sus canoas, que les permiten pescar, desplazarse y huir cuando las crecidas del río amenazan con devorar sus hogares. Sin ellas quedarían atrapados y probablemente morirían ahogados. No obstante, las embarcaciones no son solo un medio de transporte, sino que también suponen un importante capital simbólico.

Para construir una primero hay que encontrar un árbol fuerte y grueso, de una madera que resista la humedad de la ciénaga, materia prima escasa y muy preciada en la zona. Después, tallar el tronco con cuidado y vaciar su interior hasta lograr una sola pieza perfecta. Por eso, no es raro ver a los hombres dinkas reparando con esmero sus canoas: si todo va bien, sus hijos y los hijos de sus hijos las heredarán.

Los días que pasamos con ellos teníamos que encontrar refugio durante las horas en las que el sol estaba en su punto álgido, algo complicado en un área sin construcciones y con poca sombra. Al final dimos con un pequeño colegio abandonado, construido con una docena de palos y que tenía un techo que amenazaba con derrumbarse. Algunas personas de mi grupo se tumbaron a descansar, mientras que el resto nos entreteníamos con un juego que suelo proponer durante las horas muertas de los viajes: el cadáver exquisito. Se trata de una creación colectiva, en la que cada participante añade una parte a un dibujo sin conocer lo que los demás han hecho previamente. La primera persona dibuja un fragmento, dobla el papel para ocultarlo y se lo pasa al siguiente. Cada uno completa una sección (la cabeza, quizá un torso, unas piernas) sin ver el resto y, al final, se despliega la hoja revelando una figura inesperada y, casi siempre, extravagante.

Estábamos en esas cuando un grupo de hombres dinka akwaks llegó a nuestro islote para saludarnos. Habían oído hablar de unos extranjeros que estaban de visita. Tras las presentaciones, a falta de un traductor que nos permitiera hablar de manera fluida, ellos siguieron reparando sus redes de pesca mientras nosotros continuamos con el juego. Uno de los hombres estaba especialmente interesado en la dinámica y, como ya nos había visto jugar un par de rondas, pensé que a lo mejor le gustaría participar. Por señas y gracias a la ayuda de un joven que hablaba algo de inglés, le expliqué las reglas.

Durante un largo rato se quedó pensativo con el lápiz entre los dedos. Cuando por fin se inclinó sobre el papel, lo hizo con la concentración de quien asume su tarea con disciplina. Sus trazos eran firmes, aunque inseguros. La forma en que sostenía el lápiz me hizo pensar que quizá no estaba acostumbrado a usarlo. Me pregunté si aquella sería la primera vez que dibujaba. Cuando terminó, me devolvió la hoja con timidez.

Al desplegarlo reconocí la parte de abajo hecha por mí. Eran los pies de algún tipo de mamífero, unas garritas con uñas que se sostenían sobre un suelo lleno de arbustos. El torso lo había dibujado uno de mis compañeros: una gran barriga metálica, mitad cuerpo humano, mitad mecanismo. Los seis brazos extendidos parecían los de una divinidad hindú. Pero lo que nos dejó sin palabras fue la parte superior, la que había hecho nuestro invitado. Era una figura diminuta, sencilla, apenas un contorno suspendido en el espacio vacío del papel.

Flotando en la parte de arriba de nuestro ser imaginario, aquel hombre dinka akwak había trazado el contorno esquemático de una canoa. Estaba volando en el espacio abierto de la hoja, en una vista aérea que nos permitía apreciar su forma. Había retratado su propiedad más importante, el objeto sobre el que organizaba su vida y la vida de los miembros de su comunidad. El centro de su mundo. ¿Qué otra cosa iba a dibujar?

En ese momento comprendí que incluso la imaginación está marcada por la cultura. Ese territorio que creemos libre y que sustenta una buena parte de nuestros pensamientos se construye en sociedad. Fue también una sorpresa ser consciente de que el dibujo, una práctica familiar para nosotros desde la infancia, no es para nada común en otras partes del mundo. Nombramos lo que vemos y solo dibujamos lo que podemos nombrar. Las fronteras de nuestra imaginación no están dentro de la mente, sino en el contexto que nos enseña a mirar.

Me senté con él un rato y dibujamos canoas. Una página sucia, pero llena de pequeñas embarcaciones, trazos superpuestos que se convirtieron en un espacio compartido entre dos formas de entender el mundo.

Sí, sigo creyendo que los viajes son una de las formas más eficaces de relativizar nuestros paradigmas, así como todo aquello que damos por sentado. Lo que se vive y se observa en el camino se convierte en sustento para la mente ávida de curiosidad. Viajar amplía y reconfigura el horizonte, desordenando las jerarquías del pensamiento. Rompe con la ilusión de centralidad y nos enfrenta al vértigo de comprender que el mundo no gira en torno a nosotros.

A medida que uno se desplaza, las creencias propias se disuelven y las fronteras con el otro se vuelven porosas. Cada nueva experiencia ensancha la rendija de luz en la cerradura a través de la cual observamos el mundo. Hay ideas que se quedan entornadas, también intuiciones que crecen. Es ahí, en ese instante de sorpresa y duda, donde somos capaces de revisar nuestras convicciones.

«Mi deseo es ir a buscar sabiduría, porque el amor hacia ella me tiene flechado el corazón y me lo ata con cuerdas muy fuertes», escribió Pedro Páez en su *Historia de Etiopía* (1622), donde relató sus viajes por aquella región. «Porque mejor es la sabiduría que el tesoro de oro y plata; mejor que todo cuanto fue criado sobre la tierra, y más resplandeciente que el sol. ¿Con qué cosa se puede comparar la sabiduría debajo del sol?»[4]

Nos movemos porque, como él, sentimos ese mismo flechazo. Viajar es, en ese sentido, una forma de metamorfosis. Tiene las virtudes del conocimiento, pero también la delicada capacidad de la transmutación: convierte la curiosidad en comprensión, la extrañeza en empatía y el desconcierto en humildad. Si viajar nace de una pregunta y es la experiencia quien la responde, en-

(4) Cita de Pedro Páez tomada de Javier Reverte, *Dios, el diablo y la aventura*, Ediciones El País, 2016, p. 109.

tonces cuestionar los límites de lo que creíamos posible se vuelve casi inevitable.

Así, lo que comienza como una transformación íntima termina convirtiéndose en una reorganización completa del marco desde el que interpretamos lo que nos rodea. Si otras formas de comprender el mundo son posibles, resulta inevitable preguntarse por qué la nuestra habría de ser la medida de lo correcto.

Reformular los modelos heredados implica cuestionar sus normas y, con ellas, el poder que las legitima. En cuanto descubres que los patrones que dabas por sentado se muestran flexibles en otros lugares, surge la duda de si lo que has aprendido responde realmente a tus valores o solo a tus circunstancias.

La historia demuestra que el viaje y el nomadismo han despertado desconfianza en innumerables culturas y épocas, y no es casual. Es por eso que los gobiernos totalitarios intentan mantener a sus habitantes aislados del exterior. Ignorar otras realidades funciona como una herramienta de control, donde lo dado parece inamovible e incuestionable. Así, limitar la movilidad encierra al individuo en un circuito de conformismo donde imaginar alternativas, tal vez más justas, resulta prácticamente imposible.

Aunque existen sociedades nómadas desde el Paleolítico y formas de movilidad estacional que se extendieron a lo largo de milenios, fue solo con la consolidación de los primeros estados agrarios (a partir del Neolítico, hace unos 10.000 años) que el sedentarismo empezó a adquirir valor político. El control del territorio, la propiedad de la tierra y la necesidad de organizar tributos y cosechas convertían a los grupos móviles en un desafío para los poderes emergentes.

Mucho tiempo después, ya con el nacimiento de la ciudad moderna y la expansión del capitalismo industrial entre los siglos XVIII y XIX, esta lógica se intensificó. La movilidad que había caracterizado las épocas anteriores empezó a percibirse como una amenaza para los nuevos sistemas productivos. Los entornos urbanos necesitaban que las personas permanecieran en un mismo lugar y que estuviesen disponibles para llevar a cabo trabajos repetitivos y especializados que sostuvieran la economía, la burocracia estatal y la infraestructura creciente. Una población sedentaria era más fácil de controlar, censar, fiscalizar y entrenar en habilidades concretas, adecuadas para la producción en serie y para la incipiente sociedad de consumo.

Los pasaportes, las fronteras y el concepto contemporáneo de inmigración son construcciones recientes vinculadas, sobre todo, a la lógica del sedentarismo estatal. Su función no es solo organizar el movimiento, sino definir qué cuerpos son legibles para la administración y cuáles no. El propio concepto de nación moderna, surgido en Europa entre los siglos XVIII y XIX tras el declive del orden feudal y en estrecha relación con las antiguas lógicas imperiales, depende de esa cohesión interna basada en el control del territorio y en la producción de una identidad común. Sin ese marco de pertenencia, la idea misma de nación se resquebrajaría. Por eso, la cohesión se construye mediante el control de la movilidad de sus habitantes. Unos límites claros, físicos y simbólicos, que ordenan la comunidad en términos de cercanía y alteridad, reduciendo el riesgo de que la identidad nacional se fragmente o se diluya.

Estos sistemas de regulación del movimiento cumplen, además, otra función menos evidente: proteger una supuesta pureza cultural e ideológica, manteniendo a raya aquello que podría cuestionar los valores hegemónicos o introducir formas alternativas de vida. Como han señalado el politólogo especializado en nacionalismos Benedict Anderson en *Imagined Communities* (1983) y el sociólogo y antropólogo social Ernest Gellner en *Nations and Nationalism* (1983), la nación no es una realidad natural ni atemporal. Para Anderson, se trata de una comunidad políticamente imaginada, sostenida por relatos compartidos que permiten a sus miembros pensarse como parte de un mismo cuerpo colectivo; para Gellner, son los nacionalismos los que crean las naciones mediante la producción histórica de una cultura común cuya continuidad suele ser construida o inventada en retrospectiva. En ambos casos, cualquier alteración del relato fundacional se percibe como una amenaza para la estabilidad del grupo.

No es casual, entonces, que el sedentarismo haya estado históricamente asociado a la idea de pureza: una genealogía noble, un linaje que sea legítimo y, además, verificable. En la península ibérica, tras la expulsión de los judíos en 1492 y de los moriscos en 1609, se institucionalizó el sistema de *limpieza de sangre*, que exigía demostrar la ausencia de antepasados conversos, judíos o musulmanes para poder acceder a cargos públicos, gremios, universidades y órdenes religiosas. Este mecanismo documentaba y acreditaba la supuesta «limpieza» de un individuo y excluía a quienes no encajaban en ese ideal de homogeneidad cristiana.

La distinción entre *cristianos viejos y cristianos nuevos* estableció a lo largo del siglo XVI una jerarquía rígida que usaba los mismos criterios que los estatutos de limpieza de sangre. En ese aspecto, no solo se controlaba la movilidad, sino también la mezcla, la procedencia y el pasado de cada sujeto, convirtiendo el sedentarismo, tanto biográfico como territorial, en una virtud.

Esta lógica no ha desaparecido del todo hoy en día. Sobrevive a través de formas más suaves y discretas, pero plenamente reconocibles, como en la importancia simbólica de los *Ocho apellidos vascos*, en la idea madrileña de que solo es «gato» quien tiene a los cuatro abuelos nacidos en la ciudad y también en prácticas contemporáneas que siguen premiando el arraigo prolongado, como la exigencia de poseer vecindad civil para acceder a ciertos beneficios municipales o autonómicos o ingresar en cofradías y hermandades que reservan cargos —e incluso la pertenencia plena— a quienes pueden demostrar que sus familias han estado vinculadas a ellas durante generaciones. La insistencia en que los antepasados de una persona hayan permanecido siempre en un mismo lugar opera como prueba de autenticidad; como si el arraigo prolongado otorgara una legitimidad superior frente a quienes llegan desde otros lugares. Es, en esencia, una versión contemporánea de esa vieja obsesión por el linaje, una defensa alegórica de un territorio que se imagina puro, estable e inmóvil.

En el contexto del nacionalsocialismo alemán —quizá el ejemplo más extremo del siglo XX en cuanto a la manipulación de la identidad colectiva—, se celebró la supuesta raza aria mientras se perseguía a quienes encarnaban la alteridad. Entre las víctimas estuvieron los judíos, cuya historia de diásporas y desplazamientos los convertía a ojos del régimen en sujetos desarraigados y, por tanto, sospechosos. También fueron señalados los sintis y los romas —ambos integrantes del pueblo romaní, denominado gitano en algunos contextos europeos—, cuyo nomadismo escapaba a la supervisión administrativa que el Estado buscaba imponer. Estos grupos no solo se diferenciaban étnicamente, sino que sus estilos de vida los hacían difíciles de controlar, escapando así de la severa estructura de la nación y de los límites ideológicos que la sostenían.

No es casualidad que la caída del Muro de Berlín en 1989 diese también el pistoletazo de salida a una época de aperturismo que culminaría con los acuerdos de Schengen y la libre movilidad dentro de la Unión Europea. También fue el desencadenante de una avalancha nunca vista antes de solicitudes de visados turísticos: la constatación física de que las personas habían estado esperando, durante años, la posibilidad de moverse sin miedo. Regular los desplazamientos supone también controlar la narrativa de la identidad, una forma de preservar el mito de la pureza y de excluir cualquier influencia que pudiera desafiar o enriquecer esa visión monolítica.

Por eso, la territorialidad y el sedentarismo no deben entenderse únicamente como condiciones materiales, sino también como símbolos de legitimidad de una supuesta integridad que se protege mediante la creación de límites, tanto físicos como imaginarios. Todo lo que se sale del marco, todo lo que se desplaza o se mezcla, se percibe como peligro.

Aunque antes he hablado de capitalismo e industrialización, el castigo asociado al viaje es muy anterior a ambos fenómenos. Durante siglos, una de las peores desgracias que podía sufrir una persona era ser desterrada: errar lejos de la tierra natal significaba perder no solo el hogar, sino también el sustento y el entramado de vínculos que sostenían su identidad y su lugar en la historia. El exilio implicaba vergüenza y deshonra, una ruptura tan radical que equivalía a una muerte civil.

Por eso fueron tantos los exiliados políticos que sufrieron el destierro como pena por desafiar al poder hegemónico. Al escritor e intelectual Miguel de Unamuno le forzaron a mudarse a Fuerteventura, donde permaneció cinco meses en 1924, por sus críticas al régimen de Primo de Rivera, antes de que él mismo optara por trasladarse a Francia (1924-1930), desde donde continuó con su activismo. Lope de Vega fue temporalmente expulsado de Madrid a causa de sus sátiras y conflictos con figuras influyentes del mundo teatral, como su antigua amante Elena Osorio y el padre de esta, Jerónimo Velázquez. El poeta José de Espronceda, por su parte, sufrió varios destierros (primero a Guadalajara y después a Londres) a comienzos del siglo XIX como consecuencia de sus ideas liberales, incompatibles con el absolutismo de la época. En todos ellos, el movimiento se convirtió en penitencia y la condena implicó la pérdida del hogar.

El vínculo entre desplazamiento y penitencia es tan profundo que aparece incluso en los relatos fundacionales. Adán y Eva son expulsados del paraíso tras comer del fruto del conocimiento, inaugurando así una narrativa donde la búsqueda de saber y la transgresión de los límites se pagan con el exilio. La advertencia es clara: no abandones el lugar que te ha sido asignado ni pretendas conocer más allá de lo permitido o habrá consecuencias.

El relato mitológico ha contrapuesto en infinitas ocasiones el arquetipo sedentario con el nómada. Por un lado, el agricultor, que construye y edifica; por el otro, el pastor, que se desplaza siguiendo los ritmos del entorno y que con sus viajes inquieta al poder. En el Génesis, Caín es un labrador que, corroído por la envidia, acaba matando a su hermano, el pastor Abel. Tras el asesinato fratricida, este es castigado a vagar por el mundo, marcando así el destino de su propia estirpe. Una lectura superficial de esta escena nos habla de las repercusiones de dejarse llevar por el rencor, pero también podríamos hablar de una alegoría del triunfo del sedentarismo sobre la movilidad. El movimiento se entiende así como una maldición doble, ya que supone la muerte de uno y la condena del otro. Una intuición temprana que simboliza tanto el castigo moral como la desconfianza hacia quienes no echan raíces en un territorio concreto. Aquel que viaja sin destino y sin retorno «desagrada al Dios de los cristianos» afirma Michel Onfray en *Teoría del viaje:* «los judíos, los zíngaros, los romanís, los gitanos, los bohemios, los calós y todas las gentes del viaje saben que todos los hemos querido, algún día, forzar al sedentarismo, cuando no les hemos negado el derecho mismo a existir».[5] Quienes no se atan a un lugar perturban la arquitectura del poder y por ello no son considerados de fiar.

Por eso, el viaje y el movimiento han sido percibidos desde la sospecha durante buena parte de nuestra historia. Esa intuición solo empezó a transformarse cuando los sistemas políticos y económicos descubrieron nuevas maneras de sacar provecho de la movilidad. En el momento en que viajar dejó de ser un riesgo para convertirse en una fuente de ingresos, la mirada social cambió. El capitalismo convirtió el desplazamiento con fines recreativos o de negocios en algo aceptable y deseable; eso sí, solo cuando ha podido transformarlo en un bien de consumo. De ahí surgieron, en distintas etapas, la industria turística, los flujos masivos de personas y, más recientemente, fenómenos como el trabajo remoto o la figura del nómada digital, que recupera la estética

(5) Michel Onfray, *Teoría del viaje*, Taurus, Madrid, 2016, p. 15.

del nomadismo, pero dentro de una lógica profundamente sedentaria: la del mercado. Para los estados modernos, el viaje ya no es una amenaza, sino un potencial engranaje dentro del sistema económico global.

La movilidad que durante siglos perturbó al poder hoy es una fuente de riqueza y, así, su sospecha ancestral ha sido reemplazada por su rentabilidad.

Si el poder aprendió a beneficiarse de la movilidad, nosotros aprendimos a desearla. Aquello que durante siglos generó recelo pasó a presentarse como una forma legítima de libertad. Así, viajar empezó a percibirse como una huida posible frente al modelo normativo que había creado la sociedad sedentaria.

Viajar hoy implica rechazar el trabajo disciplinado que sostuvo durante siglos la arquitectura de nuestra civilización para abrazar un tipo de existencia donde lo que prevalece es el hedonismo. La soberanía del deseo es una de las fuerzas que configuran nuestra época. Aquellos valores que antes se exaltaban —como la patria, la familia, el deber y el trabajo— han sido desplazados por un ideal distinto, casi absoluto en Occidente: la posibilidad de hacer lo que uno quiere en el instante en que lo desea. En esa pasión por el cambio hay también un rechazo a lo colectivo, una retirada silenciosa del orden gregario. El individuo, más aislado que nunca, busca con furia la independencia, tomando la utópica idea de libertad como un un horizonte que marca la dirección de sus decisiones.

En esta actitud también subyace una forma de desquite, una revancha reaccionaria dirigida contra el mismo sistema que nos ha inculcado que la felicidad solo llega tras la renuncia. Es la rebelión ante la promesa largo tiempo aplazada: «trabajad ahora, disfrutad después; esforzaos hoy, gozad mañana; sacrificad el presente, porque el futuro será el paraíso que os habréis ganado». Esta narrativa, que arrastra tintes religiosos —«la recompensa vendrá tras la penitencia»—, nos ha empujado a una vida de esfuerzo que, como en el cuento de nunca acabar, se sostiene por la ilusión de que algún día podremos vivir con plenitud. Viajar, en este contexto, puede leerse como una pequeña insurrección contra esa lógica del aplazamiento, un gesto que cuestiona el mandato de entregarlo todo por un porvenir que nunca termina de llegar.

Durante los años noventa se vivieron en España los últimos destellos del Estado del bienestar, una época en la que el trabajo tenía una recompensa más o menos proporcional a la dedicación invertida. Hoy, en cambio, pocas personas pueden permitirse un piso en propiedad y menos aún soñar con una jubilación tranquila ni una vejez asegurada. Vivimos en un tiempo marcado por la precariedad y la inestabilidad, donde la expectativa de ascenso ha perdido credibilidad. Nos educaron en la idea de que estudiar y trabajar duro nos garantizaría una vida cómoda, pero ese relato se resquebraja ante un presente en el que el sacrificio ya no asegura nada, salvo más sacrificio a la larga.

El filósofo y sociólogo francés Gilles Lipovetsky ha descrito con gran precisión este giro cultural que define nuestra época. En obras como *La era del vacío* (1983) y *El crepúsculo del deber* (1992) sostiene que hemos pasado de una sociedad del deber —regida por la disciplina, la familia, la tradición y la estabilidad— a una sociedad del deseo, donde lo que impera es la satisfacción inmediata, la búsqueda de experiencias y la supremacía del yo. Para Lipovetsky, el individuo ya no se siente apelado a participar en los grandes relatos colectivos. En su lugar, se mueve por impulsos más íntimos, como la autonomía personal, el bienestar emocional o la búsqueda del placer. Así, la felicidad deja de entenderse como una meta que llegará tras el esfuerzo para convertirse en un derecho que se exige aquí y ahora. Esta transición altera no solo nuestra relación con el trabajo y el tiempo, sino también la manera en la que entendemos la libertad, que pasa a medirse en términos de disponibilidad y elección permanente.

En ese sentido, viajar adquiere un significado particular. Lipovetsky explica que nuestra cultura coloca al individuo en el centro de la vida social y esa centralidad fomenta la necesidad constante de autorrealización y de experiencias que confirmen nuestra singularidad. La paradoja es que, en la carrera por ser únicos, terminamos adoptando las mismas estéticas, las mismas opiniones y hasta las mismas indignaciones. La singularidad se persigue siguiendo tendencias y la diferencia se expresa dentro de marcos curiosamente uniformes. Basta con abrir cualquier red social para ver a cientos de personas optimizando su rutina matinal, su forma de leer, de descansar e incluso de desconectar. Nunca fue tan fácil declararse irrepetible y, al mismo tiempo, parecerse tanto a los demás. En ese contexto, no sorprende que el movimiento se haya convertido en uno de los escenarios privilegiados para esa búsqueda de afirmación personal.

El viaje, entonces, ya no es únicamente una exploración del mundo, sino un espacio donde el sujeto puede sentirse dueño de su destino, escapar del peso de las obligaciones y encarnar, aunque sea por un instante, ese ideal de libertad absoluta que la sociedad promete pero que rara vez satisface. La movilidad es un gesto simbólico que expresa la ruptura con la rigidez del modelo disciplinario, un espacio donde el anhelo se vuelve un motor legítimo para la acción y también el síntoma de un mundo que ha desplazado los vínculos colectivos hacia la soberanía, casi mística, del individuo.

Frente a ese desengaño, ¿es posible que viajar se haya convertido en una especie de pataleta generacional? Si no podemos acceder a tener una vivienda, un coche o un empleo digno, al menos queremos disfrutar de alguna de las experiencias de pertenencia que nos ofrece el sistema; si no podemos construir un futuro, podemos acumular recuerdos en el presente. Esa urgencia por moverse, por ver más, por no quedarse quietos es el reflejo de una sociedad que siente que el tiempo se le escurre entre los dedos, empujada a desprenderse del valor de las raíces, no por desprecio hacia la patria, la familia o el trabajo, sino porque se ha visto arrinconada por un ideal que ha resultado ser un espejismo. Sí, queremos vivir el presente con furia. Como criaturas que, al intuir la trampa, ya no aceptan sermones ni condiciones. Es un grito de protesta, pero también una confesión de vulnerabilidad: la necesidad urgente de sentir que, aunque sea por un instante, somos dueños de nuestras vidas. Elegir, disfrutar, evadirnos. Aunque sea solo durante algunas semanas al año.

Este individualismo trae consigo sus propios problemas. Nos liberamos de los dogmas colectivos, de las estructuras que durante siglos definieron la existencia humana, pero con ello nos despojamos de un anclaje común. Una sociedad centrada únicamente en la satisfacción individual corre el riesgo de olvidar que no todos los deseos tienen el mismo poder y que la libertad de unos puede traducirse en la limitación de otros. Así, lo que aparenta ser un ejercicio de autonomía personal se puede también transformar en una nueva forma de jerarquía que replica y perpetúa las desigualdades.

En el espectro del viaje es fácil que esos deseos pasen a entenderse como derechos, legitimando así cualquier acción. Cuando la voluntad individual se absolutiza, también se difumina la frontera entre la exploración y la explotación: «Yo quiero hacer esta foto, yo quiero visitar este lugar, yo quiero vivir esta experiencia». La expectativa personal se convierte en una autorización tácita para intervenir en cualquier escenario.

Ese mismo impulso ha conducido a algunas personas a intentar entrar en territorios habitados por pueblos no contactados, guiadas por una mezcla de curiosidad, ansia de aventura y una noción distorsionada de la autodeterminación individual. En 2018, por ejemplo, John Allen Chau, un joven estadounidense de veintiséis años, trató de acceder por su cuenta a la isla Sentinel del Norte, habitada por una de las últimas comunidades en aislamiento voluntario del planeta. Sabía que el acceso estaba prohibido por ley, precisamente para proteger a sus habitantes, pero, aun así, pagó a unos pescadores locales para que lo llevaran. Allí fue atacado por la comunidad y, según los testimonios recogidos por las autoridades indias, falleció en la playa poco después de pisar tierra. Su deseo acabó en tragedia, pero, más allá del desenlace fatal, expuso un problema mayor: la peligrosa noción de que la voluntad personal puede situarse por encima de la autonomía de quienes han elegido no relacionarse con los otros.

Lo que para el viajero puede parecer un acto de descubrimiento o una empresa trascendente —Chau era misionero y su intención era evangelizar a los sentineleses— para la comunidad supone una amenaza. De hecho, los pueblos no contactados carecen de defensas inmunológicas frente a enfermedades comunes y un simple resfriado podría resultar letal. Quienes intentan visitarlos no solo ponen en riesgo sus vidas, sino también la continuidad cultural de comunidades enteras, cuya existencia depende de que los límites de sus territorios sean respetados. El problema no es el viaje en sí, sino la idea de que todo lugar debe ser accesible, todo territorio fotografiable, toda vida ajena interpretable o resignificada. La libertad del viajero no puede anteponerse a la seguridad, la capacidad de elección y la dignidad de los demás.

Aún recuerdo el enfrentamiento que tuve con un fotógrafo que se dedicaba a mover a las personas que retrataba a voluntad. Sin miramientos, como quien cambia un objeto de sitio. Lo más importante era conseguir la luz adecuada, el fondo perfecto y la postura correcta. Mujeres con las que no compartíamos idioma le miraban perplejas mientras él las acomodaba, cogiéndolas por los hombros para ponerlas en otro lugar. Cuando decidí confrontar su actitud, se mostró genuinamente desconcertado. La foto era lo importante. Su foto. Aquella escena reproducía, a escala íntima, un patrón más amplio: el del turista que se apropia del territorio y de las personas que encuentra utilizándolas como piezas para construir su propia experiencia.

Es esa misma lógica la que permite convertir el sufrimiento en producto y la vulnerabilidad en estética. Hacer *trekking* turístico por el tapón de Darién, una de las rutas migratorias más peligrosas del mundo, o visitar un campo de refugiados se convierten en un desafío para aquellos que deciden ignorar el trasfondo de estos contextos, marcados por la desesperación y la huida. Por supuesto, el problema no es siempre el *dónde*, sino el *cómo*.

Personalmente pienso que se puede visitar el antiguo campo de concentración de Auschwitz y los *slums* de la India sin caer en el *voyeurismo* ni la romantización de la tragedia, pero hacerlo requiere respeto y un compromiso real con las historias que rodean esos lugares. La clave reside en asumir nuestra responsabilidad, entendiendo que viajar no es una licencia para satisfacer caprichos a cualquier precio. Es un privilegio y, como tal, debería convocar una cierta disciplina moral; preguntarnos no solo qué queremos ver, sino cómo, por qué y bajo qué condiciones. Supone reconocer que el mundo no es un decorado dispuesto para satisfacer nuestras fantasías y que el deseo, cuando se ejerce sin conciencia, puede convertirse en un arma de doble filo. Ese mismo impulso que nos abre caminos hacia la curiosidad, la escucha y el aprendizaje puede, si no se cuida, transformarse en una fuerza que arrasa con todo lo que encuentra. Viajar puede ser un acto de humildad, una oportunidad para mirar más allá de uno mismo y tender puentes. Pero para que eso ocurra hace falta un esfuerzo deliberado, una actitud de escucha, estar en condiciones de aprender y dejar que lo desconocido nos desafíe en lugar de buscar moldearlo a la medida de nuestras expectativas.

Llegados a este punto, comprender que el viaje exige responsabilidad es solo la mitad del aprendizaje. La otra mitad empieza cuando nos damos cuenta de que esa responsabilidad también opera hacia dentro: en la forma en que nos dejamos afectar, en cómo recibimos aquello que el mundo nos ofrece. Viajar es también una prueba íntima que nos confronta con nuestras propias preguntas, nuestros miedos y nuestros límites. Es justo ahí, en ese cruce donde el mundo nos reta y nosotros decidimos qué lugar ocupamos en ese duelo, donde empieza el auténtico trayecto iniciático.

Estas ideas pueden parecer abstractas hasta que algo, en el camino, las vuelve reales, hasta que un lugar cualquiera se convierte en el escenario donde lo teórico se revela como experiencia. A mí me sucedió en el primer alojamiento en el que dormí al llegar a Nueva Zelanda. Era una casita de madera con ventanas muy grandes, situada en medio de un terreno tan idílico que parecía suspendido en el tiempo. El verdor de las hierbas altas brillaba con una intensidad imposible y las montañas al fondo, envueltas en niebla, daban al lugar una atmósfera de calma irreal. Era uno de esos sitios que parecen existir únicamente para recordarte que el mundo aún tiene rincones inalterados por la urgencia.

Los dueños habían cubierto las paredes de las habitaciones con miles de recortes de periódicos y revistas. No había ningún hilo conductor. Las fotografías de paisajes se solapaban con textos sobre economía, imágenes de animales y retratos de celebridades del país. Lo único que mantenía unido aquel *collage* era el engrudo brillante que lo sostenía. Aquí y allá se podían ver las cerdas del pincel que habían quedado atrapadas en el pegamento, un recuerdo del proceso que había dado forma al caos.

Como no había mucho que hacer en los alrededores, pasé mi primer día en el salón común, bebiendo té mientras trataba de organizar mi itinerario. En una esquina había una pila de revistas antiguas, probablemente los restos mutilados de aquellas que ahora decoraban las paredes. Tratando de desviar mi atención de los compromisos pendientes, me puse a ojear varios ejemplares de *National Geographic* de la década de los ochenta y pronto me vi sumergida en la lectura de algunas de las increíbles aventuras que se narraban en sus páginas.

Entre ellas, la entrevista a un explorador polar que acababa de volver de una travesía donde casi pierde la vida. Las imágenes de un hombre de mediana edad con las pestañas y el bigote congelados acompañaban la explicación de cómo había sobrevivido a temperaturas extremas gracias a su determinación. Aquel aventurero explicaba con detalle el momento en que, al borde de la desesperación y con el cuerpo nublado por la hipotermia, pensó en su familia y en cómo recibirían la noticia de su muerte. En ese punto de la conversación, el entrevistador le pregunta cómo fue capaz de hacer frente a semejante pensamiento y, sobre todo, cuáles eran las razones que le movían a tener un estilo de vida tan temerario. «No tengo otra opción. Tampoco la quiero —respondía—. Para mí quedarse quieto es como morir. Necesito sentir que estoy al borde, porque ahí es donde realmente me siento yo mismo. No puedo imaginarme otra vida.»

Su respuesta me dejó reflexionando un buen rato. Me gustó tanto que, antes de despedirme de aquel lugar, arranqué las páginas y las guardé en mi mochila. Me pasé las siguientes semanas leyendo una y otra vez aquel texto y pensando en que, aunque mis objetivos fueran menos ambiciosos, había algo profundo en salir al mundo en busca de lo incierto. Tal vez no todo el mundo reciba esa llamada, pero quienes la escuchan saben que no pueden ignorarla.

Es fácil idealizar la idea del movimiento como una experiencia transformadora, pero en su esencia más pura viajar es asumir un riesgo. El primer paso de cualquier viaje implica exponerse a lo desconocido y también a quiénes somos en esa alteridad. El filósofo británico Bertrand Russell sostiene en su obra *What I Believe* (1925) que «La buena vida es aquella inspirada por el amor y guiada por el conocimiento».[6] Siguiendo esa lógica, podría decirse que venimos al mundo con un objetivo doble: por un lado, para incrementar los saberes a través de la ciencia y la investigación y, por el otro, para ampliar el amor y el entendimiento entre las personas. El viaje contemporáneo es la mezcla de los datos y la crónica, la comprensión y la emoción. Nos permite adentrarnos en la realidad no solo desde la distancia de un libro, sino a través de la vivencia directa de los lugares, de las personas que los habitan y de las circunstancias que los atraviesan. Por eso, viajar implica aceptar que el encuentro con lo ajeno puede desordenar nuestras categorías y obligarnos a renegociar la imagen que tenemos de nosotros mismos.

Observarse a sí mismo desde fuera, mirarse a uno mismo actuar tiene algo de adictivo. En línea con lo que planteaba el crítico de arte, escritor y ensayista británico John Berger en *Modos de ver* (1972), toda mirada es también una forma de situarnos en relación con lo que

(6) Bertrand Russell, *What I Believe*, Londres, Kegan Paul, Trench, Trubner & Co.; Nueva York: E. P. Dutton & Co., 1933 (orig. 1925), p. 28. Traducción propia.

vemos. En el viaje, además, aparece una distancia que permite disociar la forma del contenido. Como quien admira o detesta una obra de arte, al desplazarte no solo estás haciendo algo, estás viéndote a ti misma haciendo algo, operando simultáneamente en el papel de protagonista y espectadora. Ese desdoblamiento sutil, casi teatral, abre un espacio para analizar actos, elecciones y miedos desde un ángulo nuevo, ya que, al cambiar el decorado, cambia también la mirada desde la que te contemplas. El viaje es entonces un laboratorio de la identidad que nos ayuda a entender nuestro interior a través de la exploración de lo ajeno.

Retomando las ideas de Russell, viajar se parece mucho a enamorarse. Rebotamos nuestra imagen en el otro, nos obligamos a mostrarnos vulnerables y —lo queramos o no— acabamos aprendiendo sobre nuestro comportamiento a través de la mirada, las dudas y las preguntas incómodas de las otras personas. El trayecto funciona como un atajo al exponer las partes más blandas de nuestra carne, intensifica la experiencia como un catalizador que acelera las reacciones. Por eso, compartir un viaje con amigos o con una pareja se convierte a menudo en la prueba más honesta de compatibilidad. Muestra quién es esa persona de una forma radical y certera, no permite disimulos. Te enfrenta a lo esencial.

De hecho, una de las cosas que buscamos al viajar es el reflejo que encontramos en esos paisajes, en esas historias y en esas vivencias. El retazo de nosotros que dejamos esparcido por el mundo y lo que el mundo nos devuelve al mostrárnoslo. En ese sentido, todo viaje es iniciático: una forma de descubrir quiénes somos cuando todo lo que conocemos desaparece, el pretexto perfecto para encontrar las verdades que configuran nuestro ser. Es también un acto de renuncia a la comodidad, a la previsibilidad, a una vida tal vez más sencilla, sí, pero donde no sentiríamos esa chispa que tanto nos alienta.

Ese era el motivo por el que el explorador polar no era capaz de renunciar a sus travesías, por muy peligrosas que fuesen. Es el mismo fuego que arde en las entrañas de los atletas olímpicos, de los periodistas que van a zonas en guerra y de los viajeros que se empeñan en hacer que sus pies estén a la altura de su imaginación. El viaje es una experimentación constante, un juego, una cuerda donde nos sostenemos como equilibristas.

Por supuesto, no todos los viajes son transformadores y no todo el mundo tiene ganas de adentrarse en sí mismo cuando viaja. Para algunos, el viaje es un escaparate, una manera de situarse en el mundo, de acumular hitos o de mostrar una determinada imagen de sí mismos. En esos casos, el desplazamiento se convierte en un escenario donde lo importante no es tanto la experiencia, sino la forma en que será contada, compartida o interpretada por los demás. No obstante, cuando el sentido de un viaje se apoya en la mirada externa, la transformación posible se vuelve más frágil, porque esta dependerá de la validación ajena. Las preguntas que se buscan responder no nacen del interior, sino de un diálogo con las expectativas sociales y, quizá por eso, en esos casos el movimiento no suele traer ninguna revelación, sino la confirmación de un relato ya construido de antemano.

Pero incluso cuando el viaje no es transformador, su mera posibilidad señala algo esencial: que existe —al menos en potencia— un espacio donde la subjetividad puede expandirse y llevarse al límite. ¿Quién soy aquí? ¿Qué queda de mí cuando todo lo que me rodea es distinto? ¿Qué puedo aprender sobre mí mismo en otros lugares? ¿Qué queda de mi si cambio mi cultura, si me encuentro en otras circunstancias ajenas a mi realidad? ¿Quién soy en soledad? Si toda elección empieza con una pregunta, viajar con la idea de que en algún lugar existe una respuesta es tal vez una de sus formulaciones más radicales. Elegir marcharse es renunciar a la comodidad de lo conocido para cuestionar, con el cuerpo entero, qué hay al otro lado. Quizá no encontremos la respuesta que buscábamos en el destino, pero sí hallaremos muchas otras preguntas, y puede que alguna respuesta, en el camino recorrido y en los motivos que nos impulsaron a salir de la normalidad.

El viaje responde a muchas cuestiones intrínsecas a la condición humana: nos ofrece el asombro, la huida de lo cotidiano, la oportunidad de probar cosas nuevas y reafirmar nuestra identidad en contraste con el otro. Tal vez el movimiento no sea el único medio para explorar estas inquietudes, pero es quizá el más intenso. Nos permite —aunque sea por un instante— vivir plenamente en el presente. El mundo puede desplegarse como un territorio inabarcable, pero es en los momentos aparentemente insignificantes, como durante un *trekking* agotador o en el dibujo de una canoa, donde muchas veces encontramos las verdades más profundas. Sí, viajamos aceptando la pérdida de lo seguro para ganar algo que solo puede alcanzarse a través de la experiencia.

7
VIAJAR PARA CONTARLO

En la casa donde pasé mi infancia había un mueble de madera que cubría por entero una de las paredes del salón. Era de esos que se construían a medida en la década de los setenta, tan gigantesco y lleno de cajones y puertecitas que parecía que nunca íbamos a llenarlo del todo. La superficie de abedul estaba barnizada con un acabado que hacía que las vetas brillasen en un tono dorado cuando les daba la luz, creando reflejos en las paredes de gotelé que lo rodeaban.

Algunos de los múltiples espacios estaban ordenados, como las puertas inferiores, donde mi madre guardaba las tres vajillas. Una de ellas era herencia de mi abuela, la segunda —un juego de tacitas de té de porcelana oriental que, al ponerlas al trasluz, dejaban ver en su interior el retrato silueteado de una *geisha*— la compró mi padre en El Rastro de Madrid y la tercera la trajo mi madre al mudarse y era la que usábamos. Aquel mueble era un universo repleto de tesoros y yo me divertía sacándolos y esparciéndolos sobre las baldosas de la habitación. A la derecha de aquel trasto, en un espacio vertical y estrecho cubierto por una puerta de cristal, había una colección de perfumes. Decir que eran únicamente de mi padre sería una equivocación. Allí convivían botellas llenas de aceites esenciales que había traído de un viaje a Marruecos, frascos diminutos de colores que pertenecían a mi bisabuela paterna y botes de cristal con restos de fragancias añejas, concentradas en un color marrón oscuro.

Cuando mi padre aún no había nacido, su abuelo desapareció. Había luchado en la guerra de Cuba y su esposa, mi bisabuela, pensó que la había abandonado por alguna mujer o, peor, que había acabado en la cárcel por desobedecer a la autoridad. Vistió de luto y lloró una muerte que más tarde se comprobó ficticia. Después de un tiempo, el muerto reapareció, con traje de fiesta y dos maletas llenas de regalos para la familia. Regresar parecía el acto más natural del mundo, como si aquella fuga no hubiera durado más que un parpadeo, como si nadie le hubiese echado de menos. Nunca se supo dónde había estado ni qué había hecho. Aunque, por los objetos que trajo a su vuelta, era fácil deducir que había pasado un tiempo en París. Le regaló a mi abuela una polvera *art nouveau* con forma de monito y a su mujer, que con la alegría de encontrarse casada de nuevo perdonó rápidamente la ausencia, vestidos y joyas con filigranas imposibles. Entre aquellas maletas había también una botella de vidrio con la forma de la Torre Eiffel, que acababa de inaugurarse, y dos frascos de perfume que simulaban la pierna de una bailarina de cancán, con un liguero de puntilla rodeando el muslo, justo debajo de la tapa de metal dorado.

Uno de esos frascos, ahora roto y descascarillado después de muchos trotes y varias mudanzas, sigue descansando en el mueble de cajoneras imposibles. Mi padre me lo enseñaba cuando era pequeña y me contaba una y otra vez la historia, manoseando las palabras, desgastándolas en una retahíla de detalles que parecían cambiar con cada narración. La historia misma se transformó en un perfume. Me aprendí de memoria la sucesión de los hechos, aun sabiendo que con toda probabilidad algunas partes fuesen inventadas o estuviesen adaptadas a mi mente infantil. Yo imaginaba al hombre de bigotes puntiagudos que era mi bisabuelo caminando por las calles de París, hablando con extraños en cafés oscuros y mirando escaparates que reflejaban su figura, ajeno y a la vez fascinado por todo lo que había dejado atrás. La verdad no me importaba: lo que quería era descubrir los secretos de aquel frasco, el recuerdo de un viaje que ni siquiera sé si sucedió.

No es casual que la palabra *souvenir* provenga del francés *se souvenir*: recordar. Ese es su valor, evocar recuerdos y convertir el objeto en una cápsula del tiempo, un portal que da acceso a un fragmento de la vida de alguien, no siempre fiel a la realidad, pero siempre fiel a la ambigüedad de la memoria. Me gustaría poder preguntarle a mi antepasado por aquel viaje, pero me conformo felizmente con imaginar las historias que vivió y que nunca terminó de contar. Llenar los vacíos de su existencia con sueños, olores y posibilidades.

Experimentar la poesía de los sentidos es lo que nos empuja a alejarnos de la comodidad de nuestro hogar, pero son los objetos que traemos de vuelta los que nos permiten anclar esas experiencias en nuestro presente. Son pedazos tangibles de lo inmaterial, símbolos de lo vivido y lo sentido. Su propósito es autorreferencial, casi ritualístico. También pueden convertirse en emblemas para aquellos que dejamos en nuestra tierra natal, al demostrar que el hilo de nuestra conexión no se rompió mientras explorábamos lo desconocido. Por eso es tan bonito traer regalos a nuestros seres queridos cuando volvemos de un viaje importante.

El antropólogo francés Marcel Mauss, en su estudio *El ensayo sobre el don* (1925), exploró cómo los objetos intercambiados entre personas no solo poseen un valor material, sino que también albergan un profundo significado alegórico. Los regalos (o dones, siguiendo a Mauss), portan intenciones y establecen y refuerzan relaciones sociales. Se trata de una manera de afirmar que, aunque estemos ausentes y viviendo mil aventuras al otro lado del mundo, guardamos un lugar para los otros en nuestros pensamientos. El valor del don no radica en su utilidad o en su belleza, sino en el relato y la intención que lo acompañan. Por este mismo motivo no hace falta que el *souvenir* que traigamos sea caro ni grandilocuente. Unas conchas de la playa, una flor seca guardada entre las páginas de un cuaderno o una postal pueden convertirse en gestos preciosos de cuidado, auténticos vehículos de reciprocidad que, como Mauss afirma, crean y sostienen el tejido de nuestras relaciones.

Por supuesto, la industria del viaje ha sabido capitalizar esta necesidad humana de materializar el recuerdo, de convertir una experiencia efímera en algo que el turista pueda tocar y llevarse a casa. Por este motivo, no hay viaje sin *souvenir*, ni ciudad sin tienda de recuerdos: camisetas, vasos de chupito, cuadros, delantales, cucharas y paños de cocina, tangas y collares. Ningún objeto se escapa de la representación, incluso cuando este ni siquiera sea característico de la realidad del lugar. Siempre me ha parecido curioso que se vendan imanes para la nevera en lugares donde la población de a pie no tiene frigorífico o llaveros con monumentos de Italia fabricados en China.

Aun así, la industria del recuerdo no siempre está formalizada ni atiende a la misma lógica de mercado que tan fácilmente reconocemos y replicamos en Occidente. En algunos contextos, el *souvenir* es también una estrategia de supervivencia y una negociación con la mirada extranjera. Pienso en las mujeres mursis de Etiopía, que, al no disponer de bienes de interés para el mercado global, ofrecen lo que el visitante espera de su alteridad: réplicas de los platos labiales que ellas mismas llevan como muestra de pertenencia a su comunidad. Los moldean y cuecen en las hogueras de la aldea, creando una industria informal que hace cincuenta años no habría tenido ningún sentido y que sin embargo hoy constituye una fuente de ingresos complementaria para muchas familias. Lo que para el viajero puede ser un recuerdo exótico, para la comunidad que lo produce es una oportunidad de ganarse el sustento, de contar(se) al extranjero, de mostrar algo propio y de traducirlo en un lenguaje comprensible para el otro. Así, lo que empezó como un adorno tribal adquiere una capa adicional de sentido: la de recordarnos que en los objetos que llevamos de vuelta habita también la memoria del encuentro que lo hizo posible.

Los *souvenirs* son capaces de trascender la lógica de mercado. El viajero se convierte en un coleccionista de historias, de situaciones y de versiones de sí mismo. El afán humano por etiquetar la realidad se traduce aquí, una vez más, en una colección física de recuerdos convertidos en objetos. Pedazos de tiempo que nos hacen pensar en un momento dado y, sobre todo, en la persona que éramos cuando estuvimos allí. Esta lógica se extiende incluso a los recuerdos de lugares que no hemos visitado en persona. Cuando un amigo o una amiga nos trae un regalo de su viaje, incorporamos historias que no hemos vivido, pero que decidimos hacer parte de nuestra antología emocional. Nos apropiamos de esas vivencias prestadas, conectándonos con las experiencias de los demás a través de sus relatos. Aunque yo nunca he estado en Polonia, aún guardo con cariño la figurita del dragón de Wawel que mis padres me trajeron cuando estuvieron allí. Los imagino comprándola en algún puesto callejero y guardándola con cariño en la maleta. Y si en algún momento voy a los bulevares del Vístula, pensaré en ellos y en que, hace muchos años, en ese mismo lugar, ellos pensaron en mí. Eso me hace feliz.

Traer un objeto para revivir nuestro periplo forma parte de una tradición muy antigua. Mucho antes de que llenáramos las estanterías con réplicas de monumentos famosos, otras culturas ya intuían que los recuerdos físicos podían funcionar como un puente.

Hacia el año 700 a.C. en Grecia, el propio Homero nos relata en su *Odisea* cómo Ulises recopiló pruebas de su paso por el mundo. No eran *souvenirs* en el sentido moderno más estricto, pero sí cumplían una función parecida: encapsular la experiencia, dar testimonio de haber estado allí y cargar de significado la memoria. En aquel tiempo, estos objetos formaban parte de la *xenia*, el antiguo código de hospitalidad griego. Cuando un viajero llegaba a una casa, el anfitrión estaba obligado a recibirlo con viandas, descanso y un presente que sellara el encuentro. Los obsequios expresaban el honor de quien los ofrecía y contenían la promesa de que, algún día, esa hospitalidad sería correspondida. Las copas de oro, las telas finas o las armas ornamentadas que el héroe acumulaba se convertían en huellas tangibles de una red de relaciones, compromisos y alianzas. Pequeños vestigios del mundo que atestiguaban que alguien, en algún lugar, le había abierto las puertas de su hogar.

Dejando atrás el terreno mitológico, encontramos otros ejemplos en la historia documentada. Ya en el siglo I, los artesanos hispanorromanos producían los *vasa potoria*, unas vasijas que circulaban por amplias regiones del Imperio —desde la cuenca mediterránea, hasta la Galia, el norte de África y las provincias itálicas— actuando como testimonio de su lugar de origen. Estos objetos humildes conectaban al poseedor con un relato cultural y geográfico más amplio. Si tu vaso estaba marcado con el sello de un taller de la lejana Hispania significaba que habías recorrido mundo, que habías llegado hasta lo que entonces se entendía como el confín de la tierra. Algo parecido había sucedido siglos antes en la Atenas clásica, donde las ánforas panatenaicas eran entregadas entre los siglos VI y IV a.C. a los ganadores de las competiciones deportivas que se celebraban cada cuatro años en honor a Atenea. Aquellas vasijas, casi equivalentes a las medallas olímpicas de hoy en día, viajaban con quienes las recibían y funcionaban como emblemas de procedencia y prestigio. Además, iban cargadas de aceite de oliva sagrado procedente del olivar de Atenea, un producto codiciado de altísima calidad controlado por el Estado. Recibir varias de ellas equivalía a una auténtica fortuna.

Encontramos también la vertiente religiosa del *souvenir* en los peregrinos griegos del período clásico (siglos V-IV a.C.) y en los romanos del Alto Imperio (siglos I-III d.C.), que coleccionaban pequeñas imágenes de sus deidades protectoras, normalmente figurillas de terracota, tablillas votivas y amuletos consagrados en los templos. Los romanos continuaron esta lógica con las *ampullae*, pequeños frascos que los viajeros llenaban con agua, aceites o polvo de los santuarios visitados y que portaban consigo como protección ritual y prueba de su paso por aquellos lugares santos.

Las *ampullae* siguieron utilizándose hasta bien entrada la Edad Media. Entre los siglos XI y XIII, se transformaron en los característicos recipientes de plomo conocidos como *ampullae peregrinae*, que los devotos cristianos cosían a sus capas tras visitar Jerusalén, Canterbury o Compostela. Junto a ellas, las conchas de Santiago y, ya en época moderna (siglo XIX), las medallas bendecidas adquiridas en lugares santos como Lourdes funcionaban como señales visibles del camino recorrido. En todos los casos, lo importante no era el objeto en sí, sino el significado que se le atribuía.

Los recuerdos de los viajes —al menos teóricamente— funcionan como elementos que certifican y legitiman ante un público potencial que, efectivamente, estuviste donde dices haber estado. La realidad es que en la práctica no siempre es así. Atrás quedaron los tiempos en los que estos objetos eran tan difíciles de obtener que poseerlos implicaba, de forma incuestionable, haber pisado ese lugar. Hoy podemos comprar prácticamente cualquier cosa sin movernos de casa desde nuestros ordenadores o teléfonos móviles, pero aun así el *souvenir* conserva intacta su carga simbólica y ritual.

A lo largo de la historia y en culturas muy distintas, los objetos que traemos de recuerdo han seguido cumpliendo esa función. De la misma manera que Hércules se llevó la piel del león para presumir de su hazaña o los cazadores lakotas (siuxs), cheyennes y otros pueblos de las llanuras norteamericanas lucían collares con dientes de los osos a los que se habían enfrentado, también la ristra de imanes funciona hoy como una forma de mostrar nuestras propias proezas cotidianas. Los shuars, en la Amazonía, llevaron esa lógica al extremo con las *tsantsas*, las cabezas reducidas de sus enemigos, que exhibían como trofeos de guerra cargados de poder espiritual. En todos estos casos, el objeto trasciende su materialidad funcionando como amuleto. Una garantía de que la experiencia no se desvanece del todo, de que algo —la valentía del guerrero, la bendición del santo o la energía de un enemigo vencido— queda atrapado y puede acompañarnos en nuestro día a día.

En épocas premodernas, ese gesto se expresaba a través de elementos pequeños, portátiles, artesanales y normalmente con un trasfondo espiritual: escapularios —pequeños objetos devocionales cristianos con imágenes o textos sagrados—, *taʿwīdh* —amuletos islámicos que contienen versos del Corán o nombres de Dios, escritos en papel y guardados en un estuche o saquito—, *gau* —relicarios con mantras, imágenes o fragmentos de textos sagrados del budismo tibetano—, medallas protectoras o reliquias conseguidas durante visitas a lugares sagrados. Para el viajero-peregrino estos talismanes se convertían en símbolos de protección que aseguraban una suerte de continuidad entre el viaje y la vida ordinaria. Con el paso del tiempo, a medida que viajar dejó de ser un privilegio al que podían acceder tan solo unos pocos para convertirse en la práctica de muchos, estos recuerdos también cambiaron su anatomía. A mediados del siglo XIX, el tren y, más tarde, el barco a vapor y los primeros paquetes turísticos multiplicaron la movilidad y, con la movilidad, apareció una nueva necesidad: la de fabricar recuerdos a nivel industrial y en cadena, más formales en su aspecto, serializados y, sobre todo, más específicos. Así nacieron millones de objetos diseñados para condensar un lugar en su forma más reconocible: desde la miniatura de la torre inclinada de Pisa y la figurita de un toro en España, hasta los ceniceros con el busto de Nefertiti, en Egipto.

Con la llegada del siglo XX, el *souvenir* dio un nuevo salto y pasó de ser solo un objeto de recuerdo a convertirse también en una marca. El ejemplo más claro es la célebre camiseta de «I ♥ NY», diseñada en 1977 por Milton Glaser como parte de una campaña publicitaria del Departamento de Comercio del Estado de Nueva York para revitalizar la imagen de la urbe en plena crisis. En aquel momento, la ciudad atravesaba una de sus etapas más oscuras, marcada por una profunda recesión económica, altos índices de delincuencia y una fuga masiva de ciudadanos hacia los suburbios. La ambiciosa campaña de *rebranding* urbano de Glaser, ideada para revertir el declive y atraer nuevamente al turismo, trajo consigo el logotipo —trazado a mano en una hoja de papel durante un trayecto en taxi— que pronto se convertiría en emblema de optimismo, pertenencia y orgullo colectivo. Claramente alcanzó su cometido, porque si algo hemos aprendido de las series y películas norteamericanas (desde los personajes de *Sexo en Nueva York* discutiendo cuál es «el mejor *brunch* del Soho» y los de *Friends*, incapaces de imaginar su vida fuera de Manhattan, por no hablar de todas las películas de Woody Allen) es que a los neoyorquinos les encanta decir que son de allí.

Lo que comenzó como una estrategia de marketing terminó convirtiéndose en un referente global. El icono trascendió su significado original —certificar que habías estado en Nueva York—, transformando el espacio en un sello comercial mundialmente reconocible. Así, la ciudad pasó a ser una marca tan consumible como una de zapatillas o refrescos. En este sentido, el *souvenir* se aproxima al *branding* del diseño. Llevar una de esas camisetas es vestir una idea de la ciudad, apropiarse de su esencia hasta convertirla en un elemento de moda que circula a nivel transnacional, situando a quien la viste dentro de un circuito cosmopolita, moderno y sofisticado.

El turista ya no se lleva únicamente un objeto que evoca su viaje, sino una pieza que lo inscribe en el relato compartido de quienes han pasado por ese mismo lugar. Esta idea da título al libro de Anna Pacheco *Estuve aquí y me acordé de nosotros* (2024), donde la autora explora cómo ciertos objetos cotidianos se cargan de significados comunes hasta llegar, en ocasiones, a sustituir a la experiencia en sí misma. La reproducción en miniatura del crucero en el que viajó con su familia por el Mediterráneo, colocada en el salón de la casa de sus padres, se convierte en un punto de partida para reflexionar sobre la cultura del trabajo y sobre los imaginarios de la clase obrera española, personas que pasan el año entero encadenando jornadas interminables para disfrutar, con suerte, de un par de semanas de vacaciones al año. Cuando llega por fin ese descanso merecido, explica Pacheco, no buscan necesariamente descubrir una imagen nueva del destino, sino reafirmar la que «ya existe en la mente de todos».[1] El viaje se vive como un guion preestablecido que repetimos colectivamente y el objeto se convierte en un icono capaz de dar sentido y legitimidad a la experiencia.

Con la mercantilización de los recuerdos llegó también una gran ironía: poseer la representación de algo que tal vez ni siquiera has visto. Una miniatura de la Torre Eiffel puede comprarse en el aeropuerto de París sin haber pisado jamás el Champ-de-Mars, una réplica de la Sagrada Familia para aquellos que veranean en Calella. La paradoja es evidente. El objeto ya no certifica la experiencia, sino que, tal y como afirma Pacheco, muchas veces la reemplaza. Bajo esa lógica, ver y comprar, desear y poseer, se convierten en actos inseparables.

A veces, ese impulso llega a amenazar el propio espacio. Sucedió en la playa de Cadaqués —Cataluna—, donde durante años los visitantes se llevaron piedras como recuerdo de sus vacaciones, hasta alterar visiblemente el paisaje.[2] Algo similar sucedió en Brujas —Bélgica—, cuyo ayuntamiento tuvo que pedir públicamen-

(1) Anna Pacheco, *Estuve aquí y me acordé de nosotros*, Anagrama, Barcelona, 2024, p. 41.

(2) Telecinco.es. (24 de julio de 2021). *Piden a quien tenga piedras de la playa de Cadaqués que las devuelva: en cinco años han desaparecido*

te a los turistas que dejaran de retirar adoquines de sus calles medievales,[3] y también en Pompeya —Italia—, donde se sustrajeron fragmentos de mosaicos, piedras volcánicas y restos arqueológicos como pruebas testimoniales.[4] En todos los casos las autoridades se vieron obligadas a lanzar campañas de devolución y aplicar sanciones.

La necesidad de tener el lugar entre las manos hace que, paradójicamente, el paisaje que creó el reclamo turístico desaparezca. El objeto de deseo se desgasta, los monumentos se erosionan y los recuerdos, condensados en esas piedrecitas que ahora están olvidadas en cualquier cajón de la casa, pierden su singularidad. Igual que los antiguos amuletos o talismanes, el *souvenir* se traduce en una relación afectiva con el espacio. Solo que hoy, en lugar de protegernos de los espíritus, nos protege del olvido, convirtiendo la fugacidad del viaje en algo que puede guardarse, coleccionarse o exhibirse.

---

el 40 %. Telecinco, <https://www.telecinco.es/noticias/sociedad/playa-cadaques-sin-piedras-be5ma_18_3175471506.htm

(3) Hughes, R. A. (2025, 23 de mayo). *«Déjelos donde están»: Brujas pide a los turistas que dejen de robar adoquines. Euronews*, <https://es.euronews.com/viajes/2025/05/23/dejelos-donde-estan-brujas-pide-a-los-turistas-que-dejen-de-robar-adoquines>.

(4) Infobae (2025, 14 de agosto), *Un turista escocés se lleva unas piedras de la zona arqueológica de Pompeya y es denunciado por robo: «Era un regalo para mi hijo»*, Infobae, <https://www.infobae.com/espana/2025/08/14/un-turista-escoces-se-lleva-unas-piedras-de-la-zona-arqueologica-de-pompeya-y-es-denunciado-por-robo-era-un-regalo-para-mi-hijo>.

Dentro de esta lógica de apropiación, el objeto también oculta, en ocasiones, una promesa de transformación: no solo se trata de llevarnos un pedazo del lugar, sino de incorporar, en clave aspiracional, algo de su energía a nuestra realidad. En ese espejismo, llegamos a creer que a la vuelta de nuestro viaje seremos capaces de conjuntar el kaftán burdeos comprado en la medina de Marrakech con el resto de nuestro armario o que cocinaremos platos nuevos con las docenas de especias exóticas que compramos con entusiasmo en un mercado local. Los recuerdos no evocan tanto lo vivido como lo que querríamos ser al volver, esa versión utópica de nosotros mismos. Pero, al llegar a casa, el hechizo suele romperse y la metamorfosis soñada rara vez resiste la fricción de la vida cotidiana. El kaftán terminará relegado al fondo del ropero y las especias empezarán a acumular polvo en la balda de la cocina hasta que, meses después, ya no recordemos para qué las compramos. Aquel puente hacia una vida distinta acaba revelándose como una fantasía portátil, una posibilidad que no llegó a materializarse.

Hay algo en esta coreografía que me inquieta de un modo difícil de explicar, una sensación que me hace cuestionar la inercia con la que muchas veces compramos *souvenirs* simplemente porque hay que llevar algo, incluso aunque el objeto no guarde relación alguna con lo vivido. Ese automatismo vacía de sentido y dirección la memoria que pretende contener. Quizá por contraste las postales me parecen uno de los recuerdos de viaje más honestos, una forma asequible y fácil de extender la experiencia más allá de uno mismo y convertir tu recuerdo en un puente hacia aquellas personas con las que compartes la vida. ¿Qué hay más bello que recibir la historia de un viaje en forma de regalo? Ahí la economía del recuerdo se desplaza y el objeto deja de ser una posesión individual para convertirse en un vínculo que, siguiendo a Mauss, alimenta la relación y la mantiene viva. En este acto, casi obsoleto, la memoria se libera y vuela a través del mundo, viviendo una aventura propia y desconocida para ser recibida por tus seres queridos. Mientras los mensajes digitales se escriben y se consumen en apenas unos segundos, la postal exige una cronología propia que se rige siguiendo unos términos concretos. Por una parte, implica buscar la imagen adecuada, detenerse a pensar en alguien y elegir qué contar. Por la otra, confiar en que ese mensaje tardará días o incluso semanas, en llegar a su destinatario. O que tal vez —dependiendo de la fiabilidad de la oficina de correos que hayas escogido— nunca cumplirá su cometido: son como un mensaje en una botella, que se envía sin saber si alcanzará o no tierra firme.

Me gusta imaginar que en algún lugar de la Tierra existe una central de postales perdidas esperando a ser reclamadas por sus dueños. Una Sala de Menesteres, como la de Harry Potter, llena de recuerdos ajenos. Allí encontraría todas las que mandé a mi amiga Carolina cuando vivía en México, el sobre con jeroglíficos que le dibujé a mi primer novio durante aquel viaje a Egipto y la postal con un *collage* surrealista que me envié a mí misma desde Burning Man y que debió de perderse en la arena del desierto. Esa demora, esa incertidumbre les devuelve a las postales un valor que en el mundo de las notificaciones instantáneas y la lógica de la inmediatez me parece prácticamente revolucionario.

Una vez, tras hacer una ruta en Ushuaia, mis amigos y yo descubrimos una casa diminuta situada al borde del canal de Beagle que se anunciaba con el cartel «Unidad postal del fin del mundo». Con el tejado inclinado y las paredes de hojalata, parecía más una caseta de pescadores que una oficina postal, pero, al entrar, un señor barbudo con pinta de capitán de barco nos recibió con media sonrisa y nos indicó que, efectivamente, podíamos mandar desde allí nuestras cartas. Escribí y envié media docena, pero nunca alcanzaron su destino. Yo creo que es allí, entre sus bigotes y sus gafas de diablillo, donde están escondidas todas mis postales perdidas.

Que un trozo de cartulina serigrafiado pueda convertirse en un vehículo para la conexión humana me parece prácticamente mágico. Tal vez por eso valoro tanto cuando un objeto banal se carga de un sentido inesperado, distinto al que yo le había dado en un inicio.

Hace unos años, durante aquel viaje a Rusia del que ya he hablado (capítulo 4) y gracias al cual conocí a mi pareja, pasé una semana conviviendo con una comunidad de pastores nómadas en Siberia. Viven en casas tradicionales de forma cónica que construyen sobre la nieve y aíslan usando pieles de reno curtidas. Allí estaba Volodia, el padre de la familia en cuya casa me alojaba. Pese a la barrera idiomática, hicimos buenas migas. Le gustaba usar mis rotuladores para dibujar pequeños renos y paisajes azulados en los folios de colores que había llevado para hacer uno de mis cuadernos de viaje. Además de dibujar, Volodia trenzaba los lazos de cuero que los hombres usaban para atrapar a los animales y era tremendamente habilidoso tallando el hueso y la madera. Yo venía de un viaje de varios meses en el que había pasado por México (fue entonces cuando descubrí que la mitad de las postales que había mandado a Carolina se habían perdido en el camino) y tenía un trozo de hueso que me había encontrado haciendo una ruta de senderismo, así que se me ocurrió que sería bonito que Volodia me ayudase a agujerearlo para hacerme un collar. Él no parecía muy convencido con la idea y, a través de la traductora, quiso saber de qué animal era, porque no entendía que quisiera una joya hecha con los restos de un ser cuya procedencia desconocía.

Le respondí que quizá fuera de vaca, aunque en realidad lo ignoraba. Tal vez hubiera pertenecido a un coyote o a una cabra; el trozo era tan diminuto que era imposible apreciarlo, aunque lo suficientemente grande como para convertirse en un adorno bonito. Volodia torció el gesto porque, a sus ojos, el hueso no era una mera pieza de bisutería: condensaba una vida, era un recipiente de poder. Me explicó que llevarlo al cuello implicaba convocar al espíritu del animal y, en su cultura, las vacas no eran animales poderosos, a diferencia de los renos, los osos y los lobos. No comprendía porqué querría absorber la fuerza de una vaca.

La distancia entre nuestras cosmovisiones se hizo evidente. Para mí, aquel hueso era una anécdota fruto de un encuentro fortuito. Me recordaba al paseo que di con Carolina, a los kilómetros que habíamos andado por el terreno pedregoso de un río seco hasta llegar al pequeño montículo donde mi amiga me había prometido que encontraríamos una catarata. Me sabía a sequedad y a sol en la espalda. Pero para Volodia era un asunto casi sagrado, una elección que podía alterar la relación entre mi cuerpo y el mundo invisible. Desde convenciones culturales muy distintas, ambos estábamos tratando de ritualizar la experiencia, intentando darle forma mediante un objeto tangible. Le expliqué a Volodia lo que significaba para mí aquel objeto y, tras un breve silencio, cogió el hueso entre sus manos y me pasó un punzón para explicarme cómo debíamos tallarlo. Lo perforó con destreza y, cuando me lo devolvió, se quedó mirando con curiosidad cómo improvisaba el engarce con un trozo de cuerda roja.

No sé si empatizó con el valor que yo le daba o si simplemente cedió ante aquella petición que para él era extraña. En cualquier caso, ese pequeño gesto se convirtió en un puente entre nuestros dos universos que le daba a la nueva creación un significado híbrido a camino entre España, México y Siberia. Aquel collar nacido de la complicidad fugaz de dos desconocidos era también una negociación entre nuestras diferencias. Cuando terminé, Volodia decidió regalarme el punzón con el que lo habíamos tallado. A mí se me cayeron unas lágrimas al darme cuenta de que, esta vez sí, la herramienta estaba hecha con el hueso de un reno.

Ese intercambio, tan simple y tan cargado de sentido, reafirmó algo que siempre he intuido. El valor de los *souvenirs* reside en las historias que encierran, en las experiencias que decidimos guardar en aquello que nos llevamos de vuelta. Por eso, si los viajes funcionan como una forma de narrarnos, los objetos que conservamos se convierten en los mecanismos y fragmentos materiales que propician esa narración.

Algo parecido sucede cuando intentamos escribir sobre un viaje. Lo que buscamos es dar forma a lo vivido, fijar lo que de otro modo sería efímero. En ambos casos, tratamos de retener un destello del camino y traducirlo en un relato que pueda sostenerse en el tiempo. Quizá por eso el viajero contemporáneo ha redescubierto el valor de la crónica como una forma de pensar el mundo y, en ocasiones, de abrir una puerta en la mente de los otros. La experiencia se graba en el cuerpo, en el olor a humo en un jersey, en la textura áspera de una corteza o en el sabor de una bebida fermentada. Al escribir, intentamos trasladar ese mapa sensorial a otro formato y es en ese cruce —entre lo que vivimos y lo que contamos— donde surgen preguntas inevitables: ¿cuál es la mejor manera de dejar constancia de un trayecto?, ¿escribirlo?, ¿dibujarlo?, ¿convertirlo en algo que podamos tocar? La experiencia se despliega con los cinco sentidos, pero al fijarla debemos traducirla en palabras, en imágenes, en objetos. Los recuerdos, después de vivirlos, se van deshilachando con el tiempo y necesitamos fabricar referencias visibles que nos ayuden a sostenerlos. Por eso, nos resulta imperativo aferrarnos a una geografía de la emoción que nos transporte a aquellos momentos que deseamos evocar. Cuanto más los narramos, más comprensibles los hacemos. Tal vez sea ese el motivo por el cual nos gusta tanto hablar de los restaurantes en los que comimos o de aquella tarde que pasamos en la playa, incluso aunque sepamos que nuestro interlocutor no está demasiado interesado.

Traducir el viaje en un proyecto concreto es también una manera de ordenarlo en nuestra memoria. Así fue como empecé a hacer mis cuadernos de viaje. En ellos anoto extractos de conversaciones, pequeños dibujos, tickets de autobús, hojas secas y palabras sueltas en lenguas que no entiendo. Los primeros funcionaban más como diarios. En ellos explicaba día a día qué es lo que había hecho: los monumentos que había visitado, con quién estaba compartiendo mi tiempo y cuáles eran las partes de esa cultura ajena que más me estaban sorprendiendo. Sin embargo, poco a poco fui elaborando reglas más estrictas para poder ejercitar el músculo artístico mientras integro la experiencia. Para empezar, tengo que completarlos casi por entero durante el propio viaje. Además, todos los elementos usados (plumas, flores, pigmentos sacados de árboles de la zona...) deben proceder del lugar que estoy recorriendo y, por último, el cuaderno debe transformarse en un objeto tridimensional, donde no solo las páginas, sino también la encuadernación, el marcapáginas y cada detalle añadido formen parte del relato. Una extensión física de la experiencia. Así es como he acabado usando tintas hechas con minerales, retazos de tela encontrados en el suelo como portada y dientes de vaca que, unidos a trozos de cuerda recogidos en mitad de la sabana, funcionan como cintas de lectura. Cada uno de ellos es una constelación de materiales heterogéneos que, al unirse, cuentan una historia que no podría existir fuera de ese territorio.

Con el tiempo comprendí que esta práctica era una manera de traducir el viaje en un lenguaje propio, de permitir que el destino actuara sobre mí de forma casi mística. Casi subconsciente. Dejarme poseer por el espíritu del movimiento y convertirme en su escriba, como si yo fuera apenas un recipiente donde lo vivido se sedimenta. Esa manera de crear me obliga a abandonar el control y confiar en la deriva, convirtiendo mis cuadernos en artefactos híbridos. Mitad obra, mitad proceso.

En cierta medida, trasladar el viaje a cualquier formato —sea un cuaderno de viajes, una serie fotográfica o un vídeo documental— es una manera de domesticar el caos, de hacer inteligible aquello que nos ha transformado. A fin de cuentas, de un viaje no necesitamos más que unas pocas coordenadas que nos permitan orientarnos al volver a casa. Quizá esa sea la clave de los *souvenirs*: reducir para comprender. Centrarnos en un proyecto delimitado para evitar esa acumulación casi automática de miles de fotos que difícilmente volveremos a mirar. En cambio, si la propuesta se ejecuta a partir de un plan, por pequeño que este sea, el recuerdo adquiere profundidad y relieve. Cuando actuamos con intención y no por inercia, un poema, un retrato o un pequeño objeto pueden contener el pulso entero de un viaje sin necesidad de extenderse.

Pero esta misma voluntad de fijar lo vivido tiene también su reverso. Registrar la experiencia implica tomar distancia de ella: detenerse a escribir, encuadrar una fotografía, pulsar el botón de grabar. En ese momento, es inevitable preguntarse hasta qué punto intentar contar algo modifica la manera en que lo experimentamos. Esa pausa introduce una mediación. El instante deja de existir por sí mismo y pasa a convertirse en materia prima para un tiempo futuro: el del relato, el *storytelling* y la mirada ajena. Al hacerlo, lo vivido se transforma. No es necesariamente una pérdida, pero sí un desplazamiento. Al narrar, ganamos en permanencia lo que quizá sacrificamos en intensidad.

Contar la vivencia exige fragmentar, seleccionar, ordenar. A veces esa operación aporta profundidad (como quien al dibujar observa un detalle que, de otra manera, habría pasado desapercibido) y se convierte en una invitación para interactuar con el lugar de maneras inesperadas. Pero en otras ocasiones nos aparta del presente, porque la atención se concentra más en la prueba que en la experiencia.

El viajero está atrapado en esta paradoja. Cuanto más intenta capturar el instante, más riesgo corre de que se desvanezca, de dejar escapar así parte de su verdad. Sin embargo, la necesidad de dejar constancia se mantiene. Hacer fotos, comprar *souvenirs,* llevarse un recuerdo del lugar: todos esos actos funcionan como testigos de nuestra presencia. La cuestión es qué nos impulsa a querer demostrarlo. Qué parte de nosotros necesita no solo que la experiencia haya sucedido, sino que los otros puedan también comprobarlo.

Parece que no contar lo que hemos visto equivale casi a desperdiciarlo. El viaje se hace para ser narrado y a veces da la impresión de que solo se justifica en la medida en que puede convertirse en relato. Contar el viaje nos otorga capital social, reconocimiento, pertenencia a una comunidad. Mostrar pruebas del trayecto es una manera de situarse en el mapa colectivo, de legitimar la experiencia ante los demás. En ese sentido, el *souvenir* se convierte en un segundo viaje, que sucede de manera paralela al que hacemos con el cuerpo. La línea entre experiencia y espectáculo se vuelve difusa y lo íntimo corre el riesgo de ser colonizado por la lógica de la visibilidad.

Aun así, detrás de cualquier presión externa también se esconde un impulso visceral. Ya hemos visto que el viaje es una búsqueda de sentido, un intento de organizar el mundo en un relato comprensible. Quiero pensar que las multitudes que fotografían un monumento o un paisaje están tratando igualmente de atrapar un destello de esa verdad. Domesticar lo inabarcable, estructurar lo que nos rodea. Aunque sea simplemente un retrato de cómo es el aquí y ahora en este momento preciso.

Esa búsqueda adopta diferentes formas y tiempos. No es lo mismo escribir una postal, dibujar un boceto en un cuaderno o redactar unas notas al final del día que pulsar el botón de una cámara. Los primeros responden a la calma. Requieren detenerse, elaborar una historia, dejar que la experiencia se asiente antes de fijarla. Los libros, sin ir más lejos, son quizá la forma más sutil de reconstruir un viaje. En ellos el paisaje se despliega sin necesidad de mostrarse y es el lector quien completa los vacíos, inventa los rostros y decide la temperatura de la luz, dando forma al mundo a través de su propio equipaje emocional. El imaginario literario es tan rico como intangible. Vive de la sugestión y de la multiplicidad de versiones. De hecho, es capaz de construir tantas interpretaciones como personas hay en el mundo.

La fotografía y el vídeo, en cambio, son hijas de la inmediatez, capturan y difunden las imágenes casi en tiempo real, encarnando así la lógica de la instantaneidad que domina nuestro tiempo. La única sugestión que permiten a su audiencia es la de averiguar qué escenas han quedado fuera de plano y preguntarse por qué. El desenfoque y el desencuadre se transforman así en instrumentos para la metáfora y el simbolismo, aunque *a priori* puedan parecer un reflejo objetivo de la realidad que nos rodea, esconden una voluntad, una mirada y una interpretación que revelan tanto del fotógrafo como del objeto retratado.

El semiólogo Roland Barthes en *La cámara lúcida* (1980) distinguía entre el *studium* y el *punctum* fotográfico: lo primero hace referencia al interés general que una fotografía puede suscitar. Su contexto cultural, su composición, su tema o su valor documental. Es aquello que puede compartirse, explicarse o enseñarse; el lugar donde operan tanto la intención del fotógrafo, como la comprensión del espectador. El *punctum*, en cambio, es algo mucho más subjetivo. Barthes lo describe como la «punzada», la herida que una imagen nos provoca sin que podamos preverla ni explicarla del todo. Es el detalle que nos conmueve o nos desarma, que rompe la lectura objetiva y nos arrastra a una emoción intransferible.

Volviendo al frasco de perfume del mueble de mi infancia, su forma extravagante, sus filigranas y su historia familiar podrían ser el *studium,* es decir, aquello que cualquiera podría ver, analizar o catalogar. Pero el verdadero *punctum* era el cuidado de mi padre al cogerlo, el modo en que repetía la historia de mi bisabuelo y el olor denso que llenaba el salón mientras yo intentaba imaginar un viaje que nunca viví. Los mejores *souvenirs* son capaces de crear una pequeña fisura en el tiempo, una emoción que es capaz de transportarnos.

En esa tensión entre lo que somos capaces de compartir y lo que sentimos por dentro también hay una analogía de nuestra manera de narrar el viaje. Esa delgada línea que separa lo que decidimos mostrar públicamente y lo que nos hiere personalmente. A veces esas capas se solapan, conviviendo en un mismo objeto. Quizá sea por ese cruce entre lo colectivo y lo íntimo y porque encarnan como ningún otro medio la velocidad de lo contemporáneo por lo que la fotografía y el vídeo se han convertido en los lenguajes privilegiados del viaje. Por este mismo motivo, son los medios que voy a analizar más en profundidad en el siguiente capítulo.

8
PICS, OR IT DIDN'T HAPPEN

Henri Cartier-Bresson, cofundador de la agencia Magnum Photos y considerado uno de los padres del fotorreportaje moderno, entendía el uso de la cámara como una forma de pensamiento visual. La ensayista y filósofa Susan Sontag recoge esta idea en su libro *Sobre la fotografía* (1977), cuando afirma que para Cartier-Bresson tomar imágenes es «hallar la estructura del mundo, regodearse en el placer puro de la forma» revelar que «en todo este caos hay orden».[1] O, dicho de otra manera, una manera de comprender lo que nos rodea mientras coleccionamos instantes que, de otro modo, se disolverían en la abstracción de la memoria. No obstante, en el

(1) Henri Cartier-Bresson, citado por Susan Sontag en *Sobre la fotografía*, trad. de Carlos Gardini, rev. de Aurelio Major, Alfaguara, Madrid, 2006, p. 145.

mundo contemporáneo poner en marcha el objetivo al servicio de los recuerdos deja de ser únicamente un deseo íntimo para asumir también una dimensión pública.

De ahí la obsesión por registrar cada detalle durante nuestros viajes. El desayuno del hotel, la puesta de sol, el autorretrato con un monumento o la pose frente a un paisaje bello. En la era del *Pics or It Didn't Happen*,[2] parece que solo existen aquellas experiencias que hemos podido documentar. Al igual que sucedía con los *souvenirs*, las fotografías se convierten en pruebas irrefutables de que tu historia es verdadera. De igual modo, al transformar la experiencia en una imagen potencial, esta se desdobla entre la conexión con el momento y la estrategia narrativa futura, manteniendo al viajero en un limbo temporal inevitablemente mediado por la cámara.

Esta misma lógica nos conduce a pensar que un acontecimiento es digno de ser vivido solo si es digno de ser fotografiado ¿Has estado en París si no te has hecho una foto en la Torre Eiffel? ¿En Egipto, sin una instantánea frente a las pirámides? El turista se convierte en un *voyeur*, alguien que contempla el mundo desde fuera y que, en lugar de participar de lo que ocurre, se limita a extraer sus pruebas de él. Así, el viaje se transmuta en un catálogo y el presente se percibe no tanto como un espacio de encuentro, sino como un escenario del que hay que apropiarse. El resultado es una simplificación del

(2) Expresión nacida en la cultura digital, traducida como «Si no hay fotos, no ocurrió», que se usa para poner en duda la veracidad de un relato si este no va acompañado de pruebas visuales.

significado de lo que observamos, reducido al espacio bidimensional que cabe en una imagen.

La decisión de representar o no algo no es inocua. Nuestros ojos han sido educados para desarrollar un lenguaje que, en estrecha colaboración con los imaginarios previos de nuestra cultura, nos indica que merece la pena ser registrado. Un gatito callejero que pasea por un mercado es mucho más atractivo que, digamos, una paloma muerta sobre la acera. La primera escena encaja en un repertorio occidental de lo que es potencialmente compartible; la segunda es incómoda, recuerda lo frágil y lo desagradable de la vida y se excluye del repositorio. De esta manera, la fotografía no solo selecciona fragmentos de realidad, sino que legitima un sistema de valores, enseñándonos a mirar el mundo con un filtro que determina qué escenas son dignas de atención y cuáles deben quedar fuera de cuadro. Aunque tendamos a pensar que las leyes de la estética son poco menos que universales, es nuestro bagaje el que nos dirige la mirada en ciertas direcciones y no en otras.

Cuando viajo a Sudán del Sur me obsesiona retratar los trajes y la joyería tradicional de cuentas que llevan las personas de la comunidad mundari. Ellos me insisten en que les haga fotos con sus vacas, las más grandes y hermosas de la manada. Al regresar al año siguiente, no me piden las imágenes de sus hijos ni las de los ancianos de la aldea, sino las de su ganado, las niñas de sus ojos, impresas en papel. En otras ocasiones me piden que los retrate fingiendo que hablan con mi teléfono móvil o posando orgullosos con algunas de sus pertenencias más valiosas, como una linterna o una radio. Para nosotros sería una escena absurda (¿quién querría una foto fingiendo hablar por teléfono?), pero en su contexto esos objetos representan riqueza y un acceso privilegiado a los circuitos de progreso y prestigio que articulan su sociedad,

Recuerdo especialmente un episodio a las afueras de Yuba, la capital. Viajábamos en coche bajo un sol abrasador, cuando vimos a varios grupos de familias apostados a los lados de la carretera. Las mujeres iban vestidas con trajes coloridos, tacones y pamelas; los hombres, con pantalón de pinzas y camisas bien planchadas; los niños, impecables y vistiendo chaquetas entalladas que les quedaban demasiado anchas para sus cuerpecitos enjutos. Estábamos a varios kilómetros del pueblo más cercano y, en mi ignorancia, le pregunté al conductor qué día de la semana era, pensando que se dirigirían a la iglesia. Pensaba en lo incómodo que debía de ser caminar con tacones por aquellos arcenes de arena parduzca y llenos de guijarros. Donald, mi guía, se rio y me aclaró que no había misa ni celebración religiosa: estaban haciéndose sesiones de fotos con la carretera. Sí, con la carretera. Claro que aquella no era una autopista cualquiera. Se trataba del primer tramo asfaltado del país, un símbolo de orgullo nacional y una de las pocas infraestructuras construidas tras la independencia. Aquellas familias habían caminado desde sus aldeas vestidas con las mejores prendas de su armario para encontrar un hueco entre los escasos coches que pasaban y posar sonrientes frente al asfalto. Ocupar ese espacio les permitía proclamarse como parte de un mundo más amplio.

La fotógrafa estadounidense Berenice Abbott (1898-1991) escribió que «el fotógrafo es el ser contemporáneo por excelencia; a través de su mirada el ahora se vuelve pasado».[3] En efecto, cada imagen congela lo que en el mismo instante ya se está transformando. La fotografía es archivo y epitafio, es una prueba de lo que fue y también un presagio de su inevitable mutación. En ese tránsito, el mundo se convierte en otra cosa. Memoria, tal vez mercancía, pero también metáfora y, como en toda metáfora, su poder radicar no tanto en lo que muestra, sino en lo que omite.

Recuerdo una vez en la que, ayudando a mis padres durante una mudanza, encontré una fotografía de mi abuela recién nacida tumbada en una cuna. Ilusionada por haber descubierto una reliquia familiar, me dispuse a sacar la foto para limpiar el marco, tiznado por el polvo del trastero donde había estado descansando todos esos años. Para mi sorpresa, al retirar el cristal descubrí que detrás del retrato había otra imagen. Era la foto de un bebé diferente, tendido en una cama rodeada de flores. Su cuerpo diminuto parecía inerte y tenía la boca y los ojos cerrados. El encuadre tenía una delicadeza inquietante, como si alguien hubiera querido preservar su recuerdo en la misma postura en la que fue despedido. Era su hermana gemela, una niña que murió al nacer y

(3) Berenice Abbott, citada por Susan Sontag, *Sobre la fotografía*, trad. de Carlos Gardini, rev. de Aurelio Major, Alfaguara, 2006, p. 101.

de la que nadie nunca me había hablado. En aquella época era común hacer fotos de los difuntos y para muchas familias aquel era el único recuerdo material que quedaba de la persona amada: un retrato cuidadosamente dispuesto, que se convertía en una extensión natural del duelo. A mí me conmovió encontrar a aquella criatura olvidada entre dos pedazos de cartón, preservada bajo la imagen de quien había sobrevivido. No sé su nombre, ni tengo a quién preguntárselo.

Hay algo de *memento mori* en las fotografías. Dejar constancia del hoy nos confrontará en el futuro con lo que ha sido ese presente y, por tanto, con lo que ya nunca será. William Henry Fox Talbot, científico, matemático y uno de los pioneros de la fotografía moderna, decía que la cámara podía registrar «las heridas del tiempo». Talbot fue el primero en lograr un proceso que permitía reproducir múltiples copias a partir de un mismo negativo. Su invento —el calotipo— transformó la relación entre la imagen y la memoria, al posibilitar que un mismo instante pudiera replicarse y viajar más allá del lugar en el que había sido capturado. Talbot veía en la cámara un instrumento capaz de atrapar la huella de lo efímero, de fijar en papel aquello que de otro modo se desvanecería. En su libro *The Pencil of Nature* (*El lápiz de la naturaleza*) de 1844, el primero ilustrado con fotografías, escribió que las imágenes de la obra estaban «impresas por la luz»[4] y las llamó *sun-pictures* (o «dibu-

(4) William Henry Fox Talbot, *The Pencil of Nature*, Longman, Brown, Green, & Longmans, Londres, 1844-1846, «Notice to the Reader» (s. p.).

jos solares»).[5] No se me ocurre una manera más bonita de describir esta disciplina artística.

Mirar una instantánea antigua (una Ucrania anterior a la guerra, un Partenón intacto antes del bombardeo que lo dejó en ruinas) duele y deslumbra. La fotografía encierra la doble condición de testimonio y pérdida, conserva el eco de un mundo que ha dejado de existir, pero al mismo tiempo lo convoca, lo resucita por un momento. Es presencia y ausencia, la huella de algo que se resiste a desaparecer del todo y, aunque los motivos retratados no sean universales, sí lo es el impulso de querer recordar aquello que consideramos preciado. Para unos puede ser un atardecer en la playa, pero para otros es una carretera, una hija que no llegó a este mundo o unas vacas.

Este lenguaje visual crea también un repertorio de imágenes colectivas que otras personas intentarán reproducir más tarde. Es lo que sucede cuando alguien habla de buscar *la foto* de un lugar, como si existiera una sola manera legítima de representarlo. Esa repetición convierte ciertos espacios en iconos saturados, mientras condena a otros al olvido. Lo formuló Susan Sontag con gran precisión en *Sobre la fotografía* (1977): «Al enseñarnos un nuevo código visual, las fotografías alteran y

---

Véase también Susan Sontag, *Sobre la fotografía*, trad. de C. y rev. de Gardini A. Major, Alfaguara, Madrid, 2006 (orig. 1977), p. 129, donde amplía el contexto afirmando que para Talbot la imagen llega a existir «con la sola mediación de la Luz, sin ninguna ayuda del lápiz del artista».

(5) También llamadas «imágenes solares» o «imágenes del sol».

amplían nuestras nociones de lo que merece la pena mirar y de lo que tenemos derecho a observar. Son una gramática y, sobre todo, una ética de la visión [...] el resultado más imponente del empeño fotográfico es darnos la impresión de que podemos contener el mundo entero en la cabeza, como una antología de imágenes. Coleccionar fotografías es coleccionar el mundo».[6] La fotografía, convertida en unidad de medida de lo valioso.

Cuando encontramos algo que nos conmueve y no tenemos a mano el teléfono móvil, lo vivimos casi como una pérdida. No, no basta con la experiencia: necesitamos su traducción visual. De ahí el concepto de ser fotogénico, una idea que siempre me ha resultado sobrecogedora. Viene del griego antiguo y significa «engendrado por la luz». Aun así, demasiada luz acaba desgastando incluso la más bella de las imágenes, y aquellas escenas que alguna vez fueron innegablemente imponentes (puestas de sol, contraluces, playas perfectas) hoy se han convertido en cliché, una idea tan repetida, tan manida, que su atractivo ha quedado reducido a un gesto automático. Como una canción escuchada tantas veces que pierde la capacidad de emocionarnos, el paisaje deja de ser descubrimiento para convertirse en una superficie lista para confirmar lo que ya sabíamos que íbamos a encontrar-

(6) Susan Sontag, *Sobre la fotografía*, trad. de Carlos Gardini, rev. de Aurelio Major, Alfaguara, Madrid, 2006, p.15.

nos. Los miradores señalizados con el icono de una cámara o las terrazas (o *rooftops* urbanos) desde las que se recomienda tomar la mejor panorámica de la ciudad ilustran bien este fenómeno. El espacio mismo se organiza para garantizar que la mirada se dirija hacia un ángulo predeterminado, ese encuadre que respalda y justifica la visita.

No cabe duda de que la fotografía funciona como un tipo de *souvenir*. Pero es llamativo cómo, pese a su potencial creativo, tendemos a homogeneizar las imágenes que tomamos hasta que se ajustan a los estándares de lo ya conocido. Repetimos, como en una letanía, aquellas escenas heredadas de nuestros referentes visuales: la silueta recortada frente a las puertas del templo de Lempuyang en Bali (con la consecuente decepción al descubrir que el reflejo en el agua es, en realidad, un pequeño espejito que los guías colocan bajo la cámara del móvil), el cuerpo inclinado y las manos alineadas para que la perspectiva nos permita sostener la torre de Pisa o la fila de visitantes que esperan su turno para extender los brazos bajo la cascada de Skógafoss, en Islandia, confiando en que las diminutas gotas de agua hagan aparecer un arcoíris en la imagen. Coreografías visuales que, aun siendo ejecutadas por miles de cuerpos distintos, producen una y otra vez la misma imagen.

Recuerdo un episodio en el desfiladero de Antelope Canyon, en Arizona. Estábamos haciendo una pequeña ruta por la reserva Navajo en la cual se encuentra esta pared vertical de piedra rojiza, sudando con la luz penetrante del mediodía mientras esperábamos con ansia el aire fresco que de vez en cuando pasaba por la garganta. Habíamos pagado cincuenta dólares para entrar en el área protegida con un guía nativo y pasar poco más de una hora recorriendo el cañón en fila india junto con un grupo de otros diez turistas. El lugar era espectacular, indescriptible, pero había que hacer acrobacias para no chocarte con las otras personas o aparecer, sin quererlo, en las decenas de fotos que estaban haciendo. El sonido de los obturadores producía un ritmo casi meditativo, un *beatbox* improvisado que resonaba en las paredes de roca.

El guía nos condujo a un pasadizo de riscos ondulados donde la luz caía en columnas verticales, casi líquidas. Cogió entonces del suelo un puñado de arena fina y, con un gesto ensayado mil veces, la dejó deslizarse sobre una roca para que flotara en el aire dibujando una cortina dorada. «Ahora, podéis hacer la foto», sentenció, mientras todos levantaban las cámaras y los teléfonos a la vez. Durante unos segundos parecía que aquel instante nos pertenecía en exclusiva, pero al girar la vista descubrías la realidad: otra decena de grupos esperaba su turno, agazapados en las sombras y listos para reproducir la misma pantomima. La ilusión de una imagen irrepetible. Una foto de belleza garantizada. El paisaje funcionaba como un *photocall* y la experiencia personal quedaba subordinada a la obligación de participar en esa especie de ritual colectivo.

Súbitamente poseída por el espíritu de una reportera de guerra, me dediqué a hacer fotos de esa maraña de hombres cansados, mujeres atentas y niños aburridos, brazos y piernas entretejidos, como en una de las *poupées*[7] de Bellmer. El guía cogía los teléfonos de los más rezagados y tomaba él mismo las fotografías, enseñándoselas a sus dueños con el orgullo de un artesano que muestra una pieza en la que lleva años trabajando. Al percatarse de que estaba ignorando por completo el espectáculo de arena y pensando, tal vez, que no era capaz de encontrar el ángulo correcto, el guía me arrebató el teléfono para indicarme dónde debía colocarme. Me señaló un punto en el suelo, me hizo juntar los brazos y alzó el móvil con precisión. Yo le dije que no quería hacer ninguna foto. El guía me miró desconcertado. «Entonces, ¿Para qué has venido?», me preguntó.

No, nuestras fotografías no son únicamente una expresión íntima, sino un documento público que debe circular, compartirse y comprobarse. Lo inquietante es que esa repetición no resta valor a la imagen, sino que lo refuerza. Es precisamente porque miles de personas han tomado la misma imagen que sentimos la urgencia de sumarnos a ese gesto colectivo, como si no hacerlo implicara una sospecha: ¿de qué sirve haber estado en un lugar si no puedes mostrar el testimonio visual que lo respalda? Una frontera simbólica que corrobora tu pertenencia al inefable club de los viajeros, aunque lo visto sea, en el fondo, una escena prestada.

(7) Las *poupées* (1933-1938) del artista polaco-alemán Hans Bellmer eran muñecas articuladas, compuestas por cuerpos fragmentados y recombinados. Fueron concebidas como esculturas y fotografiadas como parte de su obra surrealista.

A veces, perpetuar el patrón se convierte en exigencia. En Cuba, la instantánea junto a una mujer con un cuenco de frutas en la cabeza; en Tanzania, un grupo de masáis saltando en fila frente a la sabana; en China, los pescadores de cormoranes posando al amanecer sobre sus barcas; en Mongolia, los cazadores a caballo, sosteniendo a sus feroces águilas contra el horizonte de la estepa. Imágenes preciosas, no cabe duda, pero que forman parte de un catálogo global de lo que significa la aventura, pensadas para ser replicadas una y otra vez.

Muchas de esas imágenes son bonitas y constituyen un archivo visual que deja constancia de la inmensa riqueza cultural del mundo, de la infinitud de vestidos, ritos y costumbres tradicionales. Este tipo de fotografías, usadas como complemento de una investigación real sobre el lugar que estamos retratando, pueden servir como un magnífico mecanismo de conservación y, desde luego, pueden emocionar, inspirar y, a veces, despertar la curiosidad de quien nunca ha estado allí. Pero conviene recordar que su repetición responde a un imaginario heredado que filtra lo que vemos y que, en ocasiones, también lo distorsiona. Todos participamos de este juego, yo incluida.

Como ya he comentado, demostrar que has estado en el lugar acaba, en ocasiones, transformando su geografía hasta convertirla en un escenario diseñado para la cámara: el espacio se organiza para ser *instagrameable*. No hace falta irse muy lejos para encontrar ejemplos: alas pintadas en fachadas de edificios que invitan al transeúnte a posar como un ángel, reproducidas, como si de un virus se tratase, en las paredes de toda gran ciudad; cafeterías con rincones expresamente decorados para resultar atractivos en redes (siempre con una luz de neón donde puede leerse el *hashtag* del lugar); columpios instalados en playas que garantizan la foto perfecta: la melena al viento, la mano sujetando una pamela de alas enormes, los ojos perdidos en el horizonte. Lo que suele quedar fuera de plano son las largas filas de visitantes esperando su turno para disfrutar, muy brevemente, de la atracción.

Guy Debord, filósofo, escritor y cineasta francés, lo formuló en los años sesenta cuando escribió su libro *La sociedad del espectáculo* (1967). En aquel momento las ciudades europeas estaban ya inundadas por la cultura de masas y la lógica publicitaria y él observaba con recelo cómo la vida cotidiana se transformaba rápidamente en una representación mediada. Para Debord, el espectáculo es una forma de organización social en la que la representación sustituye a la experiencia directa con el entorno, de ahí que esté «mediada». Las personas, decía, se relacionaban con la realidad a través de anuncios y relatos prefabricados que los situaban en el papel de espectadores antes que en el de protagonistas. A día de hoy no es solo la imagen la que sustituye a la experiencia, sino que la experiencia misma se crea en función de su potencial para ser convertida en imagen. Todo se pliega hacia la cámara y su promesa de visibilidad, formando un uróboros[8] que se consume a sí mismo.

(8) Símbolo de una serpiente o dragón que se muerde la cola, usado desde el Egipto del siglo XIV a.C. y retomado en la Grecia helenística y

Encontramos este mismo mecanismo en ejemplos aún más extremos, donde los propios espacios son diseñados con la idea de imitar *otros* espacios. En Dubái, el centro comercial Ibn Battuta no se limita a ofrecer un despliegue infinito de tiendas, sino que recrea pasajes temáticos inspirados en distintos países. Un patio persa con mosaicos azules que parecen recién salidos de Isfahán, el corredor egipcio, con columnas que evocan templos faraónicos, un ala China llena de pagodas doradas y, nada más y nada menos, que una réplica de la fuente de los Leones de la Alhambra, renombrada bajo el título de *Andalusian Court*.

Si los espacios que habitamos están diseñados cada vez más para ser consumidos como contenido meramente visual, la línea entre lo auténtico y lo fabricado se vuelve, inevitablemente, porosa. Así, las experiencias artificiales pueden, a fuerza de repetición y legitimación, adquirir una autenticidad propia. Es el caso del parque temático Disneyland, varios casinos de Las Vegas o el Dubai Mall, un gigantesco centro comercial en Emiratos Árabes Unidos, cuyas áreas más populares están inspiradas en mercados tradicionales árabes. El visitante que camina por sus calles, hechas de poliespán y conglomerado, se maravilla ante una presencia (o un aura, al estilo de Benjamin) cuyo único interés radica en replicar la presencia de otro destino. Es el mismo tipo de belleza que encontramos en Los Ángeles, una ciudad cuyos edi-

la alquimia medieval para presentar la idea de ciclo, continuidad y renovación.

ficios fascinan no por lo que son, sino por lo que han sido en la pantalla. Al caminar entre ellos, uno se siente parte de un inmenso decorado a punto de desmoronarse bajo el peso de su propia ficción.

A fuerza de validarse y repetirse, la reproducción termina por cobrar vida. Anda, gesticula y genera variaciones internas, criaturas híbridas que no pertenecen del todo a ningún lugar. Son la comida tex-mex, las calles de los Chinatown del mundo —más reconocibles en el imaginario global que muchos barrios de la China contemporánea— o las ferias medievales que recrean una Edad Media que nunca existió. Todos ellos acaban siendo genuinos debido a la acumulación de relatos fabricados. Sus pilares son fábulas.

Esta lógica no es exclusiva de la contemporaneidad ni del turismo global. Mucho antes de que la imagen se convirtiera en uno de los principales dispositivos de legitimación, ya existía el impulso de aferrarse a lo conocido para habitar lo desconocido. Durante la época en la que América todavía era considerada el Nuevo Mundo, los colonos —perdidos y cansados— se apresuraron a buscar lugares comunes en aquella inmensidad. Nueva York y Nuevo Hampshire tomaron su nombre de sendos condados de Inglaterra, Nueva Orleans, de una ciudad francesa, y el estado de Nueva Jersey fue nombrado en honor a una isla en el Canal de la Mancha. Son denominaciones que nacieron como réplicas de otros destinos, pero que, a fuerza de los años y la costumbre, han opacado al que fue su objeto original. Me pregunto si dentro de cien años el Dubai Mall tendrá un legado consolidado, una historia tan rica y única que ya no será considerado una simple imitación, o si, por el contrario, habrá sido derruido para construir una réplica de otro sitio. Aún más grande. Aún mejor.

No obstante, si hay un lugar en el mundo que encarne a pies juntillas el patrón del simulacro es, sin lugar a dudas, Las Vegas. Hal Rothman, historiador y profesor de la Universidad de Nevada, dedicó gran parte de su vida a estudiar la industria del ocio y el turismo como motor de transformación social y económica. Viviendo y trabajando en Nevada, pudo observar de cerca cómo la ciudad se había convertido en un laboratorio urbano sin precedentes, un paraíso del entretenimiento donde se podían rastrear de manera palpable las tensiones entre consumo, espectáculo y modernidad. En su libro de 2002 *Neon Metropolis: How Las Vegas Started the Twenty-First Century*, Rothman describe cómo la metrópolis del desierto se convirtió en el paradigma de un tipo de urbanismo que anticipaba el siglo XXI. Una urbe que creció sobre la promesa de experiencias tan breves como intensas, diseñadas para ser disfrutadas y, por supuesto, recordadas. Allí, una réplica de la ciudad de Venecia cabe dentro de los techos infinitos de un casino, con góndolas —¡y gondoleros!— navegando bajo un cielo artificial que está permanentemente iluminado. A pocos metros, el Caesars Palace recrea con mármoles y columnas corintias la Roma imperial, plagado de fuentes y estatuas que parecen recién sacadas del Foro Romano. Más adelante se encuentra el Luxor, una pirámide de vidrio negro coronada por uno de los haces de luz más potentes del mundo, visible desde cientos de kilómetros de distancia. La urbe también acoge, a escala reducida, modelos de la Torre Eiffel, la Estatua de la Libertad, el Empire State Building y el puente de Brooklyn, rodeados por una montaña rusa que serpentea entre las moles de hierro y hormigón. Cada hotel-casino se erige como un compendio temático, una ciudad dentro de otra ciudad, donde el visitante puede recorrer el mundo entero en una misma avenida.

La *performance* se vuelve tan sofisticada que llega a desdibujar la frontera entre la realidad y su representación. El filósofo y sociólogo francés Jean Baudrillard, uno de los pensadores más influyentes del posmodernismo, llevó esta lógica al extremo al hablar de la *hiperrealidad*: un estado en el que las representaciones no solo median la experiencia, sino que son capaces de sustituirla. Para Baudrillard, vivimos en un mundo de simulacros, donde las imágenes, los signos y los relatos ya no remiten a un original reconocible, sino que circulan como realidades en sí mismas. De esta manera, en ocasiones la representación adquiere más peso que lo representado.

La paradoja en la lógica de la *hiperrealidad* es que, en ocasiones, lo vivido parece menos real que su registro. El atardecer contemplado sin cámara puede llegar a sentirse incompleto, casi como si no (nos) hubiera sucedido, mientras que la versión capturada y compartida adquiere categoría de acontecimiento. Viajar se transforma así en un mecanismo que facilita la producción de signos: más importante que mirar es demostrar que se ha mirado, más importante que estar presente es poder probar la presencia. Lo relevante no es tanto el encuentro directo con el lugar, sino la capacidad de generar un relato convincente sobre ese encuentro, convirtiendo al turista en un arquitecto de las pruebas de su existencia.

Si los signos y las imágenes adquieren autonomía hasta acabar sustituyendo a la realidad misma: entonces, los espacios donde lo falso se exhibe sin pudor se vuelven el escenario idóneo para descubrir cómo opera la hiperrealidad contemporánea. En ese sentido, la góndola del casino no es ya una copia de la góndola veneciana, sino un objeto suficiente por sí mismo que cumple una función simbólica idéntica: ofrecer al visitante la experiencia de haber estado en Venecia, aunque nunca haya pisado Italia.

La réplica ya no necesita justificarse porque ha sido liberada de la obligación de parecerse a nada salvo a sí misma. La ironía se manifiesta cuando incluso los lugares legitimados por siglos de historia, como las pirámides de Giza, acaban funcionando como escenarios de su representación. La primera vez que visité el Valle de los Reyes me desconcertó lo mucho que el entorno había sido adaptado a la mirada turística. Al caer la noche, las pirámides se iluminaban con un espectáculo de luces y proyecciones, mientras unas voces amplificadas relataban la historia faraónica, transformando aquellos monumentos milenarios en un cine al aire libre que podría existir en cualquier rincón del planeta. Como, por ejemplo, en Las Vegas.

Quizá por eso me atraen tanto los lugares de los que no tengo imágenes previas, espacios donde mi imaginación está menos condicionada. Chad fue uno de ellos: llegué al país sin referencias y esa ausencia de anticipación se convirtió en un lujo al que nunca antes había tenido acceso. Me permitió estar abierta a sorprenderme ante sus costumbres y sus paisajes, que resultaron ser de ensueño.

Los arcos de piedra del desierto de Ennedi se alzaban sobre la arena rojiza, esculpidos por el viento en formas inverosímiles, y el horizonte se extendía como un tapiz denso que cambiaba del oro al rosa a medida que avanzaba la luz. Las colinas se tornaban azules en la distancia y entre las dunas surgían oasis gigantescos, donde un puñado de palmeras y las escasas manadas de camellos con las que nos topábamos sostenían la ilusión de abundancia. Por la noche, el cielo se desplegaba sin obstáculos, saturado de estrellas que titilaban como una señal morse lanzada desde algún punto remoto del universo. En aquel momento me sentí profundamente agradecida de poder disfrutar de un destino donde, por primera vez, la experiencia precedía a las expectativas. Dejar que el mundo se revelara sin filtros fue liberador. También había algo de humildad en aceptar esa posibilidad, cada vez más escasa, de recuperar la experiencia de lo desconocido en su estado más puro, constatar que, en ocasiones, viajar sigue siendo un ejercicio de auténtico descubrimiento.

Hay viajes que nos permiten desprendernos de los guiones heredados. Otros, en cambio, revelan hasta qué punto nos aferramos a ellos. Allí donde el viaje se convierte en escenario y la cámara en un mediador de lo real, la experiencia corre el riesgo de ser violentada y moldeada para ajustarse a una narrativa previa. Si no sostenemos con cuidado las imágenes que anticipan el acontecimiento, existe el riesgo de confundir el mundo con su representación, de forzar lo que sucede hasta límites insospechados para que encaje en un relato reconocible y tranquilizador. En ese desplazamiento, la mirada deja de estar disponible para el encuentro y se vuelve instrumental, un dispositivo capaz de alterar o fabricar aquello que pretende registrar.

Una vez coincidí con un hombre que se enorgullecía de ser fotógrafo. De hecho, se presentaba como Fotodocumentalista, así, con la primera letra mayúscula, al igual que se escriben los nombres sagrados en las escrituras. Usaba ese título como una puerta blindada ante cualquier sospecha.

Estábamos acampando cerca de una comunidad tribal, con sus cabañas hechas de barro levantadas en círculo en medio de la llanura. El aire olía a tierra removida y al humo que salía de los pequeños agujeros que hacían de chimenea. Al atardecer, el horizonte se teñía de un rojo áspero, ese rojo a las orillas del Nilo que parece más denso que la propia luz, y los niños salían a jugar, levantando polvo con los pies descalzos y persiguiéndose, en carreras improvisadas, entre las gallinas.

Yo observaba desde la distancia los actos cotidianos de las mujeres de la aldea, que no tenían nada de extraordinario salvo para quienes estábamos poco familiarizados con la vida rural. Entonces apareció él, cámara en mano, moviéndose con aires ceremoniosos. Empezó a inmortalizar a los niños, que hacían muecas, abrazándose y subiéndose los unos encima de los otros. Tras un momento, el Fotoperiodista se inclinó y sacó de su mochila algunas piezas metálicas, que tintinearon en sus manos. Resultaron ser casquillos de bala. Los habíamos encontrado unas horas antes bajo un árbol donde paramos a comer, olvidados allí en alguno de los muchos conflictos armados que habían asolado el país. Llamó a los niños, que se acercaron con curiosidad, y les tendió los casquillos.

Había una niña especialmente pequeña, tendría tres o cuatro años, con la cabeza rapada y una camiseta tan grande que sus piececitos apenas sobresalían por el bajo de la prenda. Él la puso delante de todos: la pieza central del altar, con sus manos llenas de unos casquillos que apenas podía abarcar y la mirada fija en la cámara. Ella, desconcertada, obedeció con esa solemnidad que tienen a veces los más pequeños cuando no entienden lo que ocurre, pero se sienten en la obligación de cumplir con aquello que se les ha ordenado. En la imagen que el Fotoperiodista nos mostró después, la niña se había convertido en un retrato de la guerra, la metáfora de un continente donde la pobreza tiene nombre de infancia. Pero no era la guerra lo que estaba siendo retratado, sino una ficción orquestada. A mí me parecía increíble que él mismo no se reconociese en las imágenes. Que no fuese capaz de entender que esa instantánea nunca hablaría de los niños, ni de sus vidas, ni de aquella comunidad que nos había acogido, sino del ingenio de una persona que era capaz de simular una verdad con tal de conseguir una exposición a la vuelta. Lo que había hecho, sin saberlo, era un autorretrato. Le expliqué que aquello no me parecía ético y me contestó que algunas personas tenemos la piel muy fina. Nunca comprendió que no era la imagen lo que me resultaba problemático, sino la narrativa fabricada que la envolvía, pues cuando la fotografía documental pierde su anclaje en la realidad y se convierte en la representación de un estereotipo, deja de ser testimonio para transformarse en invención.

Hay muchos debates abiertos acerca de qué es legítimo registrar. Desde mi punto de vista, el problema no está tanto en el objeto retratado como en la narrativa que lo acompaña, condicionada, a su vez, por el contexto en el que se toma y por la mirada de quien sostiene la cámara. Los relatos que perpetúan ideas estancas o que idealizan la pobreza —por poner un par de ejemplos— confirman aquellos arquetipos que son reconocibles para quien observa. Es ahí donde el individuo retratado y su complejidad quedan reducidos a un relato preexistente, y sí, habrá veces que la realidad coincida con lo ya imaginado, pero incluso entonces conviene preguntarse desde dónde estamos mirando y a quién beneficia esa coincidencia, porque la realidad nunca es unívoca: la guerra convive con momentos festivos, la adversidad con rituales que celebran la vida y el duelo se entrelaza con la calma.

No se trata, como muchos proponen, de sacar a ciertos sujetos del objetivo o de ignorar escenarios concretos, sino de intentar, en la medida de lo posible, ser neutral. Sin embargo, encuadrar es interpretar y, por tanto, es también una forma de poder. La supuesta imparcialidad es una aspiración, más que una posibilidad real. Tal vez la palabra que estoy buscando no sea neutralidad, sino honestidad, una honestidad que pasa por reconocer desde dónde se observa, qué se espera encontrar y qué se está dispuesto a dejar fuera.

Tomar conciencia del poder de la imagen implica no disimular sus mediaciones ni refugiarse en la técnica para eludir responsabilidades, porque si toda fotografía supone una toma de posición, el único compromiso posible consiste en asumir y comprender la dirección de la propia mirada.

Supongo que todos estos dilemas son herencia de la necesidad de posesión, tan innata al género humano. La cámara se apropia del instante y nosotros ejercemos una extensión de su poder, incorporando lo fotografiado a nuestro relato. Sontag ya planteaba que la terminología que usamos a la hora de tomar imágenes no es casual: hablamos de *disparar* una foto, de *cargar* un carrete, de *apuntar* con el objetivo. Todo remite a una conquista simbólica de aquello que nos rodea. Durante las últimas décadas, esta dinámica se ha multiplicado. Desde la invención de las cámaras digitales, la democratización de la técnica ha convertido el acto de hacer fotos (antes lento, artesanal, casi ritual) en algo prácticamente automático. Si las cámaras antes eran revólveres, ahora —como bien apunta Sontag—, se han convertido en metralletas. También fue ella quien habló de la cámara como una entidad depredadora: «Fotografiar personas es violarlas, pues se las ve como jamás se ven a sí mismas, se las conoce como nunca pueden conocerse; transforma a las personas en objetos que pueden ser poseídos simbólicamente. Así como la cámara es una sublimación del arma, fotografiar a alguien es cometer un asesinato sublimado, un asesinato blando».[9]

Pero ¿qué ocurre cuando esta metáfora se convierte en el centro mismo del acto creativo? La violencia potencial que Sontag ya intuía encuentra en el cine del director español Iván Zulueta (1943-2009) una radicalización consciente y deliberada. En su obra, la cámara deja de ser un instrumento para convertirse en una presencia que domina, exige y se alimenta de quien la utiliza. Zulueta fue uno de los cineastas más singulares y malditos del cine español, una figura de culto cuya trayectoria se movió siempre entre la experimentación estética y una lógica obsesiva. Formado en Nueva York en los años se-

(9) Susan Sontag, *Sobre la fotografía*, trad. de Carlos Gardini, rev. de Aurelio Major, Alfaguara, Madrid, 2006, p.31.

senta y estrechamente vinculado a la movida madrileña, Zulueta filmó *Arrebato* (1979) como si se tratase de un exorcismo personal. Un descenso hacia un territorio autodestructivo, donde la imagen y la adicción se mezclan hasta volverse indistinguibles. La película sigue a Pedro, un director en plena crisis creativa, y a José, un joven hipersensible que se graba a sí mismo de manera compulsiva. Poco a poco, José descubre que la cámara tiene vida propia. Se trata de una entidad vampírica que exige más y más material, no se conforma con registrar la realidad, sino que la devora, absorbiendo la energía de quienes la usan.

En *Arrebato*, la cámara es una criatura sedienta. Su lente funciona como una boca que succiona, una extensión del deseo que se alimenta del tiempo y del cuerpo de los personajes. El propio acto de filmar es una alegoría del consumo de heroína: cuanto más se rueda, más se necesita hacerlo; cuanto más se mira, más se diluye la frontera entre la experiencia y su registro. En ese simbolismo predatorio, Zulueta —que conocía de primera mano los laberintos de la dependencia— nos recuerda que toda imagen lleva implícito un pacto con el abismo.

Sin embargo, seguimos grabando. Documentar lo que nos rodea se ha vuelto costumbre, casi reflejo. Vivimos inmersos en un circuito de vigilancia y exhibición donde el deseo de ver y ser vistos está tan normalizado que lo damos por sentado. El filósofo Michel Foucault utilizó el término «panóptico» para describir ese sistema de poder en el que la mirada se interioriza hasta hacerse invisible. Aunque no la percibamos, su mera posibilidad moldea los comportamientos, produciendo y educando sujetos que aprenden a vigilarse a sí mismos incluso en ausencia de un observador externo. La cámara de *Arrebato* ya no nos devora: somos nosotros quienes la alimentamos.

La saturación visual nos ha despojado de la capacidad de reacción. Exponernos reiteradamente a escenas de guerra, muerte y sufrimiento ha normalizado aquello que antes operaba como una ruptura, erosionando así nuestra empatía hasta convertir el horror en algo profundamente familiar. Integrada en el flujo de imágenes que consumimos a diario, la violencia deja de interpelarnos como acontecimiento y pasa a funcionar como un ruido de fondo, tolerable, incluso esperable. No porque haya perdido gravedad, sino porque nuestra sensibilidad ha aprendido a protegerse mediante la distancia.

Si la imagen no solo muestra, sino que también moldea conductas, maneras de percibir y formas de ver, de este mismo proceso se desprende que en cualquier tipo de representación la objetividad no puede darse en términos absolutos. Aunque las cámaras son comúnmente entendidas como testigos imparciales, nadie retrata lo mismo de la misma manera. Ante una misma escena, dos personas distintas harán imágenes que no se parecerán entre sí, porque en su manera de representar lo que tienen delante están generando una interpretación. Toda imagen, incluso aquella que se presenta como documental, es el resultado de una elección y, por tanto, de una posición relativa a su contexto.

Ahí encontramos uno de los dilemas centrales de esta discusión: ¿qué significa ser fiel a lo real? En su acepción más inmediata, esa fidelidad pasa por no intervenir de forma consciente en la escena, y no me refiero únicamente a evitar poner casquillos de balas en las manos de ningún niño, sino también a respetar el contexto tal y como se presenta. La lata de conservas abollada que hace las veces de hornillo, las deportivas a la última moda combinadas con un traje típico o el reloj digital que convive sin conflicto con unas pulseras hechas de hueso.

Recuerdo mi visita al Gầu Tào, un festival que se celebra cada año en el norte de Vietnam con la intención de encontrar prosperidad, tener una buena cosecha y pedir fertilidad para los miembros de la comunidad h'mong. En medio de un valle rodeado de terrazas de arroz y laderas cubiertas de niebla, la celebración se desplegaba como un punto de encuentro entre aldeas dispersas por la montaña. Desde primera hora de la mañana, familias enteras descendían por los caminos, algunas a pie, otras en pequeñas motos cargadas hasta el límite, para reunirse en ese espacio que durante unos días se convertía en un centro ritual. Allí se levantaban postes de bambú decorados, se improvisaban puestos de comida y se organizaban juegos mientras los altavoces anunciaban el inicio de las competiciones. Los niños vestían sus mejores galas, las mujeres llevaban faldas adornadas y en el centro de la festividad se realizaban danzas tradicionales. Pero también había forros polares de colores chillones, tacones imposibles, equipos de sonido que escupían música pop local y un grupo de chicas jóvenes que comían helados enormes mientras se sostenían sus sombreros, llenos de apliques plateados y monedas bordadas.

La tentación inicial de desplazar la cámara y evitar esos detalles dio paso a una apreciación genuina por aquella preciosa hibridación, hasta el punto de cambiar el guion del documental que habíamos ido a grabar para permitir que la película tomara forma desde la certeza de que la tradición no está congelada en el tiempo. Grabamos a mujeres retocándose el maquillaje frente al reflejo de sus móviles y a un grupo de adolescentes que, vestidas con los trajes típicos, intentaban replicar una coreografía de TikTok. Termos de plástico pasando de mano en mano junto a cuencos ceremoniales, cables eléctricos serpenteando por el suelo y una moto aparcada al borde del espectáculo, con el casco colgado del manillar. Recordando siempre que lo vivo es mezcla y contradicción y que existe una belleza inmensa en ese espacio donde las prácticas ancestrales y la modernidad se rozan y se transforman mutuamente.

La adaptación cultural no es, como muchos piensan, un síntoma de deterioro, sino la prueba de que los saberes respiran, evolucionan y responden a los contextos en los que se desarrollan. En un mundo articulado en torno al comercio y la movilidad, pretender que sus tradiciones permanezcan ajenas a toda influencia externa equivale a exigir que sean piezas de museo. Objetos inmóviles, desprovistos de autonomía y separados de las personas que los utilizan. Esa premisa niega la condición viva y orgánica de la cultura, reduciéndola a ser un testimonio heredado.

Además, asumir que una costumbre debería permanecer fija implicaría determinar en qué momento concreto de la historia de una sociedad habría que detener su transformación. ¿Qué instante se considera legítimo como referencia de lo auténtico y quién lo decide? Toda pretensión de inmovilidad encierra una selección arbitraria del pasado, erigida como medida del ahora.

Esa selección suele estar mediada por la imagen, ya que través de la fotografía —y, antes de ella, de la pintura— hemos creado un archivo visual de cómo eran las cosas y, por extensión, de cómo deberían seguir siendo. La instantánea registra la experiencia pretérita, la congela y, de algún modo, la estabiliza, convirtiéndola en un patrón. De ahí nace la necesidad de exigir al presente que reproduzca una escena anterior, conocida y estereotipada. No obstante, las tradiciones no se preservan a través del aislamiento, sino permitiendo que dialoguen con el día a día, incorporando elementos nuevos y redefiniéndose a través de quienes las llevan a cabo. La pureza cultural es una fantasía moderna, inscrita en la mirada colonial que ansiaba encontrar en el otro una forma de autenticidad perdida. De hecho, lo que suele incomodar no es tanto el cambio en sí, sino la pérdida de control sobre el relato: quién lo cuenta, desde dónde y para quién.

La idea de que ciertas culturas están a punto de desaparecer atraviesa buena parte del imaginario contemporáneo sobre la alteridad. Este impulso redentor, que ansía rescatar aquello que supuestamente se encuentra a punto de extinguirse, se condensa en eslóganes recurrentes y proyectos culturales de amplio alcance, entre ellos el polémico *Before They Pass Away* de Jimmy Nelson, un fotógrafo fantástico con muy mal tino para titular sus obras. La idea, sin embargo, hunde sus raíces en la propia tradición etnográfica: el antropólogo francés Claude Lévi-Strauss expresa en *Tristes trópicos* (1955) que parte de la lógica etnográfica se sostuvo bajo la máxima de documentar sociedades y costumbres condenadas a desaparecer,[10] una premisa que él mismo criticaba, pero ¿qué significa desaparecer en un mundo en constante transformación?, ¿por qué desaparece un pueblo?, ¿porque sus artesanías son compradas por turistas? o ¿porque no encaja en nuestras expectativas?

Atender a lo existente no consiste en elegir mostrar solo aquella parte que coincide con nuestro imaginario previo, sino en aceptar la contradicción y atreverse a revelarla. Por eso, la respuesta a la pregunta que antes he formulado (¿qué significa ser fiel a lo real?) siempre va a ser compleja y tiene que ser analizada en su contexto.

(10) De hecho, define en tono irónico a los pueblos con los que trabaja en Mato Grosso (Brasil) como «algunas docenas de desgraciados condenados a una extinción próxima». Claude Lévi-Strauss, *Tristes trópicos*, trad. de Noelia Bastard, introd. de Manuel Delgado Ruiz, Paidós, Barcelona, 2006 (orig. 1955), p. 476.

El periodista y documentalista navarro David Beriain —conocido por su trabajo en zonas de conflicto, como Afganistán, Irak, Libia y Burkina Faso— dijo en una entrevista que «El periodismo no debe tratar sobre el *deber ser* de las cosas, sino en cómo las cosas *son,* porque solo desde el conocimiento de cómo las cosas *son*, podemos enfrentarnos al como *deberían ser*».[11] Esa frase me ha acompañado en muchos de mis viajes. Ser fiel a lo real implica, en ocasiones, renunciar a la comodidad de los discursos previsibles y sostener el peso de la ambivalencia. A veces también supone rechazar las convenciones moralistas que indican que, al centrar nuestra mirada en ciertas cuestiones, estamos relegando a otras al olvido. La gente se sigue casando en mitad de los conflictos y, por la noche, hasta en los momentos más duros, las familias se siguen reuniendo alrededor del fuego de una estufa para contar historias. Respetar la complejidad de la vida no es edulcorar ni denunciar sin matices, sino aceptar que lo que ocurre casi nunca encaja completamente en una narrativa clara. Porque no, no hay una única historia legítima y tratar de reducir las sociedades, las culturas y las acciones de las mismas para que quepan en una sola mirada siempre será problemático. La ambigüedad no es un fallo del relato, sino que es su materia prima.

(11) Ruteon (23 de abril de 2023), *Asomarse a un abismo de ambigüedad moral: la entrevista a David Beriain* [vídeo]. Ruteon, <https://ruteon.com/noticias/asomarse-a-un-abismo-de-ambiguedad-moral-la-entrevista-a-david-beriain-video>. Las cursivas han sido añadidas por la autora.

Integrar el carácter dinámico de la cultura no implica ignorar las tensiones que la atraviesan. El turismo y el intercambio económico introducen variables que se deben tener en cuenta, pero que no necesariamente invalidan la autenticidad de las tradiciones. Por supuesto que existe la mercantilización, pero que una ceremonia se represente frente a un público extranjero no significa que haya perdido su pureza, sino que ha encontrado un nuevo cauce de expresión. Lo colectivo y lo íntimo, lo performativo y lo espontáneo, pueden coexistir y alimentarse mutuamente. ¿Qué diferencia existe entre una danza tradicional coreografiada para el viajero y un espectáculo de flamenco en un tablao del centro de Madrid? En ambos casos, la cultura se convierte en escenificación frente a una audiencia que paga por verla, es decir, hay una transacción económica que media la experiencia. No obstante, esto no anula que, en paralelo, la misma práctica siga viva en las casas, en las fiestas familiares o en los círculos comunitarios.

De hecho, al interesarnos en una escena lo suficiente como para consumirla y fotografiarla, animamos, tácita o explícitamente, a que lo que sucede continúe tal y como está. Si la fotografía funciona como criterio de visibilidad y como mecanismo de legitimación, también actúa como incentivo para la puesta en valor de ciertos actos, estéticas o contextos. La cámara no solo registra lo que ocurre, sino que premia su reiteración.

En los Andes, este mecanismo se visibiliza en distintas comunidades quechuas y aimaras, donde algunas prácticas han encontrado en esa visibilidad un refuerzo para seguir perpetuándose en el presente. La producción textil es quizá el ejemplo más evidente. En lugares como Taquile y Amantaní, en el lago Titicaca, la presencia extranjera ha contribuido a que la elaboración de tejidos típicos no desaparezca, al transformar tareas como hilar, teñir y tejer —ligadas normalmente al ámbito doméstico— en actividades que se muestran, se explican y circulan como fuente de reconocimiento y sustento. Un fenómeno comparable puede observarse en los rituales y las danzas balinesas, donde la atención de antropólogos, fotógrafos y cineastas ayudó a reforzar su valor y asegurar su transmisión. En estos casos, el registro y la observación son una manera de sostener ciertos modos de hacer que podrían haberse diluido. El fotógrafo, como decía Sontag, «saquea y preserva, denuncia y consagra a la vez».[12] También el turista.

Tanto la mirada externa como el gesto de levantar una cámara reorganizan la realidad. Basta pensar en la pose que adoptamos cuando alguien nos apunta con un objetivo: enderezamos la espalda, recomponemos el gesto, nos retocamos el pelo o el maquillaje, elegimos la ropa que nos favorezca para salir *bien*. Pero hay una clara diferencia entre alterar la realidad a través de la presencia y la intervención consciente, como aquel fotoperio-

(12) Susan Sontag, *Sobre la fotografía*, trad. de Carlos Gardini, rev. de Aurelio Major, Alfaguara, Madrid, 2006, p. 97.

dista del que ya os he hablado. Al registrar el viaje se libra una batalla entre dos imperativos: por un lado, el de representar algo atractivo, evocador o artístico; por el otro, el de hacerlo desde la veracidad. Cuando la balanza se inclina hacia lo estético y la imagen se vuelve ficcional, pierde todo contacto con el presente. Pero cuando se distorsiona para buscar la aprobación del público, se convierte en mera propaganda. En cualquiera de los dos casos, la ética de la fotografía documental se pervierte.

Trabajar una mirada situada conlleva entender que toda observación está mediada por el lugar desde el que se mira y supone, por tanto, un ejercicio de responsabilidad. Aceptar que tomar fotos es intervenir implica que toda representación habla tanto del sujeto observado como de quien observa. La mirada, como la voz, tiene acento y asumirlo nos conduce a reconocer que todo sistema de entendimiento parte de un punto de vista concreto.

Por eso, aplicar los mismos códigos en contextos distintos corre el riesgo de convertirse en una forma de imposición. La cosmovisión de Occidente es propia y las reglas que marcan nuestros encuadres —qué puede mostrarse, cuándo y con qué autorización— no son universales. La noción de intimidad, de privacidad o la capacidad de agencia de la persona retratada (incluyendo aquí los derechos de imagen) se construyen de maneras diferentes en otros lugares.

Por ejemplo, existen naciones andinas, como los quechuas y aimaras, donde las fotografías de ceremonias, danzas o celebraciones se integran en una memoria visual común y la autorización para registrar o difundir no depende tanto del individuo como de la aprobación colectiva. Así, el interés no recae en la autoría o en el consentimiento individual, sino en que la representación respete el significado del ritual.

En otros entornos, la relación entre imagen e identidad se articula desde una ontología relacional. Varios estudios antropológicos sobre Bali han mostrado que, en determinados contextos, el yo se concibe como el resultado de los vínculos familiares, rituales y comunitarios. Desde esa perspectiva, tomar el retrato de una persona no se asocia a necesariamente una invasión de lo íntimo, sino que puede leerse como un gesto de reconocimiento dentro de un tejido social compartido.

También existen comunidades en las que la fotografía ha sido históricamente recibida con reticencia o rechazo. Entre algunos pueblos indígenas de Norteamérica como los navajos o los lakotas, la cámara fue percibida durante mucho tiempo como un dispositivo problemático capaz de capturar el espíritu de la persona retratada. Algo similar sucedía antiguamente entre los nuers de Sudán del Sur, que creían que el aparato tenía la capacidad de hechizar a sus mujeres y su ganado. En otras regiones, el recelo responde a motivos religiosos o morales. Entre los fulanis del Sahel se relaciona con la interpretación islámica de la *taswir*, que desaconseja la representación figurativa. En este caso, el rechazo está relacionado con la modestia y los límites entre lo sagrado y lo profano.

Un caso especialmente revelador es el de los waoranis de la Amazonía ecuatoriana,[13] contactados por misioneros evangelistas estadounidenses en 1956. Durante meses, estos sobrevolaron su territorio lanzando regalos, entre ellos espejos, utensilios de cocina y otros objetos que en aquel momento eran desconocidos para la comunidad. Antes de intentar el encuentro directo, realizaron un último lanzamiento que incluía fotografías de ellos mismos, con la intención de que los habitantes pudieran reconocerlos cuando llegaran a pie hasta la aldea. Sin embargo, los waoranis, que nunca habían visto imágenes en dos dimensiones, intentaron mirar detrás de las fotografías y, al no encontrar cuerpo ni volumen, concluyeron que se trataba de retratos de seres sin alma. Interpretaron que aquellos visitantes eran mensajeros de un espíritu maligno y que el avión desde el que descendían los objetos era en sí mismo un gran ser demoníaco habitado por pequeños espíritus. Este malentendido culminó con el asesinato de los cinco misioneros e ilustra a la perfección hasta qué punto la imagen, leída desde un marco de conocimiento ajeno, puede adquirir significados distintos.

En otros lugares del mundo, la fotografía y la representación visual también son prácticas atravesadas por

(13) La narración del primer contacto con los waoranis en la Amazonía ecuatoriana, los lanzamientos de regalos desde la avioneta y el malentendido que desembocó en el asesinato de cinco misioneros proceden de Wade Davis, *El río: Exploraciones y descubrimientos en la selva amazónica*, trad. de Nicolás Suescún, Pre-Textos, Valencia, 2005 (orig. 1996), cap. 8, «Las tristes llanuras amazónicas», pp. 292-321.

concepciones específicas sobre la vida, la muerte y la relación entre ambos mundos. En Australia hay pueblos aborígenes —como los yolngus y los arrerntes— que mantienen la costumbre de no mostrar fotografías ni pronunciar los nombres de quienes han fallecido recientemente. La imagen se considera un vínculo demasiado poderoso con el mundo de los vivos y borrar o velar las imágenes es una forma de acompañar el tránsito. Para los asmats de Papúa, la representación visual de un difunto —ya sea a través de una fotografía, un vídeo o un dibujo— puede también mantener activo el espíritu del muerto e interferir en su paso al más allá.

En el extremo opuesto, hay comunidades donde la fotografía carece de una carga simbólica clara y se vive como un gesto cotidiano o como motivo de celebración. Entre los hadzas del norte de Tanzania, los samburus de Kenya y los lopits y mundaris de Sudán del Sur, ser retratado no se asocia con la pérdida de intimidad ni con la noción de propiedad sobre la propia imagen, sino que se percibe como una validación de la belleza y del valor del linaje y a menudo se considera un signo de prestigio.

Estos ejemplos no hablan solo de diferencias culturales, sino de marcos de sentido distintos en torno a la fotografía y los vínculos que se crean entre quien contempla y quien es contemplado. Entenderlos nos obliga a dejar de observar desde el etnocentrismo y comenzar a hacerlo atendiendo a las lógicas locales que organizan la experiencia. Tal vez esta sea la única forma de no intentar convertir al otro en una extensión de uno mismo.

En última instancia, la cámara es una frontera. En ella se condensa la tensión de ver y ser visto; presencia y *performance*; autenticidad y puesta en escena. Todo depende del lugar desde el que se mira, de la intención que guía la mirada y de la responsabilidad que se está dispuesto a asumir al apretar el disparador. Es una línea muy fina la que separa el registro de la ficción y el reconocimiento del deseo de apropiación. Por eso, tomar imágenes nos acerca al sujeto y sublima nuestra realidad como viajeros pero, a la vez, nos convierte inevitablemente en espectadores. «No hay nada más extraño en un lugar extraño que el extraño que viene a visitarlo»[14] reza el inicio de *Cannibal Tours*, una película documental que observa sin complacencias la relación entre turistas occidentales y comunidades locales en Papúa Nueva Guinea. Su tesis es concluyente, pues no hay forma más sencilla de declararte como turista que llevar una cámara colgada al cuello: su sola presencia te señala como un intruso.

No obstante, la fotografía puede también convertirse en una forma de encuentro. Nos obliga a tomar posición, a salir de nuestro papel pasivo y a prestar atención a lo que ocurre alrededor. Se trata de una herramienta que nos empuja a iniciar conversaciones, a acercarnos a las personas del lugar y a transformar la distancia inicial y el miedo a lo desconocido en una oportunidad para inte-

(14) *Cannibal Tours* (Dennis O'Rourke, dir., 1988), cita del inicoo. Traducción propia.

ractuar. De hecho, cuando no hay un idioma común, los gestos en torno a la cámara —pedir permiso, mostrar la imagen, reír juntos ante el resultado— se transforman en un protocolo que disuelve la timidez y abre espacio para la reciprocidad. Hacer fotos, en ocasiones, se convierte también en una motivación para habitar el propio viaje, una forma de dotar a la experiencia de propósito.

La cámara, como el viaje, revela lo que somos cuando miramos, de lo cual puede también deducirse que no hay malas imágenes, sino malos fotógrafos. Por eso, toda instantánea es un arma de doble filo, al funcionar bajo una promesa de profundidad que no se puede llegar a comprender sin conocer el contexto en el que fue tomada y la intención de quien la produjo. El resto es estética, seductora en sus formas, pero superficial en su contenido. Se trata de un simulacro de conocimiento, en el que nos convencemos de que ver equivale a entender, cuando en realidad solo estamos capturando un fragmento arrancado de su tiempo y su sentido.

A veces me imagino cómo serían los viajes si la fotografía nunca se hubiese inventado. Espacios donde la experiencia no encontrara una salida inmediata en forma de imagen. Me pregunto si alguna agencia habrá ofrecido algo parecido alguna vez: un itinerario en el que las cámaras estén prohibidas. Sospecho que serían pocos los clientes que aceptasen la propuesta y me parece curioso que tengamos cientos de circuitos de nicho, desde retiros de silencio hasta itinerarios centrados en la escritura, el yoga, la observación de aves o el paracaidismo, pero ninguno que nos invite a renunciar a la representación. Tal vez porque prescindir de la cámara supone cuestionar una de las formas más habituales que tenemos de relacionarnos con lo que nos rodea. Viajar sin fotografiar implicaría confiar en la memoria, aceptar la imprecisión del recuerdo y renunciar a la prueba visual como testigo.

No creo que el futuro vaya en esa dirección. Parece, en cambio, que avanzamos hacia un mundo en el que toda vivencia pide ser registrada para asegurar su valor, algo más parecido a la sociedad del espectáculo de Debord o a las ideas de Foucault que a mi fantasía de un viaje sin cámaras. El escritor inglés Samuel Butler lo expresó con ironía hace más de un siglo, cuando afirmó que «Hay un fotógrafo detrás de cada arbusto, merodeando como un león que ruge en busca de alguien al que devorar».[15] La frase, escrita en plena época victoriana, fue premonitoria. Hoy en día todos cazamos fragmentos de la realidad con la esperanza de que nos pertenezcan un poco más.

Fotografiar no es solo un intento de capturar el mundo, sino de comprender nuestro lugar dentro de él. Una forma de reconciliar la inmediatez con el recuerdo. Y aunque sepamos que toda imagen es un simulacro de permanencia frente al paso del tiempo, seguimos mirando a través del visor con la esperanza de reconocernos en lo que observamos.

(15) Samuel Butler, *The Note-Books of Samuel Butler*, ed. de Henry Festing Jones, A. C. Fifield, Londres, 1912, p. 215. Traducción propia.

9
VOLVER A CASA

Viví en Estados Unidos durante tanto tiempo que, al volver a Madrid, redescubrí la ciudad de mi infancia con ojos nuevos. Los grupos de jóvenes tomando tapas en las terrazas o pasándose cervezas en las plazas me parecían el ejemplo perfecto de esa vida social que tanto había echado de menos. Las cafeterías de barrio, con sus mesas de metal y su serrín espolvoreado por el suelo, eran ahora pequeños templos de lo cotidiano y los nombres de las calles, marcados con las típicas placas azules, me hacían pensar en historias que nunca antes me habían importado. Hasta los árboles parecían extrañamente frondosos y hogareños, como si hubiesen crecido más de la cuenta durante mi ausencia.

Los ruidos de las fiestas en las calles del centro, que durante tanto tiempo había odiado por perturbar mi sueño, se convirtieron en la señal de una urbe viva. Llegué incluso a dormir con las ventanas abiertas para poder escuchar de cerca la sinfonía de los borrachos, la música de las discotecas y los gritos airados de esos peregrinos de la noche que chocan sin quererlo con las bolsas de basura esparcidas por las aceras. Las cosas más normales me parecían asombrosas y me divertía tratando de descifrar las vidas de todas aquellas personas que me rodeaban, con existencias tan parecidas y tan diferentes a la mía. Mientras contemplaba esas escenas me planteaba qué significa realmente volver a casa.

Joseph Campbell, mitólogo y estudioso de la literatura comparada, observó que muchos mitos y cuentos del mundo comparten una misma arquitectura, a la que llamó el «viaje del héroe». En ese esquema, la aventura no termina cuando el protagonista alcanza su destino, sino cuando consigue reincorporar lo aprendido a la vida ordinaria. Ese retorno, que Campbell identifica como el núcleo transformador del relato, encuentra una de sus formulaciones más antiguas y poderosas en los textos clásicos. *La Odisea* no comienza cuando Ulises lucha en la guerra de Troya, sino durante su largo camino de regreso. Durante los diez años que pasa intentando regresar a su patria tuvo que luchar contra mares enfurecidos, dioses vengativos y su propio deseo de rendirse. Se enfrentó al canto hipnótico de las sirenas, a la furia de Poseidón, al hechizo de Circe y a la tentación de Calipso, que le ofrecía la inmortalidad a cambio de olvidar su hogar. Pero lo que mantiene viva *La Odisea* no son los monstruos ni los dioses, sino esa obstinación humana por volver, volver a un lugar, a un tiempo, a una versión de uno mismo que probablemente ya no existe. De hecho, es en Ítaca donde Ulises se enfrenta a la verdadera prueba: la de reconocerse después de haber cambiado. Tras años de aventuras, su reto final consiste en adaptarse sin renunciar a las lecciones extraordinarias que ha aprendido, reconciliar lo que fue con lo que es. Campbell lo formula como el instante en que el protagonista «regresa del vientre de la ballena», cruzando de nuevo la frontera entre mundos. Esa vuelta implica una resurrección simbólica, en la que el sujeto renuncia a su antigua identidad para poder renacer. La travesía de Ulises se convirtió en la primera gran obra de la literatura de viajes.

Regresar es completar el periplo, dibujar la última parte del círculo que empezaste al salir de la patria. El reencuentro con lo conocido es, en gran medida, lo que le da al trayecto su sentido, pues sin desenlace no habría relato. De hecho, en el viaje del héroe, el protagonista no solo regresa al punto de partida, sino que además tiene que hacerlo con un conocimiento nuevo, un don que debe compartir con los suyos. El «Érase una vez» de todos los cuentos clásicos marca el *statu quo* del mundo de origen, una realidad que inevitablemente cambia durante el transcurso de la narración. No hay aventura sin una normalidad previa que la haga posible, del mismo modo que no hay relato que concluya sin mostrar de qué manera esa normalidad ha sido reconfigurada tras el retorno. En la última prueba decisiva, el héroe usa todo lo aprendido para alterar lo que le rodea. Es entonces cuando ha completado su metamorfosis.

Aunque no es casualidad que muchas personas decidan dar un vuelco a sus vidas después de un gran viaje, la realidad es que esa sacudida no siempre se materializa externamente. En ocasiones, la transformación no penetra en nuestro entorno, sino que se queda agazapada y palpitando dentro de nosotros mismos. Por eso, volver a Madrid fue también entender que no solo era la ciudad la que había cambiado, sino yo misma quien había aprendido a leerla de otra manera. Tal vez por comparación o por añoranza, redescubrí sus virtudes: la facilidad para hacer planes, lo bonito que es encontrarte con tus amigos por la calle, la rapidez con la que llegas a cualquier sitio. Las avenidas, los parques, los edificios centenarios, las zonas peatonales, incluso las esculturas de las rotondas que antes obviaba, ahora me parecían auténticas obras de arte. Detalles urbanísticos que durante años había pasado por alto, como los azulejos de colores que decoran la parte de abajo de algunos balcones, los frisos que bordean los portales bajo carteles que rezan «ASEGURADA DE INCENDIOS» o las plazas con sus fuentecitas en los barrios periféricos se convirtieron en pequeñas epifanías. Al parecer, las personas que han decidido vivir en el extranjero durante un tiempo experimentan a menudo esta forma particular de nostalgia, hecha a partes iguales de pérdida y de afecto.

Los portugueses y los gallegos tienen una palabra para nombrar ese estado, lo llaman *saudade*. Se trata de un sentimiento cercano a la morriña que se da cuando algo amado se encuentra en la distancia. El escritor y político portugués Francisco Manuel de Melo la definió como «*um bem que se padece e um mal de que se gosta*» («un bien que se padece y un mal que se disfruta») y así lo siento yo. Disfruto respirando el placer de la pérdida, dejando que me traspase y me atraviese. Sudarla como quien vuelve de una mañana en el gimnasio y se siente agotado pero pleno. Ojalá vivir así siempre, impregnada de esta *saudade*, esperando a reencontrarnos con quienes fuimos, midiendo cuántas vueltas al reloj quedan para vivirnos de nuevo en los espacios que tantas veces antes hemos transitado.

Sí, me gusta ver cómo los lugares cambian, aunque sea mínimamente, durante mi ausencia, darme cuenta de que el mundo continúa sin mí y que esos sitios en los que tantas horas he pasado no volverán a ser como yo los recordaba. Salir de Madrid en invierno y volver con las plantas de mi balcón llenas de flores, como si hubiese dado con el secreto de los saltos en el tiempo. Descubrir una nueva cafetería en el barrio o una maceta nueva en mi terraza favorita. El vacío que va unido a la melancolía es una señal de que la existencia del objeto de deseo es valiosa y que, por tanto, tengo el privilegio de contar con experiencias, personas y lugares que son o han sido importantes. Echar de menos es permitirnos amar, ser vulnerables y dar espacio a nuestras emociones. Quien se mantiene impasible ante la lejanía de aquello que valora es aquel que no permite la proximidad, mientras que el corazón arrugado y la lagrimita producida por la nostalgia son el resultado de haber habitado con entereza un tiempo y un lugar. Por eso, incluso antes de pisar una vez más mi casa tras un viaje, me gusta impregnarme de *saudade*.

Esa mezcla de melancolía y gratitud que va unida al regreso es también el inicio de la integración. Pero retornar al origen tiene una parte más prosaica, física y emocional. Volver es culminar la elección de no quedarse, dar por concluida una etapa. El cuerpo se resiente durante unos días, los que tarda en acostumbrarse a un nuevo uso horario, a mitigar las agujetas de las caminatas, el dolor de espalda después de las interminables horas en el avión o la depuración de una comida a la que nuestros estómagos no estaban acostumbrados. A veces, ese período de reajuste se acompaña de una sensación de desánimo o apatía que solemos llamar depresión posvacacional. Aparece al tratar de reconciliar el ritmo del viaje con nuestras exigencias cotidianas. El cuerpo y la mente tardan en sincronizarse: una parte de ti sigue caminando por los lugares que acabas de dejar, mientras la otra intenta responder al correo o volver a madrugar. Esa fricción entre tiempos distintos es una forma leve de duelo. Nos sentimos fatigados, cansados, también pensativos. Al principio reacios, pero finalmente dispuestos a reencontrarnos con lo conocido. Así, poco a poco, todo vuelve a su forma: los planes con los amigos, el trabajo, las reuniones, los recados que quedaron en suspenso, las visitas al médico, la cita para ir a la peluquería, etc.

No obstante, la tensión entre plenitud y ausencia se hace visible cuando los dos mundos colisionan. Recuerdo una vez en la que, después de un viaje de casi un mes por la arena infinita del cinturón del Sahel, volví a Madrid justo a tiempo para ir a un evento importante al que me habían invitado. Pasé rápidamente por casa para cambiarme los pantalones de *trekking* por un vestido elegante, me maquillé por primera vez en lo que parecían décadas y me planté allí divina y preparada para socializar. Me sirvieron champán en unas copas muy altas, escuché la gala con genuino interés y me quedé hablando con mis representantes, que estaban reunidas con el resto de las personas de mi agencia. Pero, por dentro, me sentía completamente fuera de lugar. La música, las conversaciones, las luces..., me resultaba ajeno, como si estuviera tratando de habitar dos universos que se movían a ritmos diferentes. Al final del evento nos dieron unas bolsitas con diferentes regalos que los patrocinadores habían preparado con muestras de maquillaje, perfumes y pequeños objetos cuidadosamente envueltos. Cuando abrí el paquete a la salida, todavía con la cabeza llena de ruido, escuché a unas chicas quejándose porque el color del labial que les había tocado no conjuntaba con su tono de piel. Pensé en las mujeres que había conocido en el desierto, en la escasez de agua y en el silencio de las noches durmiendo en tiendas de campaña. Me sentí llevando un disfraz.

Al volver a casa me puse a escribir para no olvidarme de aquella anécdota. No buscaba extraer conclusiones, sino dejar constancia de mi incomodidad, de esa grieta que cada vez se hacía más grande. Todavía me cuesta aceptar que una parte de mí siempre va a quedarse allá fuera, mirando desde lejos, mientras la otra intenta adaptarse con mayor o menor fortuna a la vida que durante un tiempo había podido olvidar. Ambas pertenecen al mapa cambiante de quien, al viajar, se ha descubierto irreversiblemente múltiple.

Si el regreso supone la consumación del movimiento, el desarraigo es, quizá, uno de sus peajes más silenciosos. Cuando ya llevas demasiado tiempo viviendo entre aeropuertos, carreteras y habitaciones prestadas, las coordenadas que antes te situaban en el mundo se acaban diluyendo. Deseamos lo diverso, lo exótico, lo que se escapa de nuestros referentes. Buscamos sin cesar, poseídos por la curiosidad de comprender lo que se encuentra más allá del horizonte. Pero cuando creemos haber alcanzado esa meta, nos damos cuenta de que ya no podemos regresar del todo. Lo que antes llamábamos hogar se ha vuelto una referencia borrosa y, sin embargo, los nuevos lugares tampoco nos adoptan por completo. Siempre queda una distancia invisible, un margen que nos recuerda que, en cualquier otro lugar, somos y seremos siempre extranjeros.

En Estados Unidos siempre me sentí una extranjera. Qué fácil es escribirlo y qué complicado es darte cuenta cuando lo vives en carne propia, sobre todo hablando de un país con el que, al menos en la superficie, se comparten tantos convencionalismos. Allí me llamaban *expat* o expatriada, en lugar de inmigrante: una fórmula edulcorada que designa a aquellos que tienen un pasaporte lo suficientemente ventajoso como para no tener que sufrir las contingencias de intentar construir una vida sin papeles. Por mucho que intentase adaptarme, siempre había algo que me delataba, un espacio insalvable que se fue agrandando con los años y que me resultaba cada vez más y más asfixiante. Así, aquel lugar que intenté convertir en una patria en potencia, acabó por ser una etapa más de mi viaje.

Esa sensación de desamparo comenzó a extenderse también a la forma en la que recordaba mis propios desplazamientos. Hubo un momento en el que empecé a mezclar los viajes. Podía evocar escenas concretas, pero era incapaz de saber si habían pasado en este o en aquel país, quién estaba a mi lado o qué año era. Los lugares se volvían borrosos; el mercado de mis pensamientos podía ser de India o de Etiopía, una habitación de hotel con la cama frente a la ventana, de Sudán o de Irak. Para luchar contra el olvido buscaba fotos en mi móvil que me ayudasen a entender de dónde procedía el recuerdo o intentaba pensar en cuán largo llevaba el pelo para poder hacer así una estimación temporal. Si era rubio y corto, debería ser en Australia; largo y negro, probablemente fuese en algún lugar de Asia. Me sentía buscando un libro en una biblioteca gigantesca, sin recordar ni su título ni su portada.

Las imágenes se confundían y con ello llegó la frustración. Sentía culpa por no recordar con precisión, por no conseguir poner en orden mi memoria. En ese desajuste vi también una señal para traer las cosas a tierra, detenerme, revisar y transformar el cúmulo de recuerdos dispersos en una historia coherente. Fue entonces cuando comencé a hacer mis cuadernos de viaje, en gran medida para poder asimilar y recordar la experiencia, pero también para obligarme a habitar el momento presente. Se convirtieron en una excusa para detenerme unos minutos cada día y apreciar lo vivido, ponerlo por escrito y clasificar los pensamientos igual que uno organiza la mochila antes de seguir con su camino. Sin quererlo, estaba también elaborando una serie de libretas de campo que más tarde me ayudarían a contrastar, desde una perspectiva etnográfica, todo aquello que en su momento solo había intuido. Aquellos apuntes se transformaron en un archivo de observaciones, un modo de volver sobre mis pasos y comprender mejor las conexiones entre lo personal y lo colectivo, entre mi mirada como viajera y mi perspectiva como estudiante de antropología.

Los cuadernos encarnan esa doble acción que es imprescindible para integrar la experiencia: por una parte, la de recordar y, por la otra, la de entender lo vivido y el significado personal que le hemos dado. No obstante, ese proceso solo puede comenzar si antes ha existido la sorpresa, el instante de asombro que interrumpe la inercia y nos obliga a mirar de nuevo. El asombro es la chispa que activa la memoria y abre la puerta al entendimiento. Sin él, nada nos llega a tocar. Aristóteles decía que la filosofía nace del *thaumazein*, la capacidad de maravillarse ante lo cotidiano. Lo mismo ocurre con el aprendizaje: solo interiorizamos aquello que nos despierta una emoción, aquello que nos desconcierta lo suficiente como para querer analizarlo.

De hecho, tal y como ha demostrado la psicología cognitiva, el cerebro tiende a omitir lo previsible, filtrando los estímulos conocidos para ahorrar energía y poder así priorizar lo potencialmente relevante —ya sea por útil o por peligroso— sin saturar la memoria con redundancias. Por eso, los lugares que habitamos terminan por volverse invisibles: nos levantamos para ir al baño y no recordamos haber abierto la puerta o volvemos a casa desde el trabajo siguiendo de manera rutinaria el mismo trayecto que tantas veces hemos hecho sin darnos cuenta. Lo familiar no exige atención y lo que no exige atención rara vez se convierte en recuerdo. Viajar, por otro lado, consiste en exponerse constantemente a ese desconcierto y por eso se trata de un terreno tan fértil para aprender y cuestionarnos. Algo que me gusta de mi trabajo como guía es que soy capaz de conectar con esa fascinación a través de los otros.

Como cuando, hace unos años, nos subimos en la parte de atrás de una furgoneta *pickup* para recorrer el camino de tierra que nos llevaría hasta el comienzo de nuestro itinerario por el Amazonas. Yo estaba tumbada entre mochilas y sudaderas, disfrutando de la brisa fresca que me rozaba la cara y que contrastaba con el calor pegajoso que nos esperaba en la selva. Mientras tanto, el resto de personas se hacían fotos, gritaban al aire y reían con una mezcla de nervios y entusiasmo. Yo los observaba desde mi rincón, con el cuerpo sacudido por los baches. «¡Esto es como en las películas!», exclamó uno de ellos. Me quedé mirando cómo levantaba los brazos, tratando de agarrar el aire. Otro intentaba grabar la escena y capturar la pose, pero era incapaz de decidir si quería mirar el paisaje o a la pantalla. En ese instante, mientras el sol se filtraba entre las ramas y la carretera se abría ante nosotros sentí una punzada de ternura. Más adelante, cuando la camioneta se detuvo junto al claro donde empezaban los árboles, todos bajaron en silencio. Casi en un susurro, uno de ellos comentó que la humedad olía a fruta madura y pensé que era una de las descripciones más precisas que había escuchado. Después de aquello, continuaron ensimismados, con las manos ocupadas en sus móviles.

Seguimos andando por el sendero y, poco a poco, las conversaciones se apagaron. Solo quedaba el sonido del barro bajo las botas de agua, el zumbido lejano de los insectos y el crujido de las ramas. Vi cómo la mirada del grupo cambiaba, cómo sus caras se transformaban cuando la vegetación empezó a envolvernos de verdad. Respiré hondo y me sentí agradecida de poder acompañar su asombro y de tener la oportunidad de disfrutar del mío a través de sus ojos.

No obstante, en ocasiones, ni los cuadernos ni el asombro son suficientes y, al igual que es importante saber cuándo viajar, también he tenido que aprender a entender cuándo es el momento de detenerme. Durante años pensé que en el movimiento se escondían las experiencias más profundas. Una se convence de que aprovechar el itinerario significa verlo todo, conocerlo todo, exprimir el lugar y no dejar hueco para nada más. En ocasiones, a costa de dormir tan solo unas horas o pasar menos tiempo de lo que realmente quería en cada destino. Me ha costado comprender que quedarme un día entero en el hotel sin hacer nada, descansando o escribiendo no significa desperdiciar el momento, sino concederle espacio a la asimilación. Solo desde esa calma los recuerdos se ordenan y lo aprendido adquiere sentido. Es entonces cuando soy capaz de sacar conclusiones.

De hecho, algunas de las mejores ideas de la historia aparecieron durante momentos de descanso, en los que la mente estaba liberada del esfuerzo consciente. Como cuando el químico alemán August Kekulé soñó con una serpiente que se mordía la cola (recordemos, el símbolo del uróboro) y al despertar consiguió resolver el misterio de la estructura cíclica del benceno. La melodía de «Yesterday» también se le apareció a Paul McCartney en sueños, como enviada por un ser superior, y terminó de componerla al abrir los ojos. O Henri Poincaré, matemático francés que tuvo una intuición decisiva para el desarrollo de la teoría de las funciones automorfas (o fuchsianas) al subir a un autobús, precisamente cuando había dejado de pensar activamente en el problema.

En ese espacio entre lo que hacemos y lo que dejamos que nos ocurra es donde comienza a gestarse la integración. Walter Murch —reconocido editor de películas como *Apocalypse Now* y *El paciente inglés*— explica en su libro de 1992 *In the Blink of an Eye* que el parpadeo es el gesto que marca el instante natural del cambio en una película: ese breve corte entre planos en el que el espectador ya ha asimilado la información anterior y está preparado para pasar a lo siguiente. Editar bien, para Murch, consiste en saber cuándo el espectador va a parpadear. Acorde a su teoría, cada vez que cerramos los ojos lo hacemos porque hemos descifrado algo, porque hemos entendido lo que teníamos que entender y estamos listos para avanzar. Como en el cine, también el viaje necesita pausas que nos permitan comprender lo que hemos visto antes de continuar.

La velocidad a la que nos movemos entre un lugar y otro también influye en nuestra capacidad para interpretar los cambios. Por eso, los trayectos lentos —en tren, en barco, por carretera o a pie— siempre me han parecido la manera más natural de asimilar lo vivido. Las fluctuaciones suceden poco a poco: la vegetación se va transformando, el clima varía gradualmente y el cuerpo tiene tiempo para adaptarse al viaje sin brusquedades. Esa transición permite que la experiencia se asiente de forma orgánica, que lo nuevo encuentre su lugar sin borrar de golpe lo anterior. Viajar en avión, en cambio, supone un salto abrupto: te saca de un entorno y te coloca, en cuestión de horas, en otro completamente distinto. Esta ruptura a veces roza lo traumático, porque el cuerpo aún habita el lugar anterior mientras la mirada ya está en el siguiente. Parpadeamos demasiado rápido.

El cuerpo y la mente necesitan pausas para poder disfrutar de lo vivido. Por eso, cuando volví a España después de mi aventura de cuatro años por Estados Unidos —dos de ellos viviendo en una furgoneta—, decidí escoger un lugar en el mundo donde crear un espacio de descanso. Ese deseo se volvió imperativo cuando, algún tiempo después, tuve que pasar por una cirugía que me dejó inhabilitada varios meses. Pasé la recuperación en casas prestadas, alojamientos temporales y cuartos alquilados por semanas que me hicieron entender que la vida nómada es fantástica mientras una puede moverse al mismo ritmo que sus intenciones. Pero cuando te sientes frágil y vulnerable, no contar con un sitio donde dejar el dolor, reposar el cansancio o simplemente cerrar la puerta y desaparecer se convierte en una forma sutil de desamparo.

También comprendí que el arraigo no siempre se opone al viaje, sino que a veces lo posibilita, que para poder partir también hay que saber volver y que la libertad necesita un punto de apoyo desde el que desplegarse. Sí, el viaje te invita a trazar un camino, muchas veces maravilloso, pero sin punto de partida tampoco hay dirección. Tu inicio es también tu guía. El filósofo Michel Onfray lo formula con precisión: «El lugar dejado y luego recobrado ofrece el eje sobre el que oscila la aguja de la brújula. Sin él, no hay puntos cardinales, no hay rosa de los vientos, no hay posibilidad de desplazarse ni de organizar una cuadrícula sobre los mapas del mundo».[1] Crear un hogar —no necesariamente una casa, sino un espacio donde el cuerpo y la mente puedan relajarse—

(1) Michel Onfray, *Teoría del viaje*, Taurus, Madrid, 2016, p. 106.

comenzó a revelarse como una necesidad vital, casi política, en una sociedad que premia la movilidad constante y la productividad sin descanso.

Quizá por eso, el desarraigo que al principio viví como una incomodidad personal empezó a parecerme también una marca generacional que atraviesa biografías muy distintas. Vivimos en un mundo globalizado donde las identidades son líquidas y el futuro resulta, con frecuencia, incierto. La pertenencia se ha fragmentado en múltiples versiones de nosotros mismos y el hogar, para muchas personas, ya no es un punto en el mapa, sino un estado mental que se construye y se deshace con cada mudanza. En cierto modo, habitamos una suerte de no-lugar, tal y como lo definió a principios de la década de los noventa Marc Augé. El antropólogo y filósofo describía estos espacios de tránsito —aeropuertos, autopistas, hoteles, estaciones de servicio y centros comerciales— como escenarios donde los individuos circulan sin dejar huella, desprovistos de memoria, identidad o arraigo. Según su planteamiento, estos entornos son síntomas de un tiempo acelerado que había vaciado de historia los espacios de la vida cotidiana, sustituyendo la experiencia por el desplazamiento continuo y la permanencia por el uso funcional.

Hoy, más de tres décadas después, esa lógica se ha expandido y reformulado, dando paso a habitaciones temporales en pisos compartidos con compañeros que ni siquiera se saludan, gimnasios abiertos veinticuatro horas y cafés convertidos en *coworkings* donde pasamos horas conectados tratando de cumplir los plazos de entrega. En todos ellos, la identidad se vuelve provisional, los vínculos se diluyen y la experiencia se suspende en una especie de presente continuo que dificulta construir una narrativa estable del yo.

Lo transitorio se ha convertido en norma y la estabilidad en un lujo o —dependiendo de la perspectiva— en una forma de cautiverio. La movilidad constante se presenta como libertad, pero en su reverso late la imposibilidad de echar raíces (la necesidad de que esas raíces sean portátiles). Por mucho que la modernidad en Occidente haya idealizado la necesidad de independencia, seguimos siendo gregarios y esa dimensión comunitaria, aunque se disfrace de autosuficiencia, persiste en nuestra búsqueda por tejer vínculos, por crear pequeñas constelaciones humanas que nos devuelvan la sensación de pertenencia.

Cuando vivía en Los Ángeles mi grupo más cercano de amigos estaba compuesto por españoles y latinos y en esa cercanía cultural encontré un refugio que solo podrán comprender aquellos que hayan vivido alguna vez en el extranjero. No es un caso aislado. En cualquier ciudad del mundo, los inmigrantes terminan inventando sus propias redes de apoyo: desde cafés donde se habla su lengua, hasta mercados en los que conseguir los productos que les recuerdan a casa o espacios donde reproducir los rituales cotidianos de su lugar de origen (alargar la sobremesa o tomar aperitivos, salir a pasear, escuchar la música de siempre...). Son formas de arraigo simbólico, maneras de reconstruir el hogar en lo desconocido. Entiendo que quienes critican esta búsqueda nunca se han sentido aislados en un lugar ajeno.

El documental *The Swedish Theory of Love* (*La teoría sueca del amor*), de 2015, del director sueco-italiano Erik Gandini, expone claramente este anhelo humano de comunidad. A través de una serie de relatos, la película cuestiona el mito de la independencia como sinónimo de bienestar. En la Suecia contemporánea —considerada durante décadas modelo de progreso social—, la autosuficiencia se ha convertido en un ideal casi sagrado, donde cada sujeto debe ser capaz de vivir, trabajar y morir sin depender de nadie. El Estado del bienestar garantiza todos los servicios necesarios, desde la educación hasta el acompañamiento en el parto y la asistencia médica, de modo que las relaciones se convierten en una cuestión de elección, más que de necesidad.

Sin embargo, Gandini muestra el reverso de ese sueño individualista. La sociedad que presenta ha normalizado la soledad hasta el punto de convertirla en un estado funcional: ancianos que viven —y mueren— solos en apartamentos impecables; servicios públicos que gestionan la muerte cuando ya no queda nadie que la acompañe; biografías enteras sostenidas por una red institucional que sustituye la necesidad del otro. La narración alterna la vida de personas que encarnan ese aislamiento con escenas que revelan una humanidad colectiva y visceral, como la de un médico que se traslada a trabajar a Etiopía en busca de una vida más comunitaria. Gandini no condena la autosuficiencia, pero sí invita a repensar su peaje emocional. Su tesis es que esta máxima, llevada al extremo, convierte el individualismo en una forma sofisticada de vacío. La película concluye que ningún nivel de confort ni de recursos puede reemplazar el consuelo de la presencia humana, porque, aunque hayamos aprendido a sobrevivir solos, seguimos necesitando de los otros para sentirnos vivos. Ese impulso gregario, que en las sociedades modernas parece diluirse bajo la lógica de la eficiencia y la privacidad, continúa siendo un impulso ancestral.

También en la vida nómada se revela esa necesidad. Mientras vivía en la furgoneta, mi hogar se reducía a unos pocos metros cuadrados y a un puñado de rituales diarios: hervir agua en el hornillo por las mañanas, hacer la cama, guardar la taza en el mismo lugar para no perder la constancia. La carretera tenía su liturgia y en ella encontré una forma inesperada de comunidad. En los aparcamientos de Santa Mónica y en los baños públicos de las playas o de las áreas de servicio, aquellos que vivíamos en nuestros coches nos reconocíamos con una mezcla de prudencia y complicidad. Como aquella vez que, aparcada en la calle de una zona residencial, decidí despertarme casi al mismo tiempo que la chica que tenía su Toyota aparcado a mi lado. Despeinadas y aún con el pijama, ambas abrimos la puerta de nuestros coches al unísono, nos miramos y, al principio asustadas y luego sorprendidas, estallamos en una carcajada. Compartimos el primer café de la mañana y me regaló una bolsa de magdalenas que me comí mientras conducía de vuelta hacia Los Ángeles. Aquella fraternidad discreta de la carretera, hecha de favores pequeños y ayuda desinteresada, no necesitaba demasiadas explicaciones.

Cuando vi *Nomadland* (2020), años después de haber dejado atrás mi vida en la carretera, me inundó la nostalgia. La película de Chloé Zhao retrata con delicadeza la austeridad de una vida reducida a lo esencial y la paradoja de encontrar en la intemperie una forma profunda de pertenencia. *Nomadland* sigue a Fern, una mujer viuda que, tras perder su trabajo y su hogar en la crisis económica de 2008, decide mudarse a su furgoneta, encadenando empleos temporales y encontrando refugio en los márgenes del sistema. En *Nomadland*, el hogar deja de ser un lugar físico para convertirse en una red de relaciones que se reconfigura continuamente en torno a la necesidad y a la empatía. Estos encuentros tan fugaces pero significativos reemplazan las estructuras tradicionales de familia o vecindad.

Fue otra chica que vivía en una furgoneta quien me habló por primera vez de los *snowbirds*, jubilados que cada invierno migran hacia el sur de Estados Unidos en busca de un clima más amable y una vida social más activa. Año tras año siguen las mismas rutas, acampan en los mismos lugares y quedan con las mismas personas, creando una suerte de familia que se reencuentra con el cambio de temporada. Muchos *campings* y áreas de caravanas se anuncian directamente como *snowbird friendly* y dependen económicamente de ese flujo estacional de viajeros para poder sacar adelante sus negocios. En estados como Florida y Arizona se forman auténticas ciudades temporales, comunidades de casas rodantes que aparecen con el invierno y desaparecen en cuanto el calor regresa. Quartzsite, en Arizona, es quizá el ejemplo más representativo. Desde el aire, durante los meses más fríos, la zona se convierte en un mar blanco de caravanas, un paisaje de aluminio y tejados improvisados que brilla bajo el sol del desierto y que, con la llegada del verano, se disuelve por completo. Lo llaman la ciudad blanca.

Aunque los *snowbirds* proceden, en muchos casos, de contextos de estabilidad económica, lo cierto es que las personas en situación de calle reproducen sus mismas rutas para huir de los inviernos del norte y buscar refugio en climas más benevolentes. Slab City es quizá el ejemplo más extremo de esa coexistencia entre precariedad y libertad, entre la marginación y la búsqueda de comunidad. Situada en el desierto de California, esta antigua base militar abandonada se ha convertido en un asentamiento periférico donde miles de personas viven fuera de cualquier estructura institucional. No hay electricidad pública ni agua corriente ni servicios municipales. Las casas son caravanas, chabolas o simples tiendas de campaña y el territorio funciona bajo una lógica de autogestión y respeto tácito.

A Slab City la llaman «*the last free place on Earth*», el último lugar libre sobre la Tierra. Allí conviven jubilados con mochileros, veteranos de guerra con artistas, disidentes del sistema y personas que han perdido sus hogares. Es un lugar que encarna tanto el anhelo de libertad que impulsa a muchas personas a vivir al margen como las consecuencias de un sistema que expulsa a quienes no logran adaptarse a su ritmo. Para unos representa un refugio; para otros, la única alternativa posible a la vida urbana. Lo que empezó como un campamento temporal acabó convirtiéndose en un laboratorio social de supervivencia, donde la frontera entre la elección y la necesidad queda desdibujada. En verano, el calor extremo del desierto —que puede superar los cuarenta y cinco grados centígrados— vacía casi por completo la zona, devolviéndola a su estado natural. Pasé por allí varias veces mientras vivía en la carretera, calentándome en hogueras improvisadas y compartiendo mi cena con algunos de sus residentes. Recuerdo especialmente a un adolescente que había llegado a la ciudad huyendo de una casa de acogida donde le maltrataban. Me dijo que pensaba quedarse solo por una temporada, pero que apreciaba la sensación de estar fuera del mundo. «Aquí nadie te juzga —me dijo—, pero tampoco nadie te salva.» Antes de irme le regalé una bolsa de magdalenas parecidas a las que aquella chica me había dado unos meses atrás. Me quedé pensando en que nadie sobrevive solo. Tampoco allí, en el último lugar libre sobre la Tierra.

A veces la vuelta se convierte en otro viaje, tal vez el más importante. La partida suele estar impulsada por la curiosidad o el deseo, pero el regreso exige que te enfrentes a ti mismo y a los aspectos de tu normalidad que el desplazamiento te condujo a cuestionar. En *Tristes trópicos,* Claude Lévi-Strauss describe su contacto con la urbe moderna como una experiencia de desencanto. Después de años de trabajo de campo entre comunidades indígenas, el antropólogo percibe la ciudad industrial como un espacio decadente, saturado de ruido, artificio y uniformidad, «laberintos de inmuebles oxidados que cuelgan sobre abismos entrecruzados por zanjas, puentes giratorios y andamios».[2] Tras esta decepción, Lévi-Strauss sugiere que el viaje no ha de consistir en huir de su propia civilización, sino en aprender a mirarla desde otro lugar. En lugar de idealizar lo lejano, convierte su desazón en una herramienta crítica y utiliza esa distancia para ver con mayor claridad las estructuras que sostienen y erosionan su propio mundo. En ese sentido, el regreso no implica el fin de la aventura, sino su madurez: la capacidad de aplicar lo aprendido en una nueva comprensión del entorno.

Una idea similar aparece en la obra del escritor Bruce Chatwin, especialmente en *Los trazos de la canción* (2000), un híbrido entre el relato de viaje, el ensayo filosófico y el diario antropológico. En sus páginas, Chatwin viaja por el desierto en busca de los *songlines* o «líneas de la canción», senderos invisibles que, para los aborígenes australianos, recorren el continente y conectan lugares sagrados a través del canto. Estos ritmos tradicionales trazan una geografía espiritual que les permite orientarse en el territorio sin necesidad de mapas, transformando el acto de caminar en una forma de conocimiento. Fascinado por esta concepción del mundo,

(2) En su definición de Chicago (Estados Unidos), añade que se trata de una «ciudad que sin cesar crece en altura por la acumulación de sus propios escombros que soportan nuevas construcciones». Claude Lévi-Strauss, *Tristes trópicos*, trad. de Noelia Bastard, introd. de Manuel Delgado Ruiz, Paidós, Barcelona, 2006 (orig. 1955), p. 116.

Chatwin interpreta el desplazamiento como una condición esencial de la humanidad: moverse es pensar y cantar el paisaje equivale a habitarlo. A lo largo de su periplo, concluye que el nomadismo no es solo una práctica, sino una actitud que dota a la vida de sentido frente a la rigidez de las sociedades sedentarias.

Chatwin también se enfrenta a su propio regreso y, al igual que Lévi-Strauss, lo que aprende de los aborígenes —esa comunión entre territorio, memoria y palabra— le permite mirar desde otra perspectiva su cultura, obsesionada con el control y la posesión. El viaje lo conduce, no a una respuesta definitiva, sino a una comprensión más heterogénea de la existencia humana. Es a la vuelta, después de haber vivido lo extraordinario, cuando la vivencia se decanta.

Por supuesto, esa conmoción interior puede quedar en papel mojado si no se traduce de forma consciente. La antropóloga y escritora estadounidense Mary Catherine Bateson hablaba de *composing a life*[3] (o «componer una vida») para referirse a ese proceso de transformar las experiencias dispersas en una trama significativa. Bateson sostiene que la existencia humana no es una narración lineal, sino un *collage* en constante reescritura: una obra que se ajusta, se corrige y se armoniza con cada nuevo acontecimiento. Al igual que los fragmentos de melodía en los *songlines*, las vivencias solo adquieren sentido cuando se integran en un conjunto y, por tanto, el viaje no ha de ser visto como una interrupción o un

(3) Bateson, M. C. (1989), *Composing a Life*, NuevaYork, Grove Press.

paréntesis en nuestra rutina, sino como una continuación de la misma, que enriquece y amplía el registro gracias al cual interpretamos el mundo.

En algunas cosmologías, entender la vida como una composición interdependiente no se limita a una metáfora comparativa, sino que se trata de una forma literal de concebir el entorno. Para los kogis,[4] un pueblo indígena de la Sierra Nevada de Santa Marta, en Colombia, cada elemento forma parte de una misma red de relaciones que debe mantenerse en sintonía. En su tradición, la existencia entera surge gracias a Mamá Grande, una conciencia creadora primordial que dio origen a todo lo que existe. Antes de la materia, existía el pensamiento y es a través de este último que el universo se sostiene. Mamá Grande dio forma al mundo tejiéndolo y, por tanto, los kogis entienden los telares como un elemento sagrado que, dentro de su sistema de creencias, funciona como un mapa del cosmos: los hilos verticales simbolizan las conexiones entre el mundo de arriba (espiritual) y el de abajo (material) y los horizontales representan las relaciones entre los seres humanos, los animales, las plantas y los distintos territorios que estos habitan. Tejer es un acto ritual a través del cual repiten el gesto creador de la Madre, comunicándose con ella y restableciendo así la armonía del tapiz cósmico.

(4) Las ideas sobre la cosmología kogi, Mamá Grande y el telar como «mapa del cosmos» están tomadas y sintetizadas de Wade Davis, *El río: Exploraciones y descubrimientos en la selva amazónica*, trad. de Nicolás Suescún, Pre-Textos, Valencia, 2005 (orig. 1996), cap. 2, «Las montañas del hermano mayor», pp. 29-68.

Su percepción del cosmos como una gran tela hace que esta comunidad entienda sus desplazamientos como un gesto simbólico que prolonga el acto originario de la Madre. Tal y como documentó el antropólogo austrocolombiano Gerardo Reichel-Dolmatoff a lo largo varias décadas —desde finales de los años cuarenta hasta los setenta—, los kogis piensan que recorrer la tierra equivale a tejerla, convirtiendo cada jornada de marcha en una puntada dentro de la gran manta que representa la creación. Al caminar, extienden los hilos de esa trama primordial y mantienen viva la comunicación entre los lugares sagrados, los ríos, las montañas y los distintos planos del mundo. De hecho, los kogis conciben sus migraciones estacionales como oraciones en movimiento orientadas al bienestar y la regeneración de todo lo que existe, hasta el punto de referirse a sus idas y venidas como «tejidos».

Una lógica semejante se encuentra en los caminos de mani (*mani walls*) del budismo tibetano, donde los peregrinos avanzan recitando mantras mientras rodean los muros grabados con oraciones, haciendo del desplazamiento una forma de plegaria colectiva. El mérito espiritual conseguido es acumulativo y transferible y puede dedicarse al bienestar propio, de la comunidad o de todos los seres. Es el contacto físico lo que activa y aumenta el poder latente del texto sagrado, por lo que cuantas más personas reciten o toquen las piedras talladas, mayor será el poder atribuido a la plegaria. Esta concepción del territorio como una urdimbre que se renueva continuamente gracias a la acción compartida convierte el movimiento en una forma de cuidado.

Para los kogis el pensamiento es, además, un hilo invisible que conecta todas las cosas, una sustancia relacional que mantiene el orden. De ahí que sostener el mundo en equilibrio implique «pensar correctamente», es decir, alinear el pensamiento humano con el originario de Mama Grande. Esta visión holística, al igual que la propuesta por Bateson, entiende la vida no como una suma de episodios fragmentados, sino como una estructura continua que requiere ser comprendida y conservada.

Si para Bateson vivir es componer una historia coherente con lo experimentado, para los kogis y los budistas tibetanos se trata de mantener el tejido que da sentido a la existencia. En todos los casos, esa condición se concibe como una estructura relacional que se mantiene a través de la acción, una acción que solo es posible a través del compromiso, tanto individual como colectivo, que dota de sentido a lo vivido.

Volver es comprobar si aquello que se ha transformado en nosotros —esas vivencias que han transformado la mirada— puede convivir con un mundo de origen que había quedado en pausa. A veces, esa transición fluye y el tejido se ajusta; otras, la operación resulta tensa o imperfecta, como cuando atendí a aquella fiesta después de mi viaje por el Sahel. Por eso, todo retorno auténtico es una segunda travesía. El verdadero desafío no está en sobrevivir al viaje, sino en regresar sin traicionarlo, en sostener lo aprendido al llegar de nuevo al punto de partida.

Al igual que Ulises, el conquistador español Álvar Núñez Cabeza de Vaca también tuvo un ajetreado viaje de vuelta. Nació en Jerez de la Frontera, en una familia de hidalgos con aspiraciones militares, y partió al Nuevo Mundo en 1527 como tesorero de la expedición de Pánfilo de Narváez, destinada a conquistar y colonizar nuevas tierras para la Corona. Su destino era la Florida, el área que hoy forman por los estados de Florida, Georgia, Alabama, Mississippi y Luisiana. Aquella empresa, sin embargo, pronto se convirtió en catástrofe. Las tormentas destruyeron las naves, el hambre y las enfermedades acabaron con la mayoría de sus hombres y los pocos supervivientes se vieron obligados a improvisar balsas para huir por la costa del Golfo de México. De los casi seiscientos expedicionarios que partieron de la península, apenas ochenta lograron alcanzar tierra firme. Solo cuatro de ellos conseguirían sobrevivir a las penurias que siguieron. Cabeza de Vaca fue uno de ellos.

Separado del resto, vivió durante años entre distintos pueblos indígenas, primero como esclavo, luego como comerciante y finalmente como curandero. Aprendió sus lenguas, sus rutas, sus sistemas de intercambio y sus saberes medicinales. Vivió la precariedad, pero también la hospitalidad, el trueque y la cooperación con quienes antes consideró enemigos. Por medio de ese contacto forzado, comprendió la complejidad de las culturas que lo rodeaban y cuestionó la violencia, la esclavitud y el abuso sistemático. Ya no era solo un náufrago ni un soldado de la Corona, sino alguien capaz de moverse y mediar entre territorios y códigos ajenos. Aunque siguió viéndose como un cristiano entre paganos, con el paso del tiempo su identidad empezó a resquebrajarse bajo el peso de la experiencia. Esa vida precaria, repetitiva y expuesta erosionó cualquier ilusión de superioridad.

Ocho años después del naufragio, los cuatro supervivientes, ya reunidos, alcanzaron el noroeste de México, donde fueron hallados por una partida de soldados españoles. Tras el desconcierto inicial, Cabeza de Vaca regresó a la Península, donde presentó ante la Corona el relato de su periplo. Cuando por fin logró regresar a su patria, era un hombre distinto al que había partido. En *Naufragios*, el libro que publicó en 1542, describe su viaje como una lenta transformación interior. Reconoce la humanidad y la sabiduría de quienes, desde Europa, todavía eran vistos como salvajes, y denuncia los abusos cometidos por los suyos. Años después, cuando fue nombrado gobernador del Río de la Plata —actual Paraguay y Argentina—, intentó aplicar esas convicciones, limitando las expediciones esclavistas y fomentando el intercambio pacífico con las poblaciones indígenas. No obstante, sus medidas chocaron con los intereses económicos de los colonos y acabó siendo procesado y destituido.

Tanto Ulises como Cabeza de Vaca regresan, pero ninguno vuelve al punto de partida. En ambos casos, el retorno supone aceptar que el viaje los ha vuelto irreconocibles incluso para sí mismos. Ulises vuelve a Ítaca para descubrir que su hogar ya no es el mismo; Cabeza de Vaca, para constatar que tampoco lo es él. Los dos comprenden que el final del viaje no está en el lugar de llegada, sino en la capacidad de convertir lo vivido en una manera distinta de situarse frente a la realidad.

Salimos al mundo buscando respuestas, pero muchas veces es al volver cuando entendemos las preguntas. Por eso, el verdadero secreto para retomar la vida ordinaria después de un viaje extraordinario está en trasladar su intensidad a nuestro día a día. Lo vivido deja de ser un paréntesis y se convierte en una pedagogía de la mirada, una forma de habitar el entorno con mayor atención.

El poeta Kavafis escribió que Ítaca «no tiene ya nada que darte», porque bien sabía que el tesoro del viaje está en el proceso. Llegar es solo confirmar que la meta era una excusa para crecer. Esa transformación —lenta, profunda, irreductible— es la verdadera recompensa, porque no hay viaje completo sin retorno, ni retorno verdadero sin transformación.

10
MÁS ALLÁ DEL MAPA

El primer día que escondí una playa en Madrid hacía frío y la calle olía a lluvia y a barro. Ayudada por mis amigos, levanté un adoquín suelto de la calzada lo sostuve y deslicé bajo él una fotografía plastificada. Era una cala de arena blanca con el mar tranquilo y transparente, ahora suspendido en silencio bajo el cielo encapotado de la ciudad. Pinté el adoquín de azul, un azul eléctrico que no pertenecía a ese paisaje urbano. Aunque la gente pasaba sin detenerse, ajena a la pequeña conspiración que estaba teniendo lugar, llevé a cabo todo el proceso fingiendo que me ataba los zapatos. Nos quedamos allí, hablando y pasando el rato hasta que la pintura se secó, y después nos alejamos observando las reacciones de los viandantes por el rabillo del ojo. Nadie nos dijo nada, pero quiero pensar que alguna persona, en algún momento, levantó aquella baldosa y se encontró con la foto de la playa. Una puerta diminuta hacia otro paisaje. El indicio de que incluso en el corazón de lo cotidiano, hay siempre espacio para lo inesperado. Esa travesura fue el inicio de *Bajo el adoquín, la playa*, un proyecto artístico que llevo haciendo desde aquel febrero lluvioso de 2021. Desde entonces he escondido imágenes de playas en varias ciudades del mundo, plastificadas y selladas bajo adoquines teñidos del color del mar. Son fragmentos de memoria, portales hacia otra latitud.

La imagen del adoquín levantado no es nueva. El filósofo y escritor español Gabriel Albiac la utilizó en su texto *Destruir por destruir*, publicado en 1978, como una metáfora del impulso revolucionario que hereda de Mayo del 68. «*Sous les pavés, la plage*» («Bajo los adoquines, la playa») fue entonces un grito de insurrección; la promesa de que, si uno rasgaba la piel de la ciudad, bajo el orden impuesto podía aparecer una utopía. Levantar el pavimento era descubrir el deseo oculto bajo el asfalto, la posibilidad de que aquello que parecía estable no fuese natural sino construido y, por tanto, desmontable. Pero también era un gesto violento, una herida infligida al espacio común. Arrancar la piedra para lanzarla, para romper, para interrumpir la continuidad de la calle. En esa acción de desmantelar la urbe se concentraba la esperanza de otro mundo y, al mismo tiempo, la aceptación de que para acceder a él primero había que fracturar el existente. Fue este texto el que me inspiró a encontrar baldosas sueltas y también a pensar en cómo ciertos actos o ciertas escenas pueden contener tanta fuerza que son capaces de evocarnos un contexto nuevo. Por eso, cuando hago fotos en las ciudades lo que busco son espacios que narren una historia a través de la ausencia del sujeto, que sean los restos de sus huellas los que compongan la imagen y nos hagan imaginar qué es lo que ha llevado esos objetos hasta esos lugares: un melón partido y abandonado sobre un banco, el chasis abollado de un coche o la fachada de un edificio donde están colgadas con esmero las prendas de ropa de toda una familia. Para mí estas imágenes, al igual que los adoquines, son rendijas que dejan pasar el aire. Me hacen recordar que entre las paredes asépticas del urbanismo planificado hay miles de personas viviendo y palpitando.

Siempre me ha fascinado esa grieta entre lo real y lo imaginario, el punto en el que lo mundano se abre para dar paso a una aventura, por pequeña que sea. Como cuando los niños de Narnia se meten en el armario y encuentran otro mundo o el momento en el que Wendy descubre Nunca Jamás guiada por un Peter Pan que busca desesperadamente su sombra. También Alicia, que persiguió a un conejo con chaleco hasta caer por su madriguera y, por supuesto, Dorothy, que llega a Oz después de seguir su propio sendero de baldosas. Esta vez, pintadas de amarillo.

Me conmueve esa lógica infantil que acepta lo imposible sin necesidad de justificarlo. El umbral diminuto que separa lo probable de lo imposible. Hay quien lo experimenta segundos después de despertar, cuando aún no sabe en qué lado de la realidad está. Otros lo encontramos al abrir un libro y sentir que el texto empieza a mezclarse con nuestra vida. Cuando encuentro la foto de un desconocido por la calle, como antes solía pasar en las ranuras de los fotomatones, siento que estoy teniendo la posibilidad de colarme, como Alicia, en la madriguera de otro. No necesito saber quién era, me basta con intuir que alguien estuvo ahí y que su historia rozó la mía por un instante.

Con el paso de los años, empecé a esconder fotos de playas, no solo bajo los adoquines de la calle, sino también bajo el suelo de residencias artísticas y en las planchas sueltas del parqué en las casas de mis amigos. A veces paso por esos lugares intervenidos y me doy cuenta de que han cambiado. Me imagino entonces a los obreros picando la acera o a los nuevos inquilinos del piso levantando la tarima para descubrir acantilados plagados de árboles y bahías rodeadas de turistas. Me gusta pensar que ese hallazgo detuvo el gesto mecánico del trabajo y despertó su asombro. Que, por un instante, la rutina se interrumpió.

Este experimento fue una excusa para reflexionar acerca de la manera en que habitamos nuestro entorno.

A mí me costó mucho entender que no necesitaba irme lejos para sentirme distinta. Si lo que nos conmueve al recorrer lugares nuevos es la forma en que estos modifican nuestra atención —la curiosidad, la presencia, la inspiración—, entonces aquello que solemos atribuir al viaje no depende tanto del desplazamiento como de la capacidad de mirar a nuestro alrededor de otro modo y, por tanto, se trata de una disposición que puede cultivarse también en lo cotidiano.

De hecho, el arte es una herramienta fantástica de transformación interior: un recordatorio de que todo paisaje —también el urbano, también aquello que hemos visto mil veces— puede contener un resquicio por donde asome lo imprevisto. Sí, esta sensación puede encontrarse en los confines del planeta, pero también al mirar las formas azarosas que crea el reflejo del sol a través del cristal de la ventana. Lo que tienen en común esos momentos es el asombro. Tal vez por eso viajar y crear siguen procesos similares: ambos nos obligan a mirar de nuevo, a dudar de lo evidente, a ensayar versiones posibles del mundo. El arte, como el viaje, nos enseña a detenernos. Nos invita a habitar el presente con una atención radical y a reparar en los matices que el hábito ha vuelto invisible. En esa pausa —en ese instante en que el suelo se convierte en horizonte— reside un millón de posibilidades. Tantas como seamos capaces de imaginar.

Es tal vez el miedo a esa multiplicidad de posibilidades lo que nos hace querer controlar un mundo que es demasiado vasto para ser comprendido del todo. Desde el principio de los tiempos hemos intentado domesticar el vértigo trazando líneas sobre la tierra, dibujando fronteras, transformando la experiencia en fragmentos medibles. El mapa más antiguo que se conserva fue grabado hace quince mil años en una losa de piedra hallada en la cueva de Abauntz, en Navarra. Allí, un cazador del Paleolítico reflejó el valle que se extendía frente a su refugio, marcando el curso de los ríos, los relieves del terreno, los senderos y los lugares donde abundaban los animales. Aquellos trazos constituyen la primera traducción conocida del paisaje en imagen. Los arqueólogos que estudiaron la pieza sugieren que no se trata solo de una herramienta práctica para orientarse, sino también de un acto simbólico, una forma temprana de convertir el territorio en un relato compartido, de intentar comprender lo inabarcable y fijar la experiencia en una superficie manejable. Porque si algo se puede dibujar, también se puede entender y recordar. Desde entonces, los mapas han acompañado a la humanidad como una forma de conjurar la incertidumbre. Nacieron del mismo acto que impulsa el arte o la escritura: la necesidad de dejar huella, de contener el infinito, de poner orden al misterio. Quizá por eso, cuanto más precisos se volvieron, más adoptaron el papel de una herramienta de poder.

Intentar controlar el entorno es algo que ha formado parte de nuestra especie desde siempre, pero hasta hace poco no hemos podido comprobar la exactitud de este acto. De hecho, la falta de rigor en lo representado era tan sabida que durante cientos de años resultaba imprescindible que los viajeros llevasen brújulas consigo para poder señalar y corregir los errores de los mapas que usaban. No obstante, cuando la fidelidad de lo cartografiado pudo confirmarse, los mapas se convirtieron en un objeto incuestionable. Una herramienta al servicio del orden y la razón. Los animales mitológicos que aparecían en sus márgenes dieron paso a leyendas que indicaban las fronteras o la posición de las carreteras y, así, la validez de lo representado dejó de ponerse en duda.

¿Podemos hoy confiar en la objetividad de los mapas? Brian Harley, en su artículo «Deconstructing the map» (1989), plantea que los mapas son dispositivos engañosos, artefactos retóricos con una complejidad digna de análisis. Al fin y al cabo, las decisiones que se esconden tras lo representado no son casuales. Los cartógrafos tienden a situar su lugar de origen en el centro del mapa y la elección de subrayar o realzar unas cosas —ríos, lugares de interés, áreas de descanso— por encima de otras les otorga una relevancia que no sería tan obvia si no tuviésemos todo un contexto cultural que reafirmase estas elecciones. ¿Por qué en los mapas no aparece mencionado dónde se encuentran las mejores zonas para ver las migraciones de flamencos, los campos de amapolas o las casas pintadas de color azul? Porque en el orden social occidental es más importante destacar aquellas cuestiones que tienen un carácter utilitario, como las carreteras, las estaciones de servicio, los hospitales y los aeropuertos.

Damos por sentado que la posición de una autopista o un puente es más importante que la de un campo de amapolas porque existen unas reglas de orden social que rigen nuestra categorización de lo que es valioso y lo que no. «Los cartógrafos no se limitan a registrar la forma del paisaje físico y humano: también están registrando los contornos del feudalismo, la estructura de las jerarquías religiosas o los escalones de la estratificación social»,[1] dice Harley.

Un buen ejemplo es el mapa que usamos en las aulas, cuyo origen se encuentra en el mapamundi de Mercator, creado en 1569 por el cartógrafo flamenco Gerardus Mercator. Su proyección cilíndrica fue un avance técnico extraordinario para la navegación de la época, ya que permitía trazar rutas rectas sobre una superficie curva. No obstante, también consolidó una visión del mundo centrada en Europa, que siempre aparece en el medio de la composición. De esta manera, una herramienta diseñada para la navegación contribuyó a naturalizar una visión jerárquica del planeta, presentándola como una cuestión puramente técnica.

Sin embargo, en otras culturas, el mundo se ha dibujado de maneras muy distintas. Durante su primera expedición al antiguo reino de Lo, situado en la zona fronteriza de Mustang, el etnógrafo francés Michel Peissel descubrió hasta qué punto la manera en la que entendemos el entorno condiciona nuestra visión del cosmos. Corría el año 1964 y el norte del actual Nepal permanecía cerrado a los visitantes extranjeros. Protegi-

(1) J. B. Harley, «Deconstructing the map», *Cartographica*, vol. 26, n.º 2, 1989, p. 6. Traducción propia.

da por sus montañas y por siglos de aislamiento político, la región de Mustang era un territorio casi mítico regido por un rey budista con plena autonomía de gobierno. A lo largo de casi doscientos años, ningún occidental había podido pisar aquel lugar, lo que favoreció la conservación de una estructura social y cultural que apenas había cambiado desde la Edad Media. Sus aldeas se alzaban sobre terrazas de barro y piedra, los monasterios custodiaban manuscritos tibetanos y en los caminos había caravanas de yaks que transportaban sal y lana hasta las llanuras del sur y los pasos del Himalaya. Peissel, que entonces tenía veintiséis años, fue uno de los primeros occidentales autorizados a entrar en el reino, que recorrió a pie a través de sus aldeas, caminos y desfiladeros mientras entrevistaba a los lugareños. En una coyuntura histórica excepcional, fue capaz de documentar un mundo que parecía suspendido en el tiempo.

En su libro de 1967 *Mustang: reino prohibido en el Himalaya*, Peissel relata que, después de presentarse ante el monarca y explicarle que había venido desde Francia, este le preguntó: «¿Está Francia cerca de Lhasa o cerca de la isla de América?».[2] Como la mayoría de los hombres de Mustang en la década de los sesenta, el rey ignoraba que la Tierra fuese redonda y nunca había visto un atlas. De hecho, según aprendió más tarde Peissel, en la cosmovisión local el mundo tiene la forma de una media luna llana rodeada por un océano infinito salpicado de

(2) Michel Peissel, *Mustang: Reino prohibido en el Himalaya*, Juventud, Barcelona, 1969, p. 131.

islas. En el borde superior de ese semicírculo se encuentra Lhasa, la capital del Tíbet, situada en el medio y entendida como el centro del universo conocido. Más allá, los países extranjeros —Inglaterra, América o la misteriosa Francia— son concebidos como pequeñas masas de tierra perdidas en el margen exterior. Fragmentos flotantes de un mundo inconexo. Para el rey de Lo, aquella representación era una imagen simbólica del orden cósmico, una geografía espiritual donde lo sagrado ocupaba el centro. Mientras la proyección de Mercator busca dominar la Tierra desde la razón y la medida, el mapa tibetano la ordena desde el mito.

Algo similar ocurría en la anécdota de Sudán del Sur a la que ya me he referido. Allí, el mapa tampoco funcionaba como una representación del lugar porque carecía de vínculo con lo que esos chicos conocían a través de su experiencia directa en el terreno. Era un objeto mudo. Recordé esa escena al leer el pasaje de Peissel y comprendí que ambos episodios están atravesados por la misma lógica: todo mapa es, antes que nada, una forma de mirar y no existe una única manera de imaginar el mundo. Para algunos, es un instrumento técnico que permite orientarse, medir distancias, fijar rutas o localizar recursos; para otros, se trata de una imagen simbólica desde la que ordenar lo visible y lo invisible. Un espejo de la creación. Lo que cambia es la manera en que cada cultura entiende su vínculo con el espacio que habita. El filósofo francés Michel Onfray lo explica con lucidez en su libro de 2016 *Teoría del viaje*:

> Un mapa enuncia la idea que tenemos del mundo, no su realidad. Cuando los primeros cartógrafos proponen sus dibujos, traicionan una teología, una concepción de la relación entre lo divino y lo humano [...] Su mundo coincide con el mundo, y el mundo conocido con el único existente. Fuera de eso, nada; agua, y después el vacío. Todos los mapas sitúan como epicentro el corazón de su representación intelectual. En la mayoría de los casos, uno mismo, la imagen y el reflejo de uno mismo.[3]

Al igual que muchos pueblos se autodenominan con el equivalente nativo a la palabra persona, persona verdadera o pueblo, sus mapas traducen simbólicamente el lugar en el que se sitúan a sí mismos dentro del mundo. Un espacio que está casi siempre en el centro, no en los márgenes. Algunas de las excepciones más significativas a esta noción de centralidad se encuentran en culturas oceánicas y pobladores del Ártico. Los navegantes polinésicos —como los samoanos, los hawaianos y los maoríes— no concebían un centro fijo del universo, sino que situaban su eje allí donde se encontraban sus canoas. En su tradición náutica, el mar está compuesto por una red de caminos invisibles (*te ara moana* o «caminos del mar») construidos por las estrellas, las corrientes y el vuelo de los pájaros. El mapa se movía con el horizonte. Para los maoríes, *te moana-nui-a-Kiwa* («el gran mar de Kiwa») era un territorio vivo, una extensión del ser donde el viajero y el agua formaban un mismo organismo.

(3) Michel Onfray, *Teoría del viaje*, Taurus, Madrid, 2016, p. 34.

En su cosmología, el centro es dinámico y está ligado al desplazamiento. Ellos no se movían por el mundo, sino que era el mundo el que se trasladaba con sus cuerpos.

Siguiendo una lógica similar, los pueblos inuits y los nenets del Ártico, habitantes de las regiones más septentrionales del planeta —desde Groenlandia y el norte de Canadá hasta la península de Yamal, en Siberia—, se consideraban en el límite del mundo visible, pobladores de un borde sagrado donde la vida humana tocaba lo desconocido. Eran conscientes de habitar los confines de la tierra y, de hecho, algunos relatos inuits describen esta barrera helada como el lugar donde los vivos rozan el soplo de los antepasados. Más allá del hielo se llegaba a un espacio espiritual que solo era accesible a través de sueños, visiones o mediación chamánica.

Todo grupo humano necesita un *axis mundi* (un centro que ordene su universo simbólico), aunque este sea dinámico o se encuentre desplazado. Estas clasificaciones no solo influyen en la manera en la que el ser humano entiende su entorno, sino que además puede instrumentalizarse para consolidar narrativas de poder sobre el territorio. La línea que separa Israel de Palestina, la inclusión del Tíbet dentro de China o la representación del Sáhara Occidental como parte de Marruecos son declaraciones políticas, formas de legitimar unas versiones del mundo frente a otras. De hecho, las fronteras que aparecen en Google Maps varían dependiendo de la ubicación desde donde se consulten. El territorio en disputa de Cachemira aparece como parte de Pakistán si el servidor se encuentra en suelo pakistaní y Crimea pasa a ser territorio ruso únicamente cuando la búsqueda se realiza desde este país.

No, los mapas no son objetivos, y el motivo es obvio: la apropiación del espacio ha sido siempre una herramienta de poder. Por este mismo motivo han sido las instituciones religiosas y los gobiernos los que históricamente han propulsado y financiado la labor de cartografiar aquellos lugares que se encontraban más allá de sus dominios. En ellos se imponía un orden racional sobre territorios considerados vacíos o indómitos, al tiempo que se borraba la presencia de los pueblos que ya los habitaban. El mapa de África de 1885 —creado en el marco de la Conferencia de Berlín— es probablemente uno de los ejemplos más claros de cómo la representación precedió al dominio, anticipando sobre el papel un reparto del territorio que en la práctica aún no se había consumado.

Las potencias europeas se dividieron el continente con escuadra y cartabón, trazando fronteras que obviaban las delimitaciones étnicas, lingüísticas y culturales de sus habitantes. Marcos de autoridad que aún a día de hoy siguen siendo origen de conflictos y tensiones. Algo similar ocurrió con las cartografías misioneras en América y Oceanía. Los mapas elaborados por los jesuitas en el siglo XVII no solo indicaban ríos o montañas, sino también la ubicación de almas por evangelizar. La geografía se convertía así en un espacio moral, un registro de lo que debía ser «civilizado». Trazar un mapa era, en cierto modo, anticipar la zona de contacto, confirmar la autoridad sobre un lugar incluso antes de haberlo ocupado.

En tiempos de guerra, el mapa también se convertía en un campo de batalla simbólico. En la práctica, era habitual distribuir planos con información falaz para confundir al enemigo, omitiendo coordenadas, rutas o accidentes geográficos para proteger posiciones estratégicas. La falta de claridad resultaba tan eficaz como la precisión, ya que lo importante no era reflejar la realidad, sino controlar su representación. Durante la Segunda Guerra Mundial, por ejemplo, se elaboraron itinerarios falsos del desembarco de Normandía para hacer creer a las fuerzas alemanas que la invasión se produciría en la ciudad francesa de Calais. Aquel trabajo de desinformación —conocido como *Operation Fortitude*, de 1944— combinó mapas manipulados, emisiones de radio y ejércitos ficticios. Años más tarde, durante la Guerra Fría, la Unión Soviética también publicó versiones distorsionadas de sus mapas, en las que se alteraban escalas y se reubicaban coordenadas para ocultar infraestructuras clave. Las ciudades aparecían desplazadas varios kilómetros, los ríos seguían otros cursos y numerosas instalaciones desaparecían del trazado.

Dibujar el mundo es también decidir cómo debe ser leído. Pero, como advierte Onfray, «el atlas dice lo esencial, pero no todo. A su postura conceptual le falta la carne».[4] Le falta la poesía, lo experiencial, las historias

(4) Michel Onfray, *Teoría del viaje*, Taurus, Madrid, 2016, p. 35.

que viven en sus límites. Entre los datos y la experiencia se abre un abismo, el mismo que separa la obsesión por la medida de la ilustración y la exaltación de la emoción del romanticismo. Quizá por eso son los artistas —criaturas híbridas que habitan a la vez la razón y el instinto— quienes mejor restituyen este vínculo. Su mirada traduce la idea en experiencia y lo cotidiano en símbolo. Onfray escribe que el poeta «transforma la multiplicidad de sensaciones en un depósito reducido de imágenes incandescentes destinadas a ampliar nuestras propias percepciones. [...] La China de Claudel, el Tíbet de Segalen, las Antillas de Saint-John Perse, el Ecuador de Michaux, el México de Artaud, la Europa de Rilke [...], Apollinaire en París, Pessoa en Lisboa o Borges en Buenos Aires...»,[5] todos ellos dibujaron modelos sensibles de sus mundos, geografías interiores donde la experiencia reemplaza la exactitud. Si el poder escribe los bordes, nosotros escribimos los usos. La vida cotidiana corrige desde dentro lo que el mapa impone desde fuera.

Frente a ese poder que ordena y delimita el entorno, existen otros lugares que solo se revelan al ser atravesados. Mapas que existen únicamente cuando se activan con el cuerpo. Llegamos a uno de ellos, casi sin darnos cuenta, la noche en que St. Louis, Missouri, apareció en nuestro camino. Estábamos haciendo un viaje por ca-

(5) Michel Onfray, *Teoría del viaje*, Taurus, Madrid, 2016, p. 36.

rretera a través de Estados Unidos y la ciudad parecía un punto intermedio conveniente antes de continuar hacia Nueva Orleans, nuestro destino final. Supongo que la elegimos por cansancio o por azar, como se eligen tantas cosas cuando se viaja sin prisa y con la sensación de que el trayecto es, en realidad, la verdadera meta.

Mientras mi amigo Steve y yo buscábamos en el móvil qué hacer al día siguiente, un lugar nos llamó la atención. Las reseñas lo describían como un espacio extraño, dedicado a la creación y al juego. Lo que nos animó a elegirlo fue que uno de los comentarios recomendaba llevar pantalones, calzado plano y, a ser posible, rodilleras. Teniendo en cuenta que el sitio se anunciaba como el «St. Louis City Museum» nos pareció un consejo tan disparatado que no pudimos resistirnos. ¿Qué tipo de museo exigía protección para las rodillas? Nos imaginábamos una exposición interactiva o quizá un espacio pensado para niños. Decidimos ir sin saber muy bien qué esperar y, al verlo, comprendimos que nada podía habernos preparado para aquello.

El edificio, una antigua fábrica de calzado de diez plantas, parecía haberse convertido en el sueño —o el delirio, más bien— de un arquitecto que se negó a aceptar la diferencia entre arte, parque y ruina industrial. Desde la entrada, un laberinto de tubos metálicos, escaleras gigantes y estructuras soldadas se extendía hacia el cielo como una criatura viva hecha de chatarra. Había un autobús colgando del borde del tejado, un avión real encajado entre las vigas y decenas de pasadizos por donde los visitantes, niños y adultos por igual, se arrastraban, trepaban y se perdían. Dentro, las paredes estaban recubiertas de mosaicos de cerámica rescatados otros edificios, restos de escaleras, mosaicos extravagantes y toboganes de acero que atravesaban varios pisos. Todo el museo era una especie de *collage* urbano; una reconstrucción del mundo a partir de lo que la ciudad había desechado. Su creador, como descubriría más tarde, fue Robert James Cassilly, un escultor que dedicó más de una década en construir el lugar casi con sus propias manos. Tras su muerte en 2011, el museo pasó a ser gestionado por una empresa privada que continúa explotándolo hasta la fecha como atracción turística. Lo más desconcertante era que no había rutas marcadas ni carteles explicativos. Allí se avanzaba dejándose afectar por la materia, la altura, el vértigo y la curiosidad. Uno simplemente se lanzaba a explorar, confiando en que el pasadizo escogido condujese a algún lugar.

Recuerdo avanzar a gatas por un túnel estrecho que desembocaba en el esqueleto de un pez gigante hecho de hierro. A mi alrededor, adultos medio atrapados entre las piezas de metal se reían a carcajadas. La reseña no mentía: tuve que volver a la furgoneta para cambiarme el vestido que llevaba por unos pantalones. Mientras rehacía mis pasos, pensé en lo bonito que es permitirnos jugar, habitar la ciudad con el cuerpo en vez de con la razón. Salimos de allí con la ropa sucia y las piernas magulladas, pero también con una sensación extraña de ligereza.

Aquel museo me recordó que es posible vivir la ciudad desde un lugar que no responde a la norma. Pienso en lugares como La Tabacalera o Matadero, en Madrid, antiguos espacios industriales convertidos en refugios para el arte o la convivencia. Pienso también en los banderines de colores que colgaban entre los balcones de Madrid durante el confinamiento, cuando no podíamos salir y la ciudad se replegó hacia sí misma. Pienso en cuando mi pareja y yo subimos unos altavoces enormes a la terraza del edificio en el que vivíamos y pinchamos salsa para los vecinos. Unas caras que no sabría reconocer si me las encontrase por la calle, pero que durante aquellos instantes se convirtieron en una fuerza unida por la música. Esos actos que surgen del esfuerzo colaborativo son capaces de transformar la calle en una extensión del hogar y la frialdad de la urbe en una forma de comunidad.

A la vuelta de aquel mismo viaje hicimos una parada en Santa Fe, Nuevo México. Conocía bien el lugar porque había vivido allí algún tiempo mientras estudiaba Bellas Artes: sus edificios de adobe color arena, el olor a chile tostado que flota en el aire al caer la noche, las montañas Sangre de Cristo en el horizonte que se vuelven violetas con la luz del amanecer. La recordaba como un lugar apacible, el tipo de ciudad donde todo parece estar en su sitio. Creía saberme sus calles de memoria y quizá por eso me sorprendió tanto cuando Steve mencionó que quería visitar un lugar del que yo nunca había oído hablar: Meow Wolf.

Condujimos hasta el edificio, situado en lo que antes había sido una bolera. Nos recibieron, pagamos la entrada y, al cruzar la puerta, me di cuenta de que aquella nave tenía construida en su interior nada más y nada menos que una casa al completo. Uno de esos chalets que en Estados Unidos llaman condominios, con dos plantas, su poste para el correo y hasta un jardincito. Nos dijeron que podíamos curiosear todo lo que quisiésemos, así que subí los escalones con cautela, sin entender del todo qué estábamos viendo. En el salón había un sofá, una estantería con libros y varios cuadros familiares colgados en las paredes. Pasamos a la cocina, donde nos encontramos con otros dos visitantes que estaban tan desubicados como yo. Todo parecía normal, demasiado normal, hasta que Steve me pidió que abriera el frigorífico.

Al otro lado no encontré estantes ni botellas de leche, sino un túnel iluminado por luces de colores que conducían a un pasadizo secreto. La estructura de aquella vivienda se desdoblaba en un universo interdimensional construido por decenas de artistas locales con materiales rescatados, financiación colectiva y un empeño casi quijotesco por convertir el arte en experiencia total. Me sentí igual que en el museo de St. Louis, viviendo el espacio con el cuerpo.

Meow Wolf nació fuera de los circuitos institucionales, impulsado por el deseo de crear al margen de sus lógicas de legitimación. En 2008, un grupo de jóvenes artistas de Santa Fe comenzó a reunirse en un almacén abandonado para organizar exposiciones colaborativas y fiestas experimentales. Se hacían llamar Meow Wolf («Maúlla Lobo») atraídos por la combinación absurda de dos palabras que no remitían a nada concreto. Esa intención, casi dadaísta, se transformó en una invitación a entender lo azaroso como una forma legítima de creación. Lo que comenzó como un colectivo autogestionado con instalaciones efímeras, se convirtió en un movimiento artístico que, gracias al apoyo de George R. R. Martin —el escritor de *Juego de Tronos*, residente de Santa Fe, que fue quien financió la compra de la antigua bolera— consiguió inaugurar su primera exposición permanente, *The House of Eternal Return,* en 2016. Aquella casa dentro de una nave industrial fue el punto de partida de una nueva forma de espacio inmersivo, uno donde el visitante participa, se pierde y juega.

Desde entonces, el proyecto ha crecido. Se abrieron nuevos espacios en Las Vegas, Denver y Grapevine (Texas), cada uno con su propio universo narrativo, pero todos fieles a una misma premisa: romper los límites entre el arte y la vida, entre lo público y lo privado. Meow Wolf ha aprovechado su éxito comercial, promoviendo programas de residencia, colaboraciones con comunidades locales y talleres gratuitos. En el fondo, sigue siendo lo que fue desde el principio, un intento por construir otros mundos posibles en el seno de lo cotidiano.

El City Museum me enseñó a experimentar con la ciudad y Meow Wolf me recordó lo que sucede cuando ese impulso se organiza. Los huertos urbanos, los festivales vecinales y las bibliotecas al aire libre surgen de un deseo similar, pero se diferencian de estos ejemplos en una cuestión esencial. Son acciones que no están mediadas por el mercado. Convierten la calle en un escenario accesible, donde la creación nace del vínculo y no del intercambio. Se crea para los otros, con los otros y, de esa manera, devuelven al espacio una dimensión relacional que lo libera de la lógica de propiedad y democratiza sus usos.

Hay muchas maneras de viajar. Algunos cruzan océanos, otros transforman el suelo que pisan. Mirando lo mismo de otro modo es posible desplazarse y, quizá por este motivo, quienes menos recursos tienen suelen ser los que mejor entienden esta verdad. Los que no pueden moverse aprenden a quedarse. Y en ese quedarse, a inventar. La reinterpretación de la urbe hace accesible la intensidad del viaje porque confirma que incluso la ciudad más gris puede contener un resquicio de aventura si sabemos habitarla con atención. Basta con aprender a mirar lo que se esconde en nuestro entorno.

Jugar con la ciudad es también una manera de repensarla. Los grafiteros, los manifestantes que toman la calle durante una huelga o incluso las personas de a pie que quedan en el parque para hacer gimnasia o dar clases de baile están haciendo lo mismo que los visitantes de Meow Wolf o del City Museum: apropiarse del territorio y cuestionar su función original. El filósofo y antropólogo francés Michel de Certeau, en su libro *La invención de lo cotidiano* (1980), analizó las estrategias conscientes e inconscientes que los individuos usan para subvertir las estructuras de poder que organizan su vida diaria. En su obra explica que caminar por la urbe es un hecho discursivo; una práctica creativa que desafía el orden aséptico impuesto por la planificación urbana. Las calles son el texto y los viandantes se convierten en lectores que interpretan y traducen la ciudad al caminar. Para De Certeu, andar es escribir sin tinta sobre el pavimento y cada acto de desobediencia, por mínimo que sea —los desvíos, los atajos o los usos impropios del espacio, como sentarse donde no se debe, colgar una pancarta o trepar un muro—, es una táctica de libertad que confronta la arquitectura del poder. El filósofo señala que, frente a la estrategia de quienes diseñan la ciudad desde arriba —los urbanistas, los políticos, las instituciones—, las acciones cotidianas de quienes la viven desde abajo transforman los espacios en lugares, y los lugares en experiencias. Así, los *skaters* que utilizan el mobiliario urbano como lugar de entrenamiento o los artistas que pintan murales sobre las paredes de los edificios están reinventando la ciudad del mismo modo. Desde los márgenes, con el cuerpo.

Si De Certeau entiende la ciudad como un libro y a los caminantes como sus lectores, la Internacional Situacionista comprende el espacio urbano como un laboratorio en el que se ponen a prueba las relaciones simbólicas entre el sujeto y su entorno. Fundada en 1957 por un grupo de artistas, filósofos y poetas, el movimiento nació como una crítica a la pasividad del ciudadano moderno, atrapado entre la rutina del trabajo y el espectáculo del consumo. Su propuesta pasaba por desobedecer el trazado racional de la ciudad, rechazar los itinerarios funcionales y entregarse al azar. Deambular sin rumbo, dejarse llevar por los impulsos, por el deseo o por la curiosidad a través de paseos que activasen una nueva percepción del urbanismo. A este ejercicio lo llamaron *deriva*.

Caminar sin propósito era una manera de romper con la lógica de la productividad y volver a habitar el mundo desde lo sensorial y los afectos. La *psicogeografía* (el estudio de cómo el espacio influye en las emociones y en el comportamiento) ponía en evidencia lo que los mapas hegemónicos son incapaces de mostrar: la textura del asfalto, los cambios de luz a lo largo del día, los pájaros picoteando pan en una plaza, los lugares que inspiran calma, ansiedad o melancolía. En sus *derivas*, grupos pequeños de artistas y pensadores recorrían durante horas distintos barrios de París persiguiendo olores, sonidos o simples intuiciones. A veces trazaban rutas arbitrarias con mapas superpuestos —por ejemplo, usando un plano de Londres para desplazarse por París— o sorteaban el recorrido con dados, rompiendo así el modelo utilitario que prima en el desplazamiento urbano.

Las *derivas* situacionistas y las tácticas cotidianas de las que habla De Certeau comparten la desobediencia como forma de reapropiación, afirmando que la experiencia humana no cabe en esquemas cerrados. Ambas se oponen al dominio de la planificación y proponen una cartografía alternativa hecha de sensaciones y cuerpos que aspiran a devolver al espacio urbano su potencial experimental y su capacidad de sorpresa. La ciudad deja de ser un problema a resolver y vuelve a convertirse en un territorio a reinventar.

Ivan Chtcheglov (1933-1998), poeta y pensador francoucraniano, ya había teorizado a comienzos de la década de los cincuenta sobre la creación de posibles «ciudades lúdicas», diseñadas para provocar distintos estados de ánimo en los viandantes. En ellas, los barrios no se organizan por función, sino por la posibilidad de suscitar diferentes emociones: el barrio del amor, el barrio del sueño, el barrio de la angustia. Aunque estas ideas nunca se llevaron a la práctica, su visión, profundamente poética y anticipatoria, fue una de las semillas conceptuales de la Internacional Situacionista. Una década más tarde, el artista y arquitecto holandés Constant Nieuwenhuys (1920-2005) desarrolló en su proyecto *New Babylon* una traducción material de aquellas intuiciones. Concebida como una ciudad del porvenir para una humanidad liberada del trabajo, *New Babylon* proponía una red de estructuras modulares suspendidas sobre el suelo, sin propiedad privada ni jerarquías espaciales. En este entorno mutable, los habitantes (a los que Constant llamaba *Homo ludens*, tomando prestada la idea del teórico cultural Johan Huizinga) se desplazarían libremente, transformando continuamente el espacio mediante la luz, el color o la forma. Su utopía arquitectónica imaginaba un mundo donde la creatividad y el juego reemplazaran al trabajo y al consumo, una sociedad móvil y cambiante en la que el arte no sería una actividad separada, sino la base de la existencia cotidiana.

Antes de que Constant propusiese una ciudad entera concebida para el juego, otros autores —Baudelaire o Walter Benjamin— ya habían reconocido en el deambular urbano una experiencia íntima y poética, encarnada en la figura del *flâneur*.[6] A diferencia de los situacio-

(6) Ya mencionado en el capítulo 3 «Cruzar el umbral».

nistas y de las tácticas propuestas por De Certeau, este arquetipo vinculado a la metrópoli no concibe el caminar como una estrategia política, sino como una práctica estética. Para el *flâneur*, vagar sin propósito aparente es una manera de afinar la mirada para dejarse sorprender por la ciudad. Tanto el viajero como el *flâneur* comprenden que perderse puede ser una forma de encontrarse y, en ese sentido, no hay mucha diferencia entre quien atraviesa la urbe dejándose guiar por el azar y quien cruza un continente buscando algo que no sabe nombrar.

Inspirada por la psicogeografía situacionista y tratando de analizar cómo el espacio moldea la relación que tenemos con nosotros mismos y con nuestro entorno, empecé otro proyecto artístico al que titulé *Mapa de recuerdos compartidos*. A través de las redes sociales invité a distintas personas a enviarme, de forma anónima, experiencias vinculadas a un lugar concreto de su ciudad, como el lugar donde compran el café antes de ir al trabajo, aquel restaurante donde tuvieron una primera cita o el parque donde salen a pasear todas las tardes.

Con todos esos fragmentos de vida intervine un plano con técnicas mixtas, creando un itinerario que unía los recuerdos invisibles de decenas de desconocidos. Sus vivencias se convirtieron en nexos dentro de una serie de recorridos por Madrid, Barcelona y Ciudad de México, una cartografía de afectos que mezcla lo público y lo íntimo, la memoria privada y el espacio colectivo, revelando que lo que conforma la ciudad no son sus edificios, sus carreteras, ni todas esas cosas que normalmente ponemos en los mapas, sino la acumulación de las vidas que la habitan.

Si la urbe es un conjunto de historias invisibles superpuestas, el hogar acoge su versión en miniatura. El filósofo francés Gaston Bachelard lo expresó con claridad en su libro *La poética del espacio* (1957): «La casa es nuestro rincón del mundo. Es [...] nuestro primer universo».[7] Frente a las aproximaciones racionales, Bachelard proponía entender los lugares que habitamos como una morada de la memoria capaz de condensar la experiencia humana. Su método era fenomenológico, es decir, partía de cómo los espacios *se viven* antes de preguntarse cómo *se describen*.

Por eso, para él la casa no es solo una construcción material, sino también una imagen que evoca la vida interior. Así, cada habitación guarda una parte de nuestra historia: el desván se asocia con el pensamiento, el sótano al territorio del inconsciente y los cajones y armarios funcionan como receptáculos de la intimidad. De este modo, el espacio doméstico y los objetos cotidianos se cargan de densidad poética y subjetividad. Allí donde las teorías clásicas de la percepción aspiraban a describir el mundo exterior, Bachelard se interesó por la forma en que el espacio nos construye a nosotros; cómo nos moldea y nos contiene.

(7) Gaston Bachelard, *La poética del espacio*, trad. de Ernestina de Champourcin, Fondo de Cultura Económica, México, 1965 (orig. 1957), p. 28.

El pensador japonés Sōetsu Yanagi (1889-1961) propuso una visión paralela desde la estética del *mingei*, el arte popular japonés. En su libro *The Beauty of Everyday Things* (1933), defendía que la verdadera belleza reside en los objetos que acompañan nuestra vida diaria. Cada taza, cada tela, cada herramienta artesanal que utilizamos contiene, según él, la huella de quien la usó y de quien la fabricó, una continuidad silenciosa entre materia y existencia. Si Bachelard veía en la vivienda la morada del alma, Yanagi veía en el objeto cotidiano la señal de ese alma en el mundo. Ambos coinciden en que la vida interior también se inscribe en las cosas que nos rodean. Quizá por eso, como sugiere Bachelard, cuando regresamos a un lugar conocido, sentimos que el tiempo se pliega, que el pasado y el presente se mezclan en un mismo acto. Las paredes parecen recordar. Los objetos conservan algo de quienes los tocaron.

Se trata de una idea que cobra especial sentido cuando empiezas a reconocer en tu entorno los rastros de otras vidas. Al abrir la puerta del armario en el piso de mi pareja, veo los nombres de sus hermanos, con sus alturas trazadas cronológicamente con líneas de colores sobre la madera: Carmen, Luisito, Jose. A cada uno de ellos les corresponde un color y un año. También sé que la hija de la mujer que vivió antes de mí en esta casa se llama Sonia. Un garabato hecho con manos infantiles detrás de la puerta del trastero hace realidad su recuerdo. Mientras siga ahí, este lugar también será, en parte, suyo. O como aquella vez que compré una muñeca de principios de siglo en una tienda de antigüedades y, al llegar a casa, me di cuenta de que enterrada entre las capas de ropita apolillada había una medalla de la virgen de Guadalupe, sujeta con un imperdible en su pecho. En el anverso estaba escrito el nombre de una niña, Josefina, y su fecha de nacimiento.

También me pregunto si alguien más notará los restos de mi presencia en aquellos sitios por los que he pasado. Pienso en si las personas que viven en el bloque de apartamentos que construyeron sobre el solar donde estaba la casa de mi infancia saben que bajo los cimientos del lugar que ahora habitan están las raíces muertas de una higuera que plantó mi bisabuelo, el mismo que llegó de París llevando un perfume con forma de bailarina de cancán bajo el brazo. También estarán allí, sepultadas, las semillas de las frutas con las que me llenaba la boca de pequeña. Los restos del pozo, ya seco, que mis padres tapiaron con cemento, junto a las decenas de Playmobil que perdí jugando en la tierra del jardín. A lo mejor la excavadora que se encargó de remover el suelo antes de esculpir unos nuevos cimientos también se llevó consigo esos fragmentos de mi vida, de la vida de mis padres y de otras vidas ya olvidadas, anteriores a las nuestras. O puede que mis Playmobil estén disfrutando de una segunda existencia en las manos de quien los encontró.

Me fascina pensar que la biografía de los espacios es infinita; tiene tantas variables como personas han transitado por el mundo. Sí, los lugares que pisamos tienen vida, y han sido usados por cientos de miles de seres humanos antes de nosotros. No hace falta ir a un cementerio para recordar a los muertos ni a un paritorio para sentir la fuerza de la vida. Todos esas personas, conocidas y anónimas, están aquí, presentes a través de lo que queda de sus historias.

La intuición de Yanagi y Bachelard conecta con una larga genealogía de pensadores que entienden el espacio como archivo y el movimiento como una forma de ordenarlo y comprenderlo. Los antiguos oradores romanos construían en su mente *palacios de la memoria*, arquitecturas imaginarias donde cada estancia albergaba una escena o una idea. Evocar ese contenido implicaba recorrerlas mentalmente, desplazándose por un espacio interior siguiendo un orden aprendido.

El método, conocido como *ars memoriae*, se remonta a la Grecia clásica, pero alcanzó su forma más elaborada en la Roma de los emperadores Cicerón y Quintiliano. Según la leyenda, su origen se atribuye al poeta Simónides de Ceos, quien, tras sobrevivir al derrumbe de un edificio donde se estaba celebrando un banquete, logró identificar los cuerpos de los comensales recordando el lugar exacto que cada uno ocupaba en la mesa. A partir de esa experiencia comprendió que la memoria se fortalece cuando se asocia a la imagen y al espacio.

Los retóricos de la Antigüedad desarrollaron este hallazgo usando un sistema minucioso, que consistía en imaginar una vivienda —real o ficticia— compuesta por habitaciones, pasillos y patios. En cada uno de esos espacios depositaban una imagen mental vinculada a la idea que querían recordar y, durante el discurso, recorrían mentalmente el lugar para recuperar en orden cada fragmento de información. El recuerdo se almacenaba en un escenario concreto y, así, la mente se convertía en un territorio habitable.

A lo largo de la Edad Media y el Renacimiento, esta técnica trascendió su utilidad práctica para convertirse en una metáfora de la conciencia ampliada. Figuras como el teólogo mallorquín Ramon Llull y el filósofo italiano Giordano Bruno reinterpretaron, cada uno a su manera, los usos del espacio y la memoria como instrumentos espirituales. Una forma de ordenar el cosmos interior mediante el pensamiento.

Llull fue uno de los primeros estudiosos en vincular la teología con una lógica visual y espacial del conocimiento. En su *Ars Magna*[8] («El gran arte»), escrita en el siglo XIII, concibió un sistema de figuras móviles —círculos concéntricos y ruedas giratorias— que se combinan para producir asociaciones entre lo humano y lo divino. Así, al hacer rotar físicamente las ruedas, el estudiante generaba correspondencias entre lo que Llull consideraba principios universales, como la bondad, la grandeza, la eternidad, el poder, la sabiduría, la voluntad, la virtud, la verdad o la gloria. La operación no buscaba solo recordar estos conceptos, sino ordenar simbólicamente el intelecto para aproximarse a una verdad espiritual. Lo

(8) Publicada en 1274, aunque revisada y ampliada posteriormente en versiones como el *Ars generalis ultima* (1305-1308).

interesante es que Llull es capaz de convertir ideas abstractas en dispositivos gráficos que organizan la información en un mapa navegable, donde las posiciones relativas (qué está dentro o fuera, qué se toca o se separa) expresan relaciones lógicas y metafísicas. En su obra posterior, *Arbor Scientiae*[9] («El árbol de la ciencia»), ese impulso toma la forma de árboles que ramifican las ciencias a partir de sus raíces comunes, generando así otra cartografía que traduce el dibujo en aprendizaje a través de un ejercicio infográfico. Para él, ordenar el cosmos interior implica también trazar arquitecturas mentales donde cada lugar conceptual cumple su función. Recordar era colocar cada cosa en su sitio dentro de un espacio que reflejaba —a su escala— la estructura del universo.

Dos siglos después, Giordano Bruno lleva esta misma visión hasta el límite de la imaginación renacentista. En su *De umbris idearum* («Sobre las sombras de las ideas»), escrito en 1582, propone un sistema de pensamiento donde el conocimiento se estructura en espacios imaginarios semejantes a teatros, templos o constelaciones, que se conciben como dispositivos mnemotécnicos. Cada uno de estos espacios es un mapa donde los signos, los mitos y las imágenes se entrelazan para reflejar la totalidad del universo. Visualmente, la obra se compone de círculos concéntricos y ruedas numeradas, no muy distintos de los esquemas de Ramon Llull. Pero, mientras Llull aspiraba a deducir verdades teológicas

(9) Publicada entre 1295 y 1296.

mediante la combinación racional de principios universales, Bruno utiliza la misma estructura para desplegar la vastedad de la imaginación humana. Sus ruedas no buscan demostrar una doctrina cerrada, sino evocar combinaciones entre el macrocosmos y el microcosmos; el mundo y el alma.

A través de diagramas poblados de dioses, animales, astros y figuras mitológicas, el estudiante viaja por un territorio de correspondencias donde cada figura remite a otra en una red infinita de analogías. Las ruedas son órbitas del conocimiento, reflejos del movimiento de los planetas y del flujo incesante de la mente. Para Bruno, pensar es habitar un espacio, y recordar se vuelve un acto creador, ya que cada imagen mental no solo evoca la creación, sino que la recompone, transformando los signos utilizados en instrumentos de comprensión universal. Su intención era liberar la mente humana del pensamiento limitado, expandirla hasta hacerla tan grande como el cosmos.

La voluntad de interpretar el mundo desde su propio interior aparece en muchas otras tradiciones que, nacidas en contextos muy distintos, buscan traducir lo inconmensurable en imágenes ordenadas para hacerlo así comprensible desde la experiencia humana. Tanto el tarot occidental como el *I Ching* chino, la *Cábala* hebrea y los diagramas místicos del budismo tántrico, funcionan sobre el mismo principio relacional. En todos ellos, el conocimiento no se obtiene de manera lineal ni discursiva, sino a través de vínculos simbólicos que traducen cada signo, carta o hexagrama en una fuerza universal que solo adquiere sentido en conexión con las demás.

Disponer la baraja sobre una mesa, trazar las líneas del *I Ching* o visualizar los senderos del Árbol de la Vida son gestos análogos a los diagramas de Bruno. Modos de pensar en movimiento, de proyectar a través de un soporte visible un espacio donde el caos de la existencia se vuelva potencialmente navegable. El acto de desentrañarlos (de leer las imágenes, las posiciones, los vínculos entre los elementos) es en sí mismo un ejercicio de expansión mental, una forma de participar y retroalimentar lo que nos rodea en clave esotérica. El tarot, el *I Ching* o las teorías brunianas son, en última instancia, diferentes maneras de nombrar el deseo ancestral por construir un lugar donde el cosmos y la mente puedan encontrarse.

En todos estos ejemplos, la mente deja de ser una mera herramienta para convertirse en un espacio arquitectónico del pensamiento, un territorio clasificable que aspira, en última instancia, a reproducir dentro de uno mismo la estructura del universo. Y si la mente y la memoria son imaginables como un paisaje de dimensiones tangibles, el acto de pensar o de recordar pueden potencialmente transformarse en un acto físico, como viajar.

Desde los mitos griegos hasta la arquitectura contemporánea, el laberinto ha funcionado como una metáfora de la mente y del conocimiento, un territorio que debe ser transitado para ser comprendido. En el mito de Dédalo, el recorrido de Teseo hacia el centro, ayudado por el hilo de Ariadna, no es solo una hazaña heroica, sino una alegoría del proceso de la conciencia y un ejemplo perfecto del camino del héroe. Teseo tiene que descender al caos interior, enfrentarse al monstruo y emerger transformado. La salida del laberinto equivale a la iluminación.

Durante la Edad Media, este símbolo se espiritualizó. Los laberintos inscritos en el suelo de las catedrales —como el de Chartres, del siglo XIII— representaban un camino de peregrinación interior, donde el centro equivale al encuentro con Dios y su trazado, a las pruebas y desvíos que se interpondrán entre el caminante y la ascensión. Este itinerario hacia lo sagrado equipara el caminar a orar con el cuerpo. Por eso, al recorrer un laberinto la distinción entre representación y experiencia se disuelve: el pensamiento se hace cuerpo, y el cuerpo, pensamiento.

Del mismo modo, existen innumerables espacios creados para convertir el acto de desplazarse en una práctica de comprensión. El *ṭawāf*, ritual islámico que consiste en circunvalar la Kaaba, traduce una idea teológica en una experiencia física. Cada uno de los siete giros que tienen que dar los peregrinos representa una aproximación progresiva a su centro, no solo geográfico, sino también espiritual. La repetición del gesto sagrado alinea la acción con la oración, haciendo que el sentido emerja a través del recorrido. De hecho, en la lógica del islam, el centro nunca se habita, solo se rodea y su poder reside en la imposibilidad de poseerlo por completo. Ese vacío central —la casa de Dios como lugar inaccesible— tiene una conciencia totalizadora y recuerda que la divinidad, como el conocimiento, nunca puede alcanzarse del todo.

Encontramos ejemplos similares en los *torii* sintoístas, el *Shugendō* y en el viacrucis cristiano. En Fushimi Inari Taisha, el santuario sintoísta de Kioto dedicado a la deidad del arroz y la prosperidad, miles de *torii* (puertas de madera escarlata formadas por dos pilares verticales y dos travesaños horizontales) conforman un corredor serpenteante que asciende por la montaña, dibujando un sendero que parece atravesar una serie de umbrales. En el marco del sintoísmo, caminar bajo esos arcos es atravesar la frontera entre lo visible y lo invisible, entre lo humano y lo divino. Cada puerta marca un tránsito, un paso en la purificación interior. Esa lógica del desplazamiento como ejercicio espiritual conecta directamente con la tradición del *Shugendō*, una disciplina sincrética, también practicada en Japón, que combina elementos del sintoísmo, el budismo y las antiguas creencias animistas de la región. Sus practicantes, los *yamabushi* («los que se recuestan en las montañas»), conciben el ascenso por el monte como una forma de entrenamiento físico y mental orientada a la transformación espiritual a través del contacto directo con la naturaleza. En su cosmología, cada piedra, cada raíz o cada corriente de agua actúan como manifestaciones del espíritu de la montaña. El recorrido por los *torii* de Fushimi Inari Taisha y los itinerarios de los *yamabushi* encarnan, cada uno a su modo, la búsqueda de purificación y comunión con lo sagrado a través del movimiento, donde el esfuerzo, la repetición y la progresión en el espacio convierten el recorrido en una forma de experiencia espiritual.

El viacrucis cristiano[10] —una práctica devocional que representa las catorce estaciones de la Pasión de Cristo, desde su condena hasta su sepultura— ofrece otra expresión de esta correspondencia entre el territorio y la conciencia. Cada estación representa una etapa del sufrimiento humano y una oportunidad para reflexionar sobre la caída y la redención a través del sacrificio de Cristo. Al recorrerlo, el creyente revive la Pasión, transformada en experiencia corporal. Institucionalizado por los franciscanos en el siglo XVII, el itinerario del viacrucis equivalía a una peregrinación simbólica a Jerusalén, pero, en un sentido más amplio, también puede leerse como un mapa emocional donde el caminar es una herramienta de reflexión.

El Land Art traduce esa misma lógica al terreno de lo secular. Meses después de haber visitado el City Museum y Meow Wolf, volví a viajar por Estados Unidos; esta vez, con mi amiga Carolina. Llevábamos días conduciendo mi furgoneta, sin aire acondicionado y bajo un calor abrasador. Nuestra intención era llegar de Los Ángeles a Vancouver, dando un rodeo intencionado que nos llevaría por Nevada, Utah, Idaho, Montana y Washington. Dejamos atrás Salt Lake City, avanzando

(10) O «camino de la cruz» en latín.

entre valles abiertos y colinas onduladas hasta que el asfalto se transformó en una pista de tierra y el paisaje se abrió de golpe. Frente a nosotras, el horizonte era tan plano que parecía una línea dibujada a mano. Unos caballos salvajes cruzaron la pista proyectando sombras alargadas sobre el terreno y aquello nos pareció la cosa más impresionante que habíamos visto nunca.

El desvío nos llevó hasta el borde del Gran Lago Salado, donde se encuentra uno de los proyectos que marcaron el arranque del Land Art como corriente artística: la intervención escultórica *Spiral Jetty*, erigida por Robert Smithson en 1970. El sol caía en vertical sobre la tierra reseca, que tomaba la forma de una espiral gigantesca formada por unas seis mil toneladas de roca basáltica negra y cristales de sal. Había algo casi irreal en la idea de encontrar una obra de arte en medio de la nada. Smithson la construyó en apenas seis días, usando excavadoras y camiones para trazar un bucle de unos cuatrocientos sesenta metros de longitud y cuatro de ancho que se adentra en las aguas poco profundas del lago. Desde el aire, su forma recuerda un torbellino o una galaxia. A pie, su escala es abrumadora. Las imágenes que habíamos visto antes no nos habían preparado para su presencia física, ni para la manera en que el entorno parecía girar con ella.

Aparcamos la furgoneta y caminamos por la sal endurecida mientras el viento trataba de arrancarme el sombrero. Recorrerla entera lleva unos veinte minutos, pero el tiempo allí se dilata y tardamos toda una vida en llegar hasta el centro. Mientras tanto, Carolina me contó que llevaba un tiempo pensando en mudarse de Vancouver. Hablamos de su trabajo, de sus amigos y de sus compañeros de piso, pero, sobre todo, del vértigo que le daba declinar su visado y cambiar de país. Smithson concibió *Spiral Jetty* como una reflexión sobre la entropía, sobre el modo en que toda forma tiende al desorden. El agua del lago, al subir y bajar, cubre y descubre la estructura, haciendo que su aspecto mute constantemente. Pensé que quizá de eso trataba también lo que Carolina me estaba contando, de aceptar que toda decisión —marcharse de una ciudad, empezar una relación, comprarse una casa— es un proceso abierto que se ajusta, se erosiona y se reconfigura con los años. El reto está en aprender que los actos que a veces consideramos definitivos necesitan también espacio, como en la naturaleza, para el cambio.

El Land Art, surgido a finales de los años sesenta en Estados Unidos, fue una de las formas más radicales de repensar la relación entre arte, espacio y experiencia. Frente a la lógica aséptica del museo, los artistas de este movimiento desplazaron sus creaciones hacia el exterior, integrándolas en el paisaje. En lugar de representar la naturaleza, el Land Art trabaja *con* la naturaleza, convirtiendo la tierra, la corteza de los árboles, la sal, las rocas o la erosión en dispositivos conceptuales. Su metodología no parte de la observación pasiva, sino la de la intervención en aquello que nos rodea. Para acceder a una obra como *Spiral Jetty*, hay que recorrer kilómetros de desierto, abandonar las rutas de viaje clásicas y orientarse en la inmensidad. Esa experiencia física es inseparable de la experiencia intelectual, ya que solo atravesando el entorno se comprende la obra.

Muy cerca de *Spiral Jetty,* Nancy Holt —pareja y colaboradora de Smithson— levantó en 1976 su monumental instalación *Sun Tunnels.* Cuatro enormes cilindros de hormigón, alineados con el amanecer y el atardecer de los solsticios y perforados con orificios que reproducen constelaciones visibles en el cielo de verano e invierno. Holt buscaba conectar el cuerpo del espectador con el ritmo celeste, ya que, al situarse dentro de los túneles, la mirada se convierte en un instrumento de contemplación. Como en la espiral de Smithson, el paisaje no se observa desde fuera, sino que se habita. No obstante, *A Line Made by Walking,* es tal vez la obra que mejor ejemplifica la conexión entre pensamiento y espacio físico. Su autor, Richard Long, trasladó el Land Art a una escala íntima caminando repetidamente por un prado de Inglaterra en la primavera de 1967 hasta que sus pasos dejaron una marca visible sobre la hierba aplastada. Esa línea convertía el cuerpo del artista en una herramienta, el desplazamiento en una forma de pensamiento y el campo en su medio de reproducción. La línea desapareció a los pocos días, borrada por el crecimiento natural de la vegetación, pero persistió como idea, evidenciando el cambio de paradigma que las obras contemporáneas estaban experimentando en aquel momento. El arte podía ser efímero y la obra podía existir únicamente como acto mental inscrito en el terreno.

Sin embargo, mi proyecto favorito de Land Art es *The Lightning Field* de Walter De Maria. Construida en 1977 en una planicie remota de Nuevo México, la obra consiste en cuatrocientas varillas metálicas de casi seis metros de altura, dispuestas en una cuadrícula perfecta que abarca más de un kilómetro de extensión. Solo es posible visitarla permaneciendo una noche entera en una pequeña cabaña, esperando a que los cambios lumínicos conviertan las varillas en un espectáculo visual. Durante el día, el sol se refleja en ellas transformándolas en superficies líquidas, pero, al atardecer, se funden con el color del desierto hasta casi desaparecer, como si el terreno las absorbiera. Su momento de máximo esplendor se da, no obstante, durante las noches de tormenta. Cuando el cielo se encapota y la lluvia se hace inevitable, los rayos caen sobre el campo atraídos por el metal con una precisión casi coreográfica, creando pinceladas brillantes de energía que unen la tierra con la vastedad del universo. En ese sentido, *The Lightning Field* lleva al extremo la posibilidad de vivir el arte como experiencia; una que además solo puede darse gracias a la combinación de azar, tiempo y presencia.

Caminar por *Spiral Jetty* fue como entrar en el pensamiento mismo. Al avanzar por el círculo, la idea fue al encuentro de su conclusión, y el movimiento se reveló como una manera de alcanzar lo que, en el fondo, ambas ya sabíamos. Una hora después, de regreso a la furgoneta, Carolina había decidido mudarse de Vancouver.

Si las obras de Smithson, Holt y De Maria materializan el pensamiento en el paisaje, los viajes psicodélicos lo expanden, convirtiendo la mente en un espacio transitable. Se trata de travesías interiores que se experimentan físicamente pero que, a diferencia de los diagramas de Llull o los símbolos de Bruno, no ordenan el mundo, sino que lo reconfiguran, alterando la forma en que percibimos lo tangible.

Aldous Huxley lo explicó con lucidez en su libro de 1954 *Las puertas de la percepción*, donde relata su experiencia con la mezcalina, un alcaloide psicoactivo extraído del cactus del peyote. La sustancia transformó su entorno y los objetos ordinarios adquirieron una intensidad desconocida, como si la realidad hubiera dejado de estar sometida a la jerarquía del pensamiento racional. Según la lógica de Huxley, los efectos de la mezcalina no generan una nueva realidad, sino que amplían la percepción de la existente.

Partiendo de esa intuición, Huxley desarrolló una teoría de la conciencia que concibe el cerebro como una válvula reductora (o *reducing valve*) responsable de mediar y filtrar el exceso de información. No obstante, bajo los efectos de la mescalina esa válvula se abre parcialmente, permitiendo que el flujo de la realidad —colores, texturas, formas, sonidos— irrumpa sin mediación. Según su teoría, lo que se experimenta no es un delirio ni una fantasía, sino una desjerarquización de la percepción gracias a la cual el pliegue de un pantalón puede resultar tan sobrecogedor como una cadena montañosa, y una flor puede contener el sentido de la creación.

Huxley describe ese estado como una forma de conocimiento no verbal, donde la mente ya no traduce lo visible en ideas, sino que contempla directamente la estructura pura de la realidad. En ese instante, el espacio físico se vuelve maleable, casi respirable: un sistema dinámico que responde a la expansión interior. Para Huxley, esa revelación no tiene nada de sobrenatural: es una constatación fenomenológica de que la conciencia no habita el mundo, sino que lo produce continuamente a través de la mirada, es decir, la conciencia y el mundo no son concebidas como entidades separadas, sino como manifestaciones recíprocas que emergen a través del acto perceptivo.[11] Así, el mundo aparece solo a través de la percepción y la conciencia existe en la medida en que percibe. No *vemos* el mundo, lo *producimos* a través de nuestros sentidos. Bajo los efectos de la mezcalina, esa cocreación se vuelve tangible, ya que la mente deja de interpretar y entiende lo que nos rodea con los límites ampliados. No es casual que el autor tomara prestado el título de su libro de un verso de William Blake: «Si las puertas de la percepción se purificaran, todo aparecería ante el ser humano tal como es: infinito».[12]

(11) Conviene, no obstante, situar esta lectura en su contexto histórico: se trata de una interpretación previa al desarrollo de las neurociencias contemporáneas, que hoy explican estas experiencias sin necesidad de derivar de ellas una ontología del universo, vinculándolas más bien a alteraciones neurofisiológicas —como la modificación de los límites entre cuerpo y entorno— que a la revelación de una supuesta «estructura última» de lo real.

(12) William Blake, *The Marriage of Heaven and Hell*, ed. de Geoffrey Keynes, Oxford University Press, Oxford, 1975, plancha 14 («If the

Por eso, el rasgo decisivo del viaje psicodélico es que enseña a ver de otra manera. Los bordes parecen vibrar, las superficies se vuelven estroboscópicas, los volúmenes cobran vida. Lo que se transforma no es el entorno, sino su legibilidad. En ese estado, el viajero experimenta una temporalidad dilatada, donde pasado y futuro se funden en un ahora expandido.

La idea de que los límites entre mente y territorio pueden diluirse hasta revelar una realidad más amplia no es exclusiva de la modernidad occidental. En muchas otras culturas, las sustancias visionarias han sido entendidas como herramientas de conocimiento que amplían el campo de lo visible. Lo que Huxley describe desde la experiencia perceptiva, otros pueblos lo han practicado durante siglos desde el plano ritual. Entre los wixaritaris (huicholes) del norte de México,[13] el consumo ceremonial de *hikuri* (peyote) forma parte de una peregrinación anual que busca reintegrar al individuo en el orden del mundo. El viaje hacia el desierto de Wirikuta, donde crece la planta, es simultáneamente un desplazamiento físico y un tránsito interior. En ese recorrido se honra la memoria de Tatewari, el Abuelo Fuego, considerado el primer chamán y el creador del peyote, del maíz y del

---

doors of perception were cleansed every thing would appear to man as it is: Infinite»). Traducción propia.

(13) Las ideas sobre la peregrinación wixárika a Wirikuta, el consumo ceremonial de *hikuri* (peyote) y la figura de Tatewari como Abuelo Fuego proceden de Wade Davis, *El río: Exploraciones y descubrimientos en la selva amazónica*, trad. de Nicolás Suescún, Pre-Textos, Valencia, 2005 (orig. 1996), cap. 3, «El camino del peyote», pp. 69-107.

venado, las tres manifestaciones esenciales de la vida para los wixaritaris. Según su cosmovisión, la realidad se sostiene gracias a una red de reciprocidades entre los humanos y las deidades. Si los hombres olvidan sus ofrendas o interrumpen la peregrinación, Tatewari puede apagar su fuego y, con ello, detener la lluvia, hacer que los cultivos se marchiten y que los animales se alejen.

Durante la búsqueda del *hikuri*, los devotos reviven el trayecto mítico de los antepasados que caminaron hasta Wirikuta siguiendo al venado azul, la encarnación del peyote. Cuando finalmente encuentran la planta y la ingieren, están incorporando a Tatewari en su interior y renovando así la alianza entre lo humano y lo divino. Es curioso analizar las analogías de este proceso con el *Corpus Christi* cristiano, durante el cual los fieles conmemoran la presencia de Cristo en la eucaristía, consumiendo el pan y el vino que han sido transformados en el cuerpo y la sangre de Dios. Un acto de comunión que simboliza la unión del creyente con lo divino. Las visiones que reciben los wixaritaris tienen, además, un propósito práctico, ya que les ayudan a recordar el modo correcto de habitar el mundo. Esto incluye cuidar la tierra antes de sembrar, agradecer a los animales que ofrecen su cuerpo como alimento y mantener la palabra dada a los dioses para que el agua caiga sobre sus cultivos. Cuando emprenden el camino de vuelta a casa, los wixaritaris se detienen durante varios días a cazar ciervos, los suficientes para asegurarse de que Tatewari estará contento y de que la gente que se quedó esperando en la aldea compartirá no solo los beneficios obtenidos por las visiones del *hikuri,* sino también la carne del venado, manifestación terrenal de la energía sagrada.

Muchos otros pueblos, como los mazatecos de Oaxaca con los hongos sagrados o los shipibo-konibo y los cofanes (*a'i*) de la Amazonía con la ayahuasca, conciben las sustancias alucinógenas como medios para acceder a niveles más profundos de la realidad. En sus ceremonias, la mente transita escenarios donde se revelan las causas ocultas de una enfermedad, un conflicto o un desequilibrio espiritual. El conocimiento adquirido en esas visiones no tiene valor en sí mismo si no se integra después en la vida cotidiana, restableciendo la armonía entre cuerpo, comunidad y entorno.

Si los peregrinos medievales caminaban hacia Dios y los artistas del desierto hacia la forma, el *psiconauta* se adentra en el espacio interior para reencontrar el orden invisible del mundo, trayendo lo aprendido de vuelta a su vida diaria. En ese sentido, el viaje psicodélico revela una verdad que ya estaba presente en los laberintos medievales o en la *Spiral Jetty* de Smithson: que el movimiento exterior puede ser solo el reflejo de un desplazamiento interior, y que la transformación ocurre muchas veces sin abandonar el lugar.

El propósito último, tanto en las enseñanzas de Huxley como en los ritos de los wixaritaris, los mazatecos y los shipibo-konibos, no es el trance en sí mismo, sino la manera en que lo revelado se traduce en acción. En todas ellas, el valor de la visión reside en su capacidad para reordenar la experiencia mundana y restablecer una relación, tal vez más sagrada, tal vez más consciente, con el mundo. Esta intuición fue explorada con especial profundidad por los investigadores y buscadores espirituales de mediados del siglo xx. Entre ellos, Richard Alpert, profesor de Harvard y pionero en el estudio de los psicodélicos que dedicó su vida a indagar cómo esas experiencias visionarias podían integrarse en la práctica común.

Tras adoptar el nombre hinduista de Ram Dass, Alpert se volcó en las enseñanzas del yoga, la meditación y la tradición espiritual india, planteando que es posible alcanzar los estados experimentados con psicodélicos a través de técnicas contemplativas, como la respiración, el canto de mantras o la concentración sostenida. En sus escritos insistió en que las sustancias habían funcionado como una puerta de entrada, pero que la verdadera tarea consistía en aprender a permanecer en esa condición sin recurrir a ellas. Esta idea atraviesa su libro *Be Here Now*, publicado en 1971, donde defiende que los psicodélicos pueden abrir la percepción, pero no sostener el camino. El aprendizaje comienza cuando los efectos se desvanecen y lo vislumbrado se transforma en comprensión. Así, el viaje visionario culmina realmente en el retorno, cuando se es capaz de mirar el mundo ordinario con una atención renovada.

En muchas tradiciones místicas, esa renovación se produce gracias a la disolución del yo, lo que los exploradores psicodélicos contemporáneos llaman muerte del ego (o *ego death*). No se trata de una desaparición definitiva, sino de una suspensión de la identidad personal, en la cual la voz interior que separa al sujeto del mundo se disuelve temporalmente, dando paso a una forma de conciencia no dual. En ese estado, las fronteras entre el observador y lo observado se vuelven porosas y la realidad comienza a percibirse como una totalidad indivisible. Todo se vuelve igualmente significativo y la conciencia aprende a ver sin apropiarse ni identificarse con lo que ve.

La misma idea sobrevive, despojada ya de su ropaje visionario, en la mirada contemporánea de Pablo d'Ors. En *Biografía del silencio* (2012), el sacerdote propone la exploración del interior de la mente como un ejercicio de renuncia. Si los *hippies* de la década de los sesenta recurrieron a los psicodélicos como detonante para la transformación y los antiguos construyeron palacios para contener la memoria, él plantea desmantelar cualquier tipo de estructura mental para ser capaces de comprendernos mejor. Para él, el vacío no es ausencia sino plenitud, y solo cuando cesa el ruido —el del pensamiento, el de la voluntad, el de la urgencia por entender— puede aparecer una forma más nítida de presencia. Meditar, escribe, no es buscar nuevas experiencias, sino dejar que la realidad se revele por sí misma. La muerte del ego, entendida como una suspensión temporal de la identidad, se alcanza gracias al silencio, la pausa y la meditación. Es entonces cuando, irónicamente, el mundo se ensancha.

De hecho, la doble acción de abrir la consciencia y aprender a habitar lo que hay al otro lado resume el sentido esencial de todo desplazamiento. Al igual que la experiencia psicodélica o la meditación, el viaje es una forma de entrenamiento de la percepción; un ensayo para aprender a sostener la incertidumbre y relacionarse con el mundo sin imponerle un significado previo. Pero, una vez la lección se ha interiorizado ya no es necesario recorrer grandes distancias. El movimiento exterior se vuelve innecesario y el individuo es capaz de mantener la mirada despierta incluso en lo cotidiano. Debajo de cada viaje hay siempre un pretexto. Pero si aceptamos que el movimiento no necesita justificación, quizá podamos descubrir que no hace falta irse lejos para llegar a conocer lo esencial. Que ahora —como escribió Albiac— es siempre paraíso.

El viaje posee una cualidad instrumental que nos permite despertar e intensificar la presencia. No obstante, eso no significa que todo lo que se encuentra en los viajes pueda hallarse también en la quietud. Por mucho que resignifiquemos el espacio cotidiano y aprendamos a desplazarnos con la mente, la poesía de los sentidos y el conocimiento profundo de lo ajeno difícilmente se alcanzan sin exponerse al movimiento. Hay experiencias que solo se revelan con el cuerpo.

Pero el aprendizaje no termina ahí. Si el viaje funciona como un laboratorio, la vida diaria es el espacio donde se integran sus efectos. El trayecto nos enseña a descubrir de nuevo la riqueza inadvertida de lo inmediato, a desmontar las jerarquías para devolver a la realidad su densidad y su misterio. Quien viaja lo hace movido por el deseo de exprimir la vida, de sentirla y conocerla en todo su esplendor. El movimiento es solo una excusa, un mecanismo que nos obliga a estar disponibles para el cambio.

En el camino aprendemos a mirar despacio, a escuchar con atención, a dejarnos afectar por lo que nos rodea. Esas son las verdaderas conquistas. Y, una vez asimiladas, se convierten en herramientas que pueden acompañarnos a cualquier parte y durante toda la vida. Quizá por eso los desplazamientos más profundos se miden en la distancia entre quien éramos al partir y quien somos al volver. Puedes hacer un viaje que te transforme para siempre o mil viajes que te lleven al mismo lugar, porque lo que permanece no son los destinos, sino lo que nos enseñaron sobre lo que nos rodea y sobre nosotros mismos. La expansión deja paso al silencio y el recorrido exterior se traduce en una disposición interior que nos permite mantenernos abiertos al asombro. Y, así, llega un momento en que el movimiento deja de ser condición y pasa a ser apoyo.

Creo profundamente que estoy enamorada de los viajes porque estoy enamorada de la vida, y el moverme de un sitio para otro ha sido mi forma de honrar ese deseo de conocer, aprender y ver con mis propios ojos aquellos lugares que durante tantos años fueron inalcanzables. Sin embargo, al llegar a ellos, he entendido que no siempre hace falta irse lejos. Basta con detenerse, agacharse y mirar para descubrir que lo que buscábamos en un principio —el sentido, la belleza, la revelación— ya estaba aquí, esperando bajo el adoquín, entre las grietas del mundo.

AGRADECIMIENTOS

Este libro nació del movimiento. De caminar sin saber muy bien hacia dónde, de perderme a conciencia y de volver transformada. Por eso, antes que a nadie, quiero agradecerle a Luis Piñero el haber estado a mi lado durante estos últimos años de viaje. Juntos hemos formado un proyecto que me ha permitido ir a lugares que jamás me habría imaginado que pisaría. Gracias a tu cariño, tu paciencia y tu apoyo incondicional he encontrado el impulso necesario para atravesar la escritura de este libro. Muchas de las ideas que desarrollo nacieron de nuestras interminables conversaciones sobre el mundo, la antropología y el viaje, pero no habría podido concluirlo si no hubieras asumido el peso de muchas de mis responsabilidades, regalándome tiempo y espacio para encerrarme a escribir. También te debo el haber conseguido la energía y la confianza suficientes para ponerme frente a la cámara y grabar documentales. Tu mirada detrás del objetivo ha sido, y sigue siendo, una fuente constante de inspiración.

Aunque la escritura sea, en esencia, un acto solitario, nada de lo que aquí se cuenta habría sido posible sin el sostén de muchas otras personas. La forma final de este libro se debe a la mirada atenta, paciente y exigente de mi editora, Andrea Toribio, y de mi agente literario, Txell Torrent, que supieron señalar desvíos, afinar ideas y acompañarme hasta que el texto encontró su equilibrio. A ellas se suman Sergio Álvarez, que ayudó a pulir cada detalle del proceso, y Sandra Beltrán, que confió en mi escritura y me animó a dar los primeros pasos. Este recorrido tampoco habría sido posible sin el apoyo de José Carlos y María, de la agencia Miranda Talents, que me acompañan desde hace más de media década en cada proyecto que me propongo, por ambicioso o desmesurado que parezca. Pablo Galeano, además de ser uno de mis mejores amigos, supo traducir visualmente mis palabras en el magnífico diseño de la portada. También Celia Campos, compañera de aventuras en muchos de los viajes que marcaron un antes y un después en mi vida, sembró la semilla que acabaría dando forma al universo visual y conceptual del que este libro se nutre. Ambos forman parte de la agencia de diseño Relajaelcoco y este proyecto lleva también su huella.

Gracias a Ignacio Crespo, que leyó una versión temprana del manuscrito y me señaló grietas, repeticiones y excesos, recordándome con sus reflexiones que escribir es también un acto de aprendizaje constante. En ese mismo proceso, las conversaciones y la guía de Hugo González y Suso Sudón fueron decisivas para que muchas ideas terminaran de asentarse. También quiero agradecérselo a mis padres, por poner a mi alcance los libros que me ayudaron a imaginar esos desplazamientos que ahora son parte de mi día a día. Desde pequeña me enseñasteis a cultivar mi curiosidad y, gracias a ello, he podido construir una realidad a mi medida.

Sin embargo, muchas de las ideas que atraviesan estas páginas nacieron lejos del escritorio, en diálogo con otras personas que me ayudaron a pensar el viaje no solo como un trayecto físico, sino como un espacio de relación con los demás y con uno mismo. Por eso quiero dedicárselo a todos aquellos que han confiado en mí como guía y compañera de ruta en Tierra Ignota. Los viajes compartidos han dado cuerpo a muchas de las reflexiones aquí presentes, haciéndome recordar que el sentido del viaje se construye siempre en común. A Aníbal Bueno y Lucía Madrid, amigos y compañeros de ruta, por sembrar en mí el amor por la antropología. Los debates que hemos tenido a lo largo y ancho del mundo resuenan en estas páginas y fueron la chispa que me llevó a cursar, más tarde, un máster deInvestigación en Antropología. En ese camino académico, mi gratitud especial a mis profesores y, en particular, a Sara Sama, tutora de mi trabajo final y fuente inagotable de inspiración al abrirme las puertas de la antropología audiovisual y las teorías de la autenticidad.

Este libro también se sostuvo gracias a la comunidad que me acompaña en Patreon, cuyo apoyo fue clave para mantener el foco: Alejandro González, A. Barry, Ascension Garcia, Deeplastik, Flavio Careta, Hillary Langtry, Irene Vincent, John Venarchick, Juan R. Díaz, Kenneth Murphy, Manuel Barrero, María Robles, Marina Arijón, Maximilian Gutberlet, Mike Ramsey, Mr. Nobody, Paula Vide, Pedro Pasillo, Sam, Soli Johnson y Teo Lametta. Este libro también está sostenido por mi familia elegida, presente en muchas de las historias que aquí se cuentan y en otras tantas que no llegaron a escribirse: Alberto, Carlos Santana, Carolina Avedano, Carmen, Edgar Alcolea, Guille González, Javi, Julia N., Julia Rubio, Lalo, Pablo Postigo, Raúl Marcos, Sandra Ku, Sandra Ortonobes, Sara Esparza y Selo. Gracias a vosotros, volver a España es siempre un motivo de alegría. Y, por último, a quienes me leen y me acompañan en las redes desde hace años. Haber creado un espacio sano desde el cual reflexionar, divulgar y compartir es, sin duda, uno de los mayores privilegios de mi vida.

BIBLIOGRAFÍA

ALBIAC, G., «Destruir por destruir», *La Revista de El Mundo*, 132, 2002, <https://www.elmundo.es/larevista/num132/textos/des.html>.

ANDERSON, B., *Comunidades imaginadas: Reflexiones sobre el origen y la difusión del nacionalismo* (E. L. Suárez, trad.). Fondo de Cultura Económica, Ciudad de México, 1993. (Obra original publicada en 1983.)

AUGÉ, M., *Los no lugares: Espacios del anonimato. Una antropología de la sobremodernidad* (M. Mizraji, Trad.), Gedisa, Barcelona, 1992.

AUGÉ, M., *El viaje imposible: El turismo y sus imágenes* (A. L. Bixio, Trad.), Gedisa, Barcelona, 1998. (Obra original publicada en 1997.)

AUGÉ, M., «viaje inmóvil», en *Diez estudios sobre literatura de viaje* (M. Lucena Giraldo & J. Pimentel, eds.), Consejo Superior de Investigaciones Científicas, Madrid, 1992.

BACHELARD, G., *La poética del espacio* (E. de Champourcin, Trad.).

Fondo de Cultura Económica, Ciudad de México, 1965. (Obra original publicada en 1957.)

Baker, S. W., *The Nile tributaries of Abyssinia*, Macmillan, Londres, 1867.

Bakić-Hayden, M., «Nesting orientalisms: The case of former Yugoslavia», *Slavic Review*, *54*(4), pp. 917-931, <https://doi.org/10.2307/2501399>.

Barley, N., *El antropólogo inocente: Notas desde una choza de barro* (J. M. Rodellar, trad.), Anagrama, Barcelona, 2004. (Obra original publicada en 1983.)

Barthes, R., *La cámara lúcida: Nota sobre la fotografía* (J. Sala-Sanahuja, Trad.), Paidós, Barcelona, 1989. (Obra original publicada en 1980.)

Bateson, M. C., *Composing a Life*, Grove Press, Nueva York, 1989.

Baudrillard, J., *Cultura y simulacro* (A. Bixio, Trad.), Kairós, Barcelona, 1978. (Obra original publicada en 1978.)

Benjamin, W., «La obra de arte en la época de su reproductibilidad técnica», en *Discursos interrumpidos I* (J. Aguirre, Trad.), Taurus, Madrid, 2003. (Obra original publicada en 1935.)

Berger, J., *Modos de ver* (J. G. Armero, Trad.), Gustavo Gili, Barcelona, 2000. (Obra original publicada en 1972.)

Bernatzik, H. A. (s. f.), *Gari-Gari*, Editorial Labor, Barcelona, 1956.

Blake, W., *The marriage of heaven and hell* (G. Keynes, ed., intr. y com.), Oxford University Press, Oxford, 1975. (Obra original publicada en 1790-1793.)

Blake, W., *Augurios de inocencia* (F. Castanedo, ed. y Trad.), Cátedra, Madrid, 2020. (Obra original publicada en 1803.)

Bohannan, L., «Shakespeare en la selva», en H. M. Velasco (comp.), *Lecturas de antropología social y cultural: La cultura y las culturas*, Cuadernos de la UNED, UNED, Madrid, 1993, pp. 75-85. (Obra original publicada en 1966.)

Boorstin, D. J., *The image: A guide to pseudo-events in America*, Harper & Row, Nueva York, 1961.

BRUCE, J., *Travels to discover the source of the Nile: In the years 1768, 1769, 1770, 1771, 1772 and 1773* (vols. 1-5), G. G. J. & J. Robinson, Londres, 1790.

BRUNO, G., *Las sombras de las ideas: De umbris idearum* (J. Raventós, Trad.), Siruela, Madrid, 2009. (Obra original publicada en 1582.)

BURNET, T., *The sacred theory of the earth: Containing an account of the original of the earth, and of all the general changes which it hath already undergone, or is to undergo, till the consummation of all things* (6.ª ed., vols. 1-2), J. Hooke, Londres, 1726. (Obra original publicada en 1681.)

BUTLER, S., *The note-books of Samuel Butler* (H. F. Jones, ed.). A. C. Fifield, Londres, 1912.

BUZARD, J., *The beaten track: European tourism, literature, and the ways to «culture», 1800-1918*, Clarendon Press, Oxford, 1993.

CAMPBELL, J., *El héroe de las mil caras: Psicoanálisis del mito* (L. López-Ballesteros, Trad.), Fondo de Cultura Económica, Ciudad de México, 1959. (Obra original publicada en 1949.)

CAMUS, A., *Bodas y el verano*, Debolsillo, Barcelona, 2021. (Obras originales publicadas en 1938 y 1954.)

CAPARRÓS, M., *Una luna*, Anagrama, Barcelona, 2009.

—, *Larga distancia*, Random House, Barcelona, 2009.

CHATWIN, B., *Los trazos de la canción* (E. Goligorsky, Trad.). Ediciones Península, Barcelona, 2015. (Obra original publicada en 1987.)

CORTÁZAR, J., *Rayuela* (A. Amorós, Ed.; 1.ª ed. 1984), Cátedra, Madrid, 2019. (Obra original publicada en 1963.)

CULLER, J., «Semiotics of tourism», *Annals of Tourism Research, 8*(2), 127-140.

DASS, R., *Aquí ahora: Recuerda* (A. Pareja Rodríguez, Trad.), Gaia Ediciones, Madrid, 2020. (Obra original publicada en 1971.)

DAVIS, W., *El río: Exploraciones y descubrimientos en la selva amazónica* (N. Suescún, Trad.), Pre-Textos, Valencia, 2005. (Obra original publicada en 1996.)

Debord, G., *La sociedad del espectáculo* (J. L. Pardo, Trad.). Pre-Textos, Valencia, 2012. (Obra original publicada en 1967.)

—, Chtcheglov, I., Jorn, A., y Rumney, R., *Psicogeografía*, Pepitas de Calabaza, Logroño, 2019. (Obras originales publicadas 1953-1961.)

De Botton, A., *El arte de viajar* (M. Temprano, Trad.), Taurus, Barcelona, 2002.

De Certeau, M., *La invención de lo cotidiano I: Artes de hacer* (L. Giard, Ed.; A. Pescador, Trad.), Universidad Iberoamerica-naCiudad de México, 1996. (Obra original publicada en 1980.)

De Melo, F. M., *Carta de guía de casados*, Cátedra, Madrid, 2001. (Obra original publicada en 1651.)

Deutscher, G., *Through the language glass: Why the world looks different in other languages*, Metropolitan Books, Nueva York, 2010.

Donne, J., «The first anniversary (ll. 284-301), en *Complete poetry and selected prose* J. Hayward (Ed.), (pp. 204-205), Londres, 1929. Bloomsbury. (Obra original publicada en 1611.)

D'Ors, P., *Biografía del silencio*, Siruela.

D'Eramo, M., *El selfie del mundo: Una investigación sobre la edad del turismo* (M. García, Trad.), Anagrama, Barcelona, 2020. (Obra original publicada en 2017.)

Earhart, H. B., *A religious study of the Mount Haguro sect of Shugendō: An example of Japanese mountain religion*, Sophia University, Yotsuya, Japón, 1970.

Foucault, M., *Vigilar y castigar: Nacimiento de la prisión* (A. Garzón del Camino, Trad.), Siglo XXI, Madrid, 2002. (Obra original publicada en 1975.)

Fromm, E., *El arte de amar* (N. Rosenblatt, Trad.), Paidós, Ciudad de México, 2020. (Obra original publicada en 1956.)

Gandini, E. (dir.), *The Swedish Theory of Love* (película documental), 2015.

Geertz, C., *La interpretación de las culturas* (A. Bixio, Trad.), Gedisa, Barcelona, 1987. (Obra original publicada en 1973.)

—, *Conocimiento local: Ensayos sobre la interpretación de las culturas* (A. Bixio, Trad.), Paidós, Barcelona, 1994. (Obra original publicada en 1983.)

Geertz, H., *Images of Power: Balinese Paintings Made for Gregory Bateson and Margaret Mead*, University of Hawai'i Press, Honolulu, 1994.

Gellner, E., *Naciones y nacionalismo* (J. Setó, Trad.), Alianza Editorial, Madrid, 2001. (Obra original publicada en 1983.)

Gilbert, E., *Come, reza, ama*, Aguilar, Madrid, 2007. (Obra original publicada en 2006.)

Gobineau, J. A. de, *La vie de voyage*, en *Nouvelles asiatiques* (vol. 2), Pauvert, París, 1960. (Obra original publicada en 1876.)

Golding, W., *El señor de las moscas*, Alianza Editorial, Madrid, 2015. (Obra original publicada en 1954.)

González-Rivera, J., *La invención del viaje: La historia de los relatos que cuentan el mundo*, Alianza Editorial, Madrid, 2019.

Guasch, A. M., *El arte último del siglo xx: Del posminimalismo a lo multicultural*, Alianza Editorial, Madrid, 2000.

Han, B.-C., *La sociedad del cansancio* (A. Sánchez Pascual, Trad.), Herder, Barcelona, 2012. (Obra original publicada en 2010.)

Harley, J. B., «Deconstructing the map», *Cartographica, 26*(2), pp.-20, 1989, <https://doi.org/10.3138/E635-7827-1757-9T53>.

Hedinger, M. (dir.), *African Mirror* (película documental, ton und bild GmbH; Schweizer Radio und Fernsehen (SRF), Biel, Suiza, 2019.

Heródoto, *Historias* (C. Schrader, Trad.), Gredos, Madrid, 2000. (Obra original publicada ca. siglo v a.C.)

Hopper, D. (dir.), *Easy Rider* (película), Culver City, California, 1969. Columbia Pictures, Culver City, California, 1969.

Hughes, R. A. (23 de mayo de 2025), *«Déjelos donde están»: Brujas pide a los turistas que dejen de robar adoquines*. Euronews, <https://es.euronews.com/viajes/2025/05/23/dejelos-donde-estan-brujas-pide-a-los-turistas-que-dejen-de-robar-adoquines>.

Huxley, A., *Las puertas de la percepción* (M. Vázquez, Trad.), Edhasa, Madrid, 2013. (Obra original publicada en 1954.)

Ibn ʿArabī, *El esplendor de los frutos del viaje*, Siruela, Madrid, 2008. (Obra original publicada ca. siglo xiii).

Infobae (14 de agosto de 2025), *Un turista escocés se lleva unas piedras de la zona arqueológica de Pompeya y es denunciado por robo: «Era un regalo para mi hijo*, Infobae, <https://www.infobae.com/espana/2025/08/14/un-turista-escoces-se-lleva-unas-piedras-de-la-zona-arqueologica-de-pompeya-y-es-denunciado-por-robo-era-un-regalo-para-mi-hijo>.

Jackson, F., «Epiphenomenal qualia», *The Philosophical Quarterly, 32*(127), 127-136, 1982.

Jones, A. *El cuerpo del artista* (T. Warr, ed.), Phaidon, Viena, 2011. (Obra original publicada en 2010.)

Kavafis, C. P., «Ítaca», en *Poemas*, Visor, Madrid, 2006. (Obra original publicada en 1911.)

Kerouac, J., *En el camino* (M. Lendínez, Trad.), Bruguera, Barcelona, 1981. (Obra original publicada en 1957.)

—, *Los vagabundos del Dharma* (M. Antolín Rato, Trad.), Anagrama, Barcelona, 2022. (Obra original publicada en 1958.)

Kesey, K., *Alguien voló sobre el nido del cuco*. Anagrama, Barcelona, 2002. (Obra original publicada en 1962.)

Kilvert, F., *Kilvert's Diary* (W. Plomer, ed.), Vintage Classics, 2019. (Obra original publicada en 1870-1879.)

Kipling, R., *Precisamente así*, Juventud, Barcelona, 1998. (Obra original publicada en 1902.)

Krakauer, J., *Hacia rutas salvajes* (A. Freixa i Vidal, Trad.), Ediciones B, Barcelona, 2008. (Obra original publicada en 1996.)

Laing, O., *La ciudad solitaria*, Capitán Swing, Madrid, 2017. (Obra original publicada en 2016.)

laSexta.com (18 de diciembre de 2017). *Un grafitero descubre una villa romana en Burgos a través de Google Maps*, laSexta, <https://www.lasexta.com/noticias/sociedad/grafitero-descu

bre-villa-romana-burgos-traves-google-maps_201712185a38 072f0cf2b234904e990f.html>.

Le Breton, D., *Elogio del caminar.* Siruela, Madrid, 2015. (Obra original publicada en 2012.)

Lever, C. J., *Cornelius O'Dowd upon men and women, and other things in general*, Edimburgo, 1865. W. Blackwood.

Lévi-Strauss, C., *Tristes trópicos* (N. Bastard, Trad.; M. Delgado Ruiz, introd.), Paidós, Barcelona, 2006. (Obra original publicada en 1955.)

Lipovetsky, G., *La era del vacío: Ensayos sobre el individualismo contemporáneo* (J. V. P. Zorrilla, Trad.), Anagrama, Barcelona, 1986. (Obra original publicada en 1983.)

Lipovetsky, G., El crepúsculo del deber: La ética indolora de los nuevos tiempos democráticos (J. V. P. Zorrilla, Trad.), Anagrama, Barcelona, 1994. (Obra original publicada en 1992.)

Llull, R. (s. f.), *Ars magna* (reproducción digital), Biblioteca Virtual Miguel de Cervantes. (Obra original publicada en 1274.)

Llull, R. (s. f.), *Arbor scientiae* (reproducción digital / ediciones antiguas referenciadas). (Obra original publicada ca. 1295-1296).

MacCannell, D., *El turista: Una nueva teoría de la clase ociosa*, Melusina, Santa Cruz de Tenerife, 2003. (Obra original publicada en 1976.)

Mauss, M., *Ensayo sobre el don*, Katz, Madrid, 2009. (Obra original publicada en 1925.)

McGinnis, P. (30 de abril de 2004). *Social Theory at HBS: McGinnis' Two FOs*, The Harbus, <https://www.harbus.org/post/social-theory-at-hbs-mcginnis-two-fos-2>.

Mead, M., y Bateson, G., *Balinese character: A photographic analysis*, New York Academy of Sciences, Nueva York, 1942.

Muñoz Gutiérrez, C., *El paisaje habitado*, La Línea del HorizonteBoadilla del Monte, Madrid, 2015.

Murch, W., *En un abrir y cerrar de ojos: Un punto de vista sobre el montaje cinematográfico*, Alba, Barcelona, 2001. (Obra original publicada en 1992.)

NABOKOV, V., *Curso de literatura rusa* (M. L. Balseiro, Trad.), Debolsillo, Barcelona, 2009. (Obra original publicada en 1981.)

NADAL, P., *El cuerno del elefante: Un viaje a Sudán*, La Línea del Horizonte, Boadilla del Monte, Madrid, 2014.

NEHBERG, R., *Yanomami: Supervivencia en la selva* (D. Rosenbaum, Trad.), Martínez Roca, Barcelona, 1984. (Obra original publicada en 1981.)

NEWTON, I., *Principios matemáticos de la filosofía natural* (E. Rada García, Trad.), Alianza Editorial, Madrid, 1995. (Obra original publicada en 1687.)

NIETZSCHE, F., *La filosofía en la época trágica de los griegos* (L. Moreno de Claros, Trad.), Gredos, Madrid, 2009. (Obra original escrita en 1873; publicada póstumamente en 1903.)

—, *El viajero y su sombra*, Brontes, Barcelona, 2013. (Obra original publicada en 1880.)

NICOLSON, M. H., *Mountain gloom and mountain glory: The development of the aesthetics of the infinite*, Ithaca, Nueva York, 1959. Cornell University Press.

NÚÑEZ CABEZA DE VACA, Á., *Naufragios* (E. Gómez-Lucena & R. Caba, Eds.), Ediciones Cátedra, Madrid, 2018. (Obra original publicada en 1542.)

ONFRAY, M., *Teoría del viaje*, Taurus, Barcelona, 2016. (Obra original publicada en 2007.)

O'ROURKE, D. (dir.), *Cannibal tours* (película documental), Australia, 1988.

ORTIZ, E., y GÓMEZ GABRIEL, N. *Love me, Tinder*, Temas de Hoy, Barcelona, 2019.

OSBORNE, L., *El turista desnudo* (M. Palmer, Trad.), Gatopardo Ediciones, Barcelona, 2017. (Obra original publicada en 2006.)

PACHECO, A., *Estuve aquí y me acordé de nosotros*, Anagrama, Barcelona, 2024.

PADILHA, J. (dir.), *Secrets of the Tribe* (peelícula documental), Avenue B Productions; Zazen Produções, 2010.

PÁEZ, P., *Historia de Etiopía*, Ediciones del Viento, A Coruña, 2018. (Obra original publicada en 1622.)

PALAHNIUK, C., *El club de la lucha* (P. González del Campo, Trad.), Debolsillo, Barcelona, 2011. (Obra original publicada en 1996.)

PEISSEL, M., *Mustang: Reino prohibido en el Himalaya* (G. Martinengo, Trad.), Juventud, Barcelona, 1969. (Obra original publicada en 1967.)

PERCEVAL, J. M., y Tejedor, S., *Viajar: Una curiosa vuelta al mundo del viaje*, Carena, Barcelona, 2023.

PESSOA, F., *El libro del desasosiego* (M. Moya, ed. y Trad.), Baile del SolSanta Cruz de Tenerife, 2010. (Obra original escrita 1913-1935; publicada póstumamente en 1982.)

PETRARCA, F., *Ascenso al monte ventoso*, Acantilado, Barcelona, 2001. (Obra original escrita en 1336.)

PITARCH RAMÓN, P., y López García, J. (eds.), *Los derechos humanos en tierras mayas: Política, representaciones y moralidad*, Sociedad Española de Estudios Mayas, Madrid, 2001.

PLATÓN, *República* (C. Eggers Lan, Trad., introd. y notas), Gredos, Madrid, 1992. (Obra original ca. siglo IV a.C.)

PLANT, S., *El gesto más radical: La Internacional Situacionista en una época postmoderna*, Errata Naturae, Madrid, 2008. (Obra original publicada en 1992.)

POLO, M., *El libro de las maravillas* (*Il Milione*), Alianza Editorial, Madrid, 2000. (Obra original ca. 1298.)

REID, J. (23 de octubre de 2017), *Google Earth reveals ancient stone gates in Saudi Arabia*, Phys.org, <https://phys.org/news/2017-10-google-earth-reveals-ancient-stone.html>.

REICHEL-DOLMATOFF, G., *The people of Aritama: The cultural personality of a Colombian Mestizo village*, Routledge & Kegan Paul, Londres, 1961.

REICHEL-DOLMATOFF, G., *The Kogi: A study of the world view of a South American people*, Brill, SOSSOS, 1976.

REVERTE, J., *Dios, el diablo y la aventura*. Ediciones El País, Madrid, 2016.

ROTHMAN, H., *Neon Metropolis: How Las Vegas Started the Twenty-First Century*, Routledge, SOS, 2002.

ROUSSEAU, J.-J., *Discurso sobre las ciencias y las artes*, Alianza Editorial, Madrid, 2004. (Obra original publicada en 1750.)

—, *Emilio o la educación* (L. Aguirre Prado, Trad.; M.ª del Carmen Iglesias, pról.), EDAF, Madrid, 1985. (Obra original publicada en 1762.)

RUBRUK, G. de, *Itinerario de Fray Guillermo de Rubruk, de la orden de los frailes menores, a las regiones orientales en el año de gracia MCCLIII* (A. T'Serstevens, ed.), en *Los precursores de Marco Polo*, Ayma, Barcelona, 1965. (Obra original publicada en 1253-1255.)

RUSSELL, B., *What I believe*, Kegan Paul, Trench, Trubner & Co.; E. P. Dutton & Co, Londres, 1933. (Obra original publicada en 1925.)

RUSKIN, J., *Modern painters* (vol. 4), Smith, Elder, and Co., Londres, 1856.

RUTEON (23 de abril de 2023), *Asomarse a un abismo de ambigüedad moral: la entrevista a David Beriain* (vídeo), Ruteon, <https://ruteon.com/noticias/asomarse-a-un-abismo-de-ambiguedad-moral-la-entrevista-a-david-beriain-video>.

SAID, E. W., *Orientalismo* (M. L. Feliú, Trad.), Debate, Barcelona, 2002. (Obra original publicada en 1978.)

SCHWARTZ, B., *The paradox of choice: Why more is less*, Ecco, Nueva York, 2002.

SEGALEN, V., *Ensayo sobre el exotismo: Una estética de lo diverso* (M. Schifino, Trad.). La Línea del Horizonte, Boadilla del Monte, Madrid, 2017. (Obra original publicada póstumamente en 1955.)

Sharma, R., *El monje que vendió su Ferrari*, Grijalbo, SOSSOS, 1999. (Obra original publicada en 1997.)

Slater, M., y Sanchez-Vives, M. V, «Enhancing our lives with immersive virtual reality», *Frontiers in Robotics and AI, 3*, art. 74.

Solnit, R., *Wanderlust: Una historia del caminar* (Á. Matus, Trad.), Capitán Swing, Madrid, 2015. (Obra original publicada en 2001.)

—, *Una guía sobre el arte de perderse* (C. Ministral, Trad.), Alianza Editorial, Madrid, 2024. (Obra original publicada en 2005.)

Sontag, S., *Sobre la fotografía* (C. Gardini, Trad.; A. Major, rev.), Alfaguara, Madrid, 2006. (Obra original publicada en 1977.)

Stangos, N., *Conceptos de arte moderno*, Alianza Editorial, Madrid, 2000.

Stanley, H. M., *A través del continente negro*. La Línea del Horizonte, Boadilla del Monte, Madrid, 2008. (Obra original publicada en 1878.)

Stevenson, R. L., *Viaje con una burra por los montes de Cévennes* (H. Silva, Trad.), Baile del Sol, Santa Cruz de Tenerife, 2015. (Obra original publicada en 1879.)

—, *La isla del tesoro*, Valdemar, Madrid, 2007. (Obra original publicada en 1883.)

Talbot, W H. F., *The pencil of nature*, Longman, Brown, Green, & LongmansHarlow, Essex,, 1844-1846.

Telecinco.es (24 de julio de 2012), *Piden a quien tenga piedras de la playa de Cadaqués que las devuelva: en cinco años han desaparecido el 40 %*, Telecinco, <https://www.telecinco.es/noticias/sociedad/playa-cadaques-sin-piedras-be5ma_18_3175471506.htm>.

Theroux, P., *El tao del viajero: Enseñanzas de vidas en la carretera* (E. Martínez Llorente, Trad.), Alfaguara, Madrid, 2016. (Obra original publicada en 2011.)

Thoreau, H. D., *Walden*, Alianza Editorial, Madrid, 2013. (Obra original publicada en 1854)

THOMAS, E., *El viaje y su sentido: Cuando los filósofos se hicieron nómadas* (S. Moreno Parrado, Trad.), Shackleton Books, Barcelona, 2021. (Obra original publicada en 2020.)

UMAR, O., *Viaje al país de los blancos*, Plaza & Janés, Barcelona, 2019.

URIÉN Rodríguez, H., *El arte de contar bien una historia: 101 estrategias para el storytelling*, Alienta Editorial, Barcelona, 2020.

VICKERS, A., *Bali: A Paradise Created*, Tuttle Publishing, North Clarendon, Vermont, 2012.

WOLFE, T., *Ponche de ácido lisérgico*, Anagrama, Barcelona, 1997. (Obra original publicada en 1968.)

WOLFF, L., Inventing Eastern Europe: The map of civilization on the mind of the Enlightenment, Stanford University Press, Redwood City, California, 1994.

WURTZEL, E., *Prozac nation*, Riverhead Books, Nueva York, 1994.

YANAGI, S., *The beauty of everyday things*, Penguin Classics, sos sos, 2017. (Obra original publicada en 1972; textos originales en japonés de 1930).

ZHAO, C. (DIR.), *Nomadland* (película), Searchlight Pictures, 2020.

ZORN, E., «The persistence of tradition in Andean textiles», en A. B. Weiner & J. Schneider (eds.), *Cloth and human experience*, Smithsonian Institution Press (pp. 275-301), Washington D.C., 1994.

ZORN, E.,*Weaving a future: Tourism, cloth, and community in the Andes*, Iowa City, Iowa, 2004. University of Iowa Press.

ZULUETA, I. (dir.). *Arrebato* (película), 1979.